Christophe André/François Lelord
Die Kunst der Selbstachtung

Christophe André
François Lelord

Die Kunst der Selbstachtung

Aus dem Französischen
von Ralf Pannowitsch

Gustav Kiepenheuer Verlag

Originaltitel: L'estime de soi

ISBN 3-378-01042-8
1. Auflage 2000

Einbandgestaltung Henkel/Lemme
Satz Dörlemann Satz, Lemförde
Druck und Binden Graphischer Großbetrieb Pößneck
Ein Mohndruckbetrieb
Printed in Germany

Einführung

»Ich mag mich nicht …

Als Kind träumte ich oft davon, eine andere zu sein. Ich mochte nicht, wie ich war und was ich hatte; ich wollte andere Haare, andere Eltern, ich hätte gern woanders gewohnt. Es kam mir immer so vor, als wären die anderen Kinder besser als ich, schöner, begabter, beliebter und bei den Lehrern besser angesehen.

Mir war klar, ich hätte es auch schlimmer treffen können. Vertraute ich mich meiner Mutter an (was selten geschah), versuchte sie mir auch genau das zu sagen: Du bist weder die unglücklichste von allen noch die von der Natur am stiefmütterlichsten behandelte. Aber für mich war das kein Trost. Wenn ich traurig war, was oft vorkam, war ich überzeugt, ich sei die allergrößte Null der Menschheit.

Meine Jugendzeit war eine Katastrophe. Ich fand mich häßlich und mißgestaltet, hatte alle Komplexe, die man sich nur ausmalen kann.

Seitdem haben sich die Dinge ein bißchen zurechtgerückt. Aber noch heute denke ich, es müsse ein Irrtum sein, wenn sich ein Mann in mich verliebt. Ich sage mir, daß er sich in mir täuscht, daß er sich in ein Trugbild verliebt hat, daß ich ihn durch irgendein Wunder hinters Licht führen konnte, aber daß er mich so, wie ich *wirklich* bin, unmöglich lieben könne. Und wenn auch er mir gefällt, macht sich in mir sofort eine schreckliche Angst breit: Angenommen, wir hätten eine Liebesbeziehung miteinander – würde er dann nicht auf der Stelle die Täuschung durchschauen und alle meine Fehler entdecken? Und dann würde er mich ohne Zweifel genauso beurteilen wie ich mich selbst, und er würde mich sitzenlassen.

Ich aber, ich kann mich nicht einfach sitzenlassen. Ich bin in mir gefangen, obwohl ich mich doch so abscheulich finde. Ich bin dazu verurteilt, in trauriger Gesellschaft zu leben: allein mit mir selbst.

Und nicht einmal mit meiner Arbeit kann ich mich trösten. Eigentlich logisch: Weil ich nie an mich selbst geglaubt habe, vegetiere ich auf einem Posten dahin, den ich nicht besonders mag, der unter meinen Fähigkeiten liegt und mit meinen Interessen nichts zu tun hat.

Ich mag mich einfach nicht ...«

Die junge Frau mir gegenüber hatte seit einer halben Stunde gesprochen. Obwohl es mir an Erfahrung mangelte – ich hatte gerade meine Abschlußarbeit in Psychologie verteidigt –, spürte ich, daß man sie nicht unterbrechen oder trösten durfte. Manchmal fing sie an zu weinen. Sie entschuldigte sich, wischte ihre Tränen weg und nahm ihre Erzählung wieder auf. Beim Zuhören ließ ich die Symptome der verschiedenen Formen von Depressionen vor meinem inneren Auge vorüberziehen. Aber nichts davon paßte hier ... Diese Frau war nicht depressiv, zumindest nicht im Sinne einer »krankhaften Depression«. War ihr Fall deshalb weniger schlimm? Ich war mir da nicht sicher. Ihr Leiden schien tiefer zu liegen, es war enger mit ihrer Biographie verflochten; es reichte bis in die feinsten Verästelungen ihrer Persönlichkeit hinein.

Meine Patientin litt an einer Störung, die ich erst später zu diagnostizieren lernte. Sie war hübsch und intelligent; sie hatte, wie man so sagt, alles, was man zum Glücklichsein braucht. Ihr fehlte nur eins: ein bißchen Selbstachtung.

Erster Teil

Haben Sie Achtung vor sich selbst?

Kapitel I

Die drei Grundpfeiler der Selbstachtung

»Du steckst voller Geheimnisse, die du Ich nennst.«
Paul Valéry

Machen Sie einmal einen Test in Ihrer Familie, mit Freunden oder Kollegen: Bringen Sie das Thema Selbstwertgefühl oder Selbstachtung zur Sprache; Sie werden bei Ihren Gesprächspartnern sofort Interesse ausmachen, ganz so, als ginge es um einen wichtigen Begriff, der sie persönlich betrifft. Bitten Sie jedoch um eine möglichst genaue Definition dieses Begriffs, werden sie in den meisten Fällen nicht dazu imstande sein ... Die Selbstachtung, eine der grundlegenden Komponenten unserer Persönlichkeit, ist nämlich ein unauffälliges, vielschichtiges und schwer greifbares Phänomen, dessen wir uns nicht immer bewußt sind.

Das Konzept der Selbstachtung nimmt in der Vorstellungswelt der westlichen Hemisphäre einen wichtigen Platz ein, vor allem in den Vereinigten Staaten, wo das Wort *self-esteem* zum Alltagswortschatz gehört. In anderen Ländern hat man lange Zeit Begriffe bevorzugt, die von einer affektiveren und eher nebulösen Sicht auf die Beziehung zum eigenen Ich zeugen. Mit den Ausdrücken *self-esteem* oder *Selbstachtung* soll eine größere Objektivität erreicht werden. Das Wort *esteem* geht nämlich auf das lateinische Verb *aestimare* (einschätzen) zurück, das eine zweifache Bedeutung hat: einerseits »den Wert von etwas bestimmen«, andererseits aber auch »eine Meinung über etwas haben«. Die beste Zusammenfassung des Konzepts »Selbstachtung«, die wir bisher finden konnten, hat uns ein Jugendlicher geliefert: »Selbstachtung? Na ja, das ist, wie man sich sieht, und ob man das, was man da sieht, mag oder nicht mag.«

Diese beurteilende Sicht auf die eigene Person ist ausschlaggebend für unser psychisches Gleichgewicht. Fällt sie positiv aus, erlaubt sie einem, wirkungsvoll zu handeln, sich in seiner Haut wohl zu fühlen und den Schwierigkeiten des Daseins die Stirn zu bieten. Wenn die Sicht aber negativ ist, löst sie vielerlei Leiden und Unbehaglichkeiten aus. Es ist also kein unnützes Unterfangen, wenn man sich ein wenig Zeit nimmt, um die eigene Selbstachtung besser analysieren zu können; es ist sogar eine der gewinnbringendsten Anstrengungen, die man sich denken kann.

Selbstachtung – welche Fragen man sich stellen sollte

Machen Sie sich eine Weile Gedanken über die folgenden drei Fragenkomplexe. Jede Ihrer Antworten wird nützliche Auskünfte über Ihr Selbstwertgefühl liefern.

- Wer bin ich? Wo liegen meine Stärken, wo meine Schwächen? Wozu bin ich fähig? Welche Erfolge habe ich gehabt, welche Mißerfolge mußte ich einstecken? Welches sind meine Kompetenzen und meine Grenzen? Welchen Wert habe ich in meinen eigenen Augen, in den Augen meiner Nächsten und in den Augen der Personen, die mich kennen?
- Sehe ich mich als eine Person, welche die Sympathie, Zuneigung und Liebe der anderen verdient, oder zweifle ich im Gegenteil häufig an meiner Fähigkeit, bei den anderen Wertschätzung und Liebe zu finden? Läuft mein Leben so, wie ich es mir wünsche? Stehen meine Handlungen in Einklang mit meinen Wünschen und Überzeugungen, oder leide ich im Gegenteil an der großen Kluft zwischen dem, was ich gern sein möchte, und dem, was ich wirklich bin? Bin ich mit mir selbst im Frieden, oder plagt mich oft Unzufriedenheit?
- Wann war ich das letzte Mal enttäuscht von mir selbst, unzufrieden, traurig? Wann war ich stolz auf mich, zufrieden und glücklich?

Vertrauen in sich selbst setzen, selbstsicher sein, mit sich zufrieden ... In der Alltagssprache gibt es eine lange Reihe von Ausdrücken, um die Selbstachtung zu bezeichnen, und jeder von ihnen bezieht sich auf einen ihrer vielen Aspekte.

Begriff	*Beschreibung*	*Leistung dieses Konzepts*
Selbstvertrauen haben	Man glaubt an seine Befähigung, effizient zu handeln (innerliches Vorwegnehmen der Aktion).	Es unterstreicht, wie wichtig die Beziehungen zwischen unserem Handeln und unserer Selbstachtung sind.
Mit sich zufrieden sein	Man ist mit seinem Handeln zufrieden (nachträgliche Bewertung der Aktion).	Ohne Selbstachtung werden nicht einmal Erfolge als solche erlebt.
Selbstsicher sein	Man trifft Entscheidungen und läßt sich nicht so schnell von ihnen abbringen.	Es erinnert daran, daß eine gut entwickelte Selbstachtung im allgemeinen damit verbunden ist, daß man beständige Entscheidungen trifft.
Selbstbewußt sein	Man zweifelt nicht an seinen Befähigungen und Stärken, egal wie die Umstände auch aussehen mögen.	Dank einer gut entwickelten Selbstachtung kann man immer und überall der eigenen Persönlichkeit Ausdruck verleihen.
Sich selbst mögen	Man sieht sich mit Wohlwollen und ist zufrieden mit sich selbst.	Das Konzept verweist auf die affektive Komponente der Selbstachtung.
Eigenliebe	Man hat eine (zu) hohe Auffassung von der eigenen Würde.	Unsere Selbstachtung leidet ganz besonders, wenn wir kritisiert werden.

Begriff	*Beschreibung*	*Leistung dieses Konzepts*
Selbsterkenntnis	Man kann die eigene Person präzise beschreiben und analysieren.	Um sich selbst achten zu können, muß man erst einmal wissen, wer man ist.
Selbstbehauptung	Man kann seine Ansichten und Interessen den anderen gegenüber verteidigen.	Die Selbstachtung macht es manchmal erforderlich, das eigene Territorium zu sichern.
Selbstbejahung	Unter Berücksichtigung seiner Stärken wie seiner Schwächen zeichnet man ein alles in allem positives (oder wenigstens annehmbares) Bild von der eigenen Person.	Fehler und Mängel sind kein Hindernis für eine gut entwickelte Selbstachtung.
An sich glauben	Man übersteht Durststrecken, in denen es weder Erfolge noch Ermutigungen gibt, aus denen sich die Selbstachtung nähren könnte.	Manchmal wird Selbstachtung nicht durch Erfolge aufrechterhalten, sondern durch innere Überzeugungen und eine bestimmte Sicht auf die eigene Person.
Eine hohe Meinung von sich haben	Man ist überzeugt, hochgesteckte Ziele verwirklichen zu können.	Ehrgeiz und Selbstachtung sind oft eng miteinander verknüpft.
Stolz auf sich sein	Durch einen Erfolg wächst das Selbstwertgefühl.	Um die Selbstachtung zu nähren, braucht man Erfolge.

Alltägliche Erscheinungsbilder der Selbstachtung

Im Grunde setzt sich die Selbstachtung aus drei »Zutaten« zusammen: dem Selbstvertrauen, der Sicht aufs eigene Ich und der Selbstliebe. Die richtige Dosierung dieser drei Komponenten ist unerläßlich, wenn man zu einer harmonischen Selbstachtung gelangen möchte.

Die Selbstliebe: Können Sie sich leiden?

Dieses Element ist das allerwichtigste. Wenn man sich mag, dann ohne Bedingungen und Einschränkungen, trotz aller Mängel und Grenzen, aller Fehlschläge und Widrigkeiten, ganz einfach, weil eine stetige innere Stimme einem sagt, daß man Liebe und Respekt verdiene. Diese »unbedingte« Selbstliebe hängt nicht von unseren Leistungen ab. Sie erklärt, weshalb wir unter ungünstigen Umständen durchhalten und uns nach einem Mißerfolg wieder aufrichten können. Treten Schwierigkeiten auf, bewahrt sie uns zwar nicht vor Leiden und Selbstzweifeln, aber sie schützt uns vor Hoffnungslosigkeit.

Heute weiß man, daß diese Selbstliebe zum großen Teil von der Liebe abhängt, die uns als Kind in der Familie zuteil geworden ist, und von der »Gefühlsnahrung«[1], die uns damals gespendet wurde. Xavier (42), Handwerker, erläutert uns das: »Am meisten bin ich meinen Eltern dafür dankbar, daß sie mir immer den Eindruck vermittelt haben, daß ich etwas tauge. Selbst wenn ich sie enttäuscht hatte – in meinen Jugendjahren, als ich den Schulabschluß völlig vermasselte und ein paar Dummheiten anstellte –, nun, selbst dann habe ich immer gespürt, daß sie mir ihre Liebe nicht entzogen und daß sie überzeugt waren, ich würde aus meinem Leben noch etwas machen. Das hinderte sie nicht daran, mir dann und wann eine tüchtige Standpauke zu halten. Aber niemals haben sie versucht, mich spüren zu lassen, daß ich ein Taugenichts wäre.«

Defizite in der Selbstachtung, die ihre Ursache auf diesem Gebiet haben, sind wahrscheinlich am schwierigsten auszugleichen. Man begegnet ihnen in dem wieder, was die Psychiater »Persönlichkeitsstörungen« nennen, also bei Personen, die sich anderen Menschen gegenüber so verhalten, daß sich regelmäßig Konflikte oder Mißerfolge einstellen. So ergeht es zum Beispiel Isabelle (31), Grundschullehrerin: »Noch nie konnte ich jemanden finden, an dessen Seite ich mein Leben verbringen möchte. Sobald ein gewisses Maß an Intimität erreicht ist, fühle ich mich bedroht. Ich weiß nicht, wovor ich eigentlich Angst habe. Jedenfalls nicht davor, meine Freiheit zu verlieren, denn ich fange mit ihr sowieso nichts an. Weil ich mich selbst nicht mag, scheint es mir unmöglich, daß ein anderer mich lieben könnte. Habe ich einen Freund, werde ich ganz paranoisch: Ich habe den Eindruck, der eine bleibt nur deshalb bei mir, weil er Sex will, der andere, weil er arbeitslos ist und meine Wohnung ihm gefällt, der dritte schließlich, weil er nicht weiß, was er eigentlich will. Aber daß jemand mit mir leben möchte, weil er mich liebt, das kann ich nur mit Mühe glauben. Und vor allem versetzt mich das buchstäblich in Panik. Ich würde es gar nicht verdienen und wäre der Sache nie im Leben gewachsen. Letzten Endes würde ich meinen Partner immer enttäuschen.«

Sich selbst zu mögen, ist tatsächlich das Fundament der Selbstachtung, ihr wichtigster und innerster Bestandteil. Dennoch ist es nie leicht, bei einem Menschen durch die soziale Maskierung hindurch exakt zu bestimmen, wie sehr er sich mag.

Die Sicht auf die eigene Person

Der Blick, den man auf sich selbst richtet, die (begründete oder auch haltlose) Bewertung der eigenen Qualitäten und Mängel ist der zweite Grundpfeiler der Selbstachtung. Es handelt sich hierbei nicht nur um Selbsterkenntnis. Wichtig ist weniger, wie die Dinge wirklich liegen, sondern vielmehr die *innere Überzeugung*, daß man bestimmte Stärken und Schwächen aufweist, ein gewisses Potential oder auch Grenzen. In diesem Sinne ist es ein Phänomen, bei dem der Subjektivität die Hauptrolle zukommt. So wird zum Beispiel eine komplexbeladene Person (deren Selbstachtung oft gering ist) bei ihren Mitmenschen bisweilen Sprachlosigkeit hervorrufen, weil niemand außer ihr all die Fehler und Mängel wahrnimmt, die sie zu haben glaubt. »Offensichtlich haben wir andere Augen als sie«, sagte eine Mutter über ihre älteste Tochter, »jedenfalls sehen wir sie ganz anders, als sie sich selbst sieht. Sie erklärt uns pausenlos, daß sie sich häßlich findet. Ich habe aber den Eindruck, eine hübsche und intelligente sechzehnjährige Tochter zu haben, und unsere Freunde sehen das genauso. Doch versuchen wir, mit ihr darüber zu reden, ist es, als würden wir zwei verschiedene Sprachen sprechen.«

Ist die Sicht aufs eigene Ich positiv, verkörpert sie eine innere Kraft, die uns erlaubt, auch unter widrigen Umständen unsere große Stunde abzuwarten. Mußte General de Gaulle nicht eine sehr robuste Selbstachtung haben, um von London aus den Widerstandsaufruf vom 18. Juni 1940 zu verbreiten, wo Frankreich doch gerade vor den deutschen Okkupanten in die Knie gegangen war? Der Glaube an seine persönliche Bestimmung überlagerte sich bei de Gaulle auf glückliche Weise mit einer politischen Vision, seiner »gewissen Idee von Frankreich« … Haben wir hingegen eine mangelhaft ausgeprägte Selbstachtung, werden wir durch eine zu eingeschränkte oder zu verzagte Vorstellung von der eigenen Person Zeit verlieren, ehe wir »unseren Weg« finden. So ist es Marianne (45), Modegestalterin, ergangen: »Wenn ich mir vorstelle, daß ich zwei oder drei Jahre verloren habe, weil ich Medizin und Pharmazie studierte, obwohl ich einen Horror vor diesen Dingen hatte! Einfach bloß, weil es mir mein Vater nachdrücklich ans Herz gelegt hatte! Damals wußte ich schon, daß es mir nicht zusagen würde und ein Kunststudium viel attraktiver für mich wäre. Aber ich war nicht sicher genug, daß ich in diesem Bereich Erfolg haben könnte. Ich hatte Angst, mein Glück zu versuchen.«

Diesen Blick, den wir auf uns selbst richten, verdanken wir unserem familiären Umfeld und besonders den Plänen, die unsere Eltern für uns geschmiedet haben. In manchen Fällen wird das Kind unbewußt beauftragt, das zu vollbringen, was die Eltern nicht erreichen konnten. Man kann also vom »mit einer Mission betrauten Kind« sprechen.[2] Eine

Mutter, die unter finanziellen Nöten gelitten hat, wird ihre Tochter dazu anhalten, sich nur mit Jungs aus wohlhabenden Familien abzugeben. Ein Vater, der sein Studium vermasselt hat, wird seinen Sohn dazu drängen, an einer Elitehochschule zu studieren. Solche Projekte sind legitim, aber unter der Bedingung, daß kein zu großer Druck auf das Kind ausgeübt wird und daß seine eigenen Wünsche und Fähigkeiten berücksichtigt werden. Wenn nicht, wird die Aufgabe für das Kind unlösbar sein, und es wird darunter leiden, daß es die großen Visionen, die seinen Eltern vorschwebten, nicht verwirklichen kann.

Nimmt man keine Rücksicht auf die Zweifel und Beunruhigungen eines Kindes, kann das bei ihm eine sehr zerbrechliche Selbstachtung entstehen lassen. Hören wir, was Jean-Baptiste (21), Student, dazu erzählt: »Ich hatte immer Angst, meine Eltern könnten enttäuscht sein von mir. Mein Vater hatte aus Gründen, die ich niemals so richtig verstehen konnte, keine Universität besucht, während seine Geschwister alle gute Studienabschlüsse hatten. Darum wollte er immer, daß ich in allen Dingen Spitze sein sollte. Klassenprimus, Bester im Sport, Klavierspieler – er hat mich immer so behandelt, als wären meine Fähigkeiten grenzenlos. Lange Zeit hat mich das auch stimuliert; ich war ein brillantes Kind, das man bewunderte. Und wenn ich sah, daß ich meinem Vater Vergnügen bereitete, gefiel mir das auch. Gleichzeitig machte es mich sehr ängstlich, und ich fürchtete immer, daß ich scheitern könnte. Noch heute bin ich von der Furcht besessen, meinen Vater zu enttäuschen. Weil ich fühle, daß er an mich glaubt, bin auch ich überzeugt, daß mir das Beste vom Besten zusteht. Ich studiere an einer Eliteuniversität, ich baggere nur hübsche Mädchen aus gutem Hause an, ich denke, daß mein sozialer Status einmal sehr hoch sein wird … Aber diese Vorstellung von den Dingen, die ich verdient habe, bewahrt mich nicht davor, große Angst vor Fehlschlägen zu empfinden: ich bin überempfindlich, und wenn ich einmal nicht erreiche, was ich mir vorgenommen habe, dann macht mich das ganz krank. Eigentlich bin ich meinem Vater dankbar, daß er mir die Überzeugung mitgegeben hat, ich würde das Beste verdienen und hätte auch das Zeug dazu, es zu erreichen. Aber mir fehlt noch eine innere Kraft, eine seelische Ruhe, um schlechte Momente durchzustehen. Ich habe noch nicht die Gewißheit, daß ich allen Plänen, die er für mich geschmiedet hat, wirklich gewachsen bin. Werde ich mit den Jahren dahin gelangen?«

In anderen Fällen treibt eine zu eingegrenzte Vorstellung vom eigenen Ich die Person dazu, sich in Abhängigkeit von anderen zu begeben. Man kann dann zufriedenstellende Beziehungen zu anderen Menschen aufbauen, beschränkt sich aber auf die Rolle des Gefolgsmannes und beschreitet nur bereits gebahnte Wege. Man wird Mühe haben, persönliche Projekte ins Auge zu fassen und erfolgreich zu verwirklichen. »Meine Eltern«, erzählt Pierre (50), »haben mich geliebt und mir so viel Zuneigung geschenkt, wie ich brauchte. Aber irgendwo müssen sie etwas verpatzt haben. Ich habe mich niemals getraut, ich selbst zu sein. Mir scheint es so, als hätte ich mein ganzes Leben damit zugebracht, den anderen hinterherzulaufen. Zu warten, daß man mir ein Zeichen gibt und sagt: ›Die Bahn ist frei, alles in Ordnung, du kannst kommen.‹ Ich habe zum Beispiel dasselbe Studium gewählt wie mein bester Schulfreund. An der Uni bin ich oft mit Mädchen ausgegangen, mit denen er gerade Schluß gemacht hatte. Hätte er sich scheiden lassen, wäre ich imstande gewesen, seine Frau zu heiraten ... Und was das Studium angeht, denke ich im nachhinein, ich hätte durchaus eine Ingenieurlaufbahn einschlagen können, wenn ich mich bloß getraut hätte. Aber ich habe lieber ein Fachschuldiplom als Kaufmann gemacht, nicht, weil mir das zugesagt hätte, sondern aus Angst, anderswo zu scheitern. Auf Arbeit ist es ähnlich: meine Vorgesetzten halten mir vor, ich hätte trotz all meiner Vorzüge zuwenig Ehrgeiz und keine weitreichenden Visionen. Wenn ich es mir richtig überlege, ist es meinen Eltern ganz genauso ergangen. Mein Vater hat sich sein ganzes Leben in einem uninteressanten Job abgestrampelt, und meine Mutter hat eine Laufbahn als Grundschullehrerin, die ihr sicher Freude gemacht hätte, geopfert, um sich zu Hause um meine Brüder und mich kümmern zu können.«

Das Selbstvertrauen ist die dritte Komponente der Selbstachtung (mit welcher es übrigens häufig verwechselt wird); es zeigt sich vor allem in unseren Aktionen. Wer Selbstvertrauen hat, glaubt, zu angemessenem Handeln imstande zu sein, wenn es darauf ankommt. Sagt eine Mutter, ihr Sohn habe kein Selbstvertrauen, will sie damit ausdrücken, daß er an seiner Befähigung zweifelt, den Anforderungen im Beruf zu genügen, auf die anderen zuzugehen, um ihre Wertschätzung zu finden, etc. Im Gegensatz zur Selbstliebe und besonders zur Sicht auf das eigene Ich ist das Selbstvertrauen nicht sehr schwer auszumachen. Es genügt, wenn man regelmäßig mit der betreffenden Person zu tun hat und beobachtet, wie sie sich in neuartigen und unvorhergesehenen Situationen, in denen etwas auf dem Spiel steht, verhält oder wie sie reagiert, wenn sie eine Aufgabe in Angriff genommen hat und dabei Schwierigkeiten auftreten. Das Selbstvertrauen könnte als Kategorie also weniger grundlegend erscheinen als die Selbstliebe und die Sicht aufs eigene Ich, ganz als wäre es nur eine Folgeerscheinung der beiden anderen. Das stimmt teilweise auch, dennoch scheint es uns eine äußerst wichtige Rolle zu spielen, denn die Selbstachtung will Taten sehen, wenn sie bewahrt bleiben oder sich entwickeln soll. Kleine Erfolge im Alltag sind für unser psychisches Gleichgewicht ebenso notwendig wie Nahrung und Sauerstoff für unsere körperliche Balance.

Woher kommt Selbstvertrauen? Vor allem aus dem Erziehungsstil, mit dem wir es in Schule und Familie zu tun hatten. Erklärt man dem Kind, daß Mißerfolge eine mögliche Konsequenz seines Handelns sind, aber keine Katastrophe? Wird es für seine Bemühungen genauso belohnt wie für seine Erfolge? Wie bringt man ihm bei, aus seinen Schwierigkeiten die richtigen Lehren zu ziehen und nicht etwa zu schlußfolgern, daß man am besten gar nichts tun sollte? Selbstvertrauen wird durch Worte und durch das gute Beispiel von Erwachsenen auf die Kinder übertragen. Ermutigt man ein Kind, Fehlschläge zu akzeptieren, wird das nicht viel nützen, wenn man sich selbst ganz anders verhält. Kinder wissen gut, daß die wahren Überzeugungen der Erwachsenen eher an ihren Taten als an ihren Worten gemessen werden sollten …

Unbekanntes und Widrigkeiten nicht über Gebühr zu fürchten, zeugt von einem guten Maß an Selbstvertrauen. »Wenn ich einen Kandidaten auswähle«, erläutert uns ein Headhunter, »dann achte ich mehr auf seinen Grad an Selbstvertrauen als auf seine technischen Fähigkeiten. Wie ich das Selbstvertrauen teste? Nun, indem ich ihn über seine Schwachstellen ausfrage, über das, woran es in seinem Lebenslauf mangelt. Indem ich versuche, ihn ein bißchen in Schwierigkeiten zu bringen, ihn auf freundliche Art zu destabilisieren … Wenn er dabei mitspielt, wenn er, ohne sich selbst herunterzumachen, seine Grenzen eingesteht und sich weder einzuigeln versucht noch zum Gegenangriff übergeht, dann sage ich mir, daß er sich im Betrieb genauso verhalten dürfte und daß seine Mitarbeiter denselben Eindruck haben werden wie ich.«

Gewiß ist unzureichendes Selbstvertrauen kein unüberwindliches Handikap. Aber die davon betroffenen Personen leiden oft an Hemmungen, was in kleinen alltäglichen Verrichtungen sichtbar wird: wenn man einen Brief schreiben soll, jemanden anrufen muß etc. So meint ein Handelsvertreter (30): »Eigentlich denke ich, daß ich eher ein sympathischer Typ bin, der ein gewisses Potential mitbringt. Ich sehe klar vor mir, was ich gern tun würde; auf jeden Fall bin ich imstande, es mir zu erträumen. Es scheint mir durchaus möglich, dorthin zu gelangen. Aber bis heute habe ich immer noch nichts unternommen, um meine Ziele zu verwirklichen. Ich möchte zum Beispiel meinen Job als Händler aufgeben und lieber unterrichten. Aber dazu müßte ich noch einmal studieren, und ich habe Angst, daß ich es nicht schaffen könnte. Und manchmal zweifle ich auch: vielleicht bin ich gar nicht geeignet für so einen Beruf? Dann hätte ich den Spatz in der Hand hergegeben, ohne die Taube auf dem Dach zu kriegen …«

Die drei Komponenten der Selbstachtung stehen gemeinhin in Abhängigkeit voneinander: Selbstliebe (sich selbst respektieren, egal was geschieht; auf die eigenen Wünsche und Bedürfnisse achten) befördert natürlich eine positive Sicht aufs eigene Ich (an seine Fähigkeiten glauben, persönliche Zukunftspläne schmieden), die wiederum von günstigem Einfluß aufs Selbstvertrauen ist (ohne exzessive Furcht vor Fehlschlägen und dem Urteil der anderen handeln).

Bei manchen Menschen kann es trotzdem geschehen, daß die drei Bestandteile auseinanderfallen. Nehmen wir den Fall, daß die Sicht aufs eigene Ich instabil ist: die betreffende Person hat dann nur ein oberflächlich ausgebildetes Selbstvertrauen; sobald ein ernsthaftes oder langanhaltendes Problem auftritt, wird ihre Selbstachtung in sich zusammenbrechen. Ein anderer Fall ist der Mangel an Selbstliebe: hier ist dem Individuum vielleicht eine außergewöhnliche Laufbahn geglückt, weil es von einer sehr positiven Sicht aufs eigene Ich gestützt wurde, aber ein Mißerfolg in der Liebe wird in ihm Zweifel und Komplexe auslösen, die er für immer begraben geglaubt hatte ... Schließlich kann es einer Person merklich an Selbstvertrauen mangeln: dem Betroffenen ist eine perfekte Erziehung zuteil geworden, die Eltern haben ihn zu sehr geschützt, geliebt und umsorgt, damit er nicht leiden oder sich zu früh der Wirklichkeit aussetzen sollte; trotz aller Zuwendung, die er erhalten hat, wird er ewig zweifeln, ob er die Befähigung zum Erfolg mitbringt.

	Selbstliebe	*Sicht aufs eigene Ich*	*Selbstvertrauen*
Herkunft	Qualität und Kohärenz der in der Kindheit empfangenen »Gefühlsnahrung«	Erwartungen, Pläne und Projektionen, die Eltern in bezug auf ihr Kind haben	Erlernen der Regeln fürs Handeln (etwas wagen, beharrlich sein, Niederlagen akzeptieren)

	Selbstliebe	*Sicht aufs eigene Ich*	*Selbstvertrauen*
Nutzen	Affektive Stabilität; erfüllte Beziehungen zu anderen Menschen; Widerstandsfähigkeit bei Kritik und Abweisung	Ambitionen und Projekte, die man zu verwirklichen versucht; Widerstandsfähigkeit im Falle von Hindernissen und ungünstigen Konstellationen	Im Alltag zu unkompliziertem und raschem Handeln fähig sein; Fehlschläge einstekken können
Mangelerscheinungen	Zweifel an der eigenen Befähigung, die Wertschätzung der anderen zu gewinnen; Überzeugung, den Anforderungen nicht gewachsen zu sein; Selbstbild mittelmäßig, sogar nach materiellen Erfolgen	Mangel an Kühnheit bei existentiell wichtigen Entscheidungen; Konformismus; Abhängigkeit von der Meinung der anderen; wenig Beharrungsvermögen beim Realisieren der persönlichen Ziele	Hemmungen, Zögern, Verzicht, Mangel an Beharrlichkeit

Die Grundpfeiler der Selbstachtung

Gibt es nur eine Selbstachtung oder sogar mehrere?

Manche Forscher meinen, daß Selbstachtung in Wirklichkeit die Summe aus verschiedenen Teil-Selbstachtungen ist, die für jeden Lebensbereich spezifisch sind und relativ unabhängig voneinander funktionieren. So kann man im Beruf eine gute Selbstachtung haben und in Liebesdingen eine weniger gute. »Auf Arbeit bin ich ein anerkannter Experte«, erläutert ein Ingenieur (40), »aber mein Privatleben ist über weite Strecken ein Schuß in den Ofen. Halte ich mich in meinem beruflichen Milieu auf, fühle ich mich wohl, denn ich weiß, daß ich begabt bin und die anderen mich schätzen. Ich zögere nicht, meine Ansichten zu äußern und mich manchmal auch gegen die Meinung der anderen zu stellen. Ich verstehe es, meine Ideen zu verteidigen. Ich fühle mich locker und ungezwungen, wenn ich neue Kunden oder Kollegen kennenlerne. Der Kontakt stellt sich leicht her, und ich fühle, daß ich die Aufmerksamkeit der anderen verdiene. Trete ich aber aus diesem Rahmen heraus, wird alles viel schwerer. Das spüre ich übrigens schon an meiner Art zu gehen, zu sprechen, und wie ich die anderen anschaue. Ich bin nicht mehr so ungezwungen. Ich habe den Eindruck, nicht mehr wirklich dieselbe Person zu sein. Ich brauche viel mehr Ermutigung, ergreife seltener die Initiative und wage weniger. Ich bezweifle, daß ich die Frauen, die mir gefallen, für mich interessieren kann. Wenn ich mit ihnen spreche, belauere ich ihre Reaktionen und habe das Gefühl, bei ihnen sehr bald Anzeichen von Langeweile auszumachen.«

Bei den meisten Menschen wird ein Erfolg oder Fehlschlag auf einem bestimmten Gebiet jedoch Folgen für alle anderen Bereiche haben. Liebeskummer wird bei einer abgewiesenen Person zum Gefühl eines umfassenden persönlichen Wertverlusts führen. Umgekehrt wird Erfolg in einem bestimmten Bereich meistens der Selbstachtung insgesamt Aufwind verschaffen. So beschreibt der italoamerikanische Autor John Fante, wie ein achtzehnjähriger Junge, der aus bescheidenen Verhältnissen stammt und von der Natur nicht eben verwöhnt worden ist, ganz besonders seinen linken Arm zu lieben beginnt, den »ARM«, der aus ihm einen exzellenten Baseballspieler macht. Auf diese Weise steigert er seine im übrigen Leben gefährdete Selbstachtung: »Aber der Arm hielt mich aufrecht. Dieser wunderbare linke Arm, meinem Herzen am nächsten [...], mein Arm, mein gesegneter, heiliger Arm, den Gott mir gegeben hatte, und wenn der Herr mich auch aus einem armen Maurer erschaffen hatte, so hatte er mich doch mit Juwelen überhäuft, als er mir dieses Geschoß an die Schulter heftete.«[3]

Für andere Forscher ist es hingegen unmöglich, die Selbstachtung in getrennte Schubfächer zu unterteilen. Sie meinen, daß man schwerlich eine ausgeprägte Selbstachtung auf einem Gebiet haben kann, ohne daß auch ein benachbarter Bereich davon profitiert. Ist unsere Selbstachtung in einem bestimmten Bereich nicht berauschend, wird das unsere allgemeine Zufriedenheit mit der eigenen Person beeinträchtigen. Selbstachtung kann man danach nur als globalen Blick aufs eigene Ich begreifen. Fällt dieser Blick wohlwollend aus, wird er unsere Schwächen kleiner erscheinen lassen und uns erlauben, unsere Stärken zu nutzen. Hören wir dazu Laurence (28), Schwesternhelferin: »Es stimmt schon, daß ich keine Schönheit bin, ich wäre gern ein bißchen hübscher, ich will Ihnen da gar nichts vormachen. Aber ich weiß auch, daß ich den Leuten zu gefallen vermag, ich habe andere Vorzüge: ich bin humorvoll, optimistisch und nicht gerade auf den Kopf gefallen. Und ich sehe, daß die Leute mich schätzen. Na ja, und dann ist es auch keine Tragödie, wenn sich auf der Straße nicht jeder nach mir umdreht!«

Mangelhafte Selbstachtung kann hingegen bewirken, daß wir trotz unserer Erfolge zu streng mit uns selbst sind. Sie erweist sich damit als ernstes Hindernis für das Glücklichsein. »Ich habe das Gefühl, mein ganzes Leben irgendeinem unerreichbaren Ziel hinterhergerannt zu sein«, erzählt ein Arzt (48). »Als Jugendlicher war ich voller Komplexe, aber dann schien es mir, daß ich durch mein erfolgreiches Studium Selbstvertrauen gewonnen hatte. Nachdem ich erst einmal Mediziner war, wollte ich eine Assistenzarztstelle und dann Oberarzt in einem Krankenhaus werden. All das habe ich erreicht, denn ich steckte meine ganze Energie in diese Pläne: für mich waren sie sehr wichtig, um mich von meinem eigenen Wert zu überzeugen. Aber gestern wie heute überkommen mich Zweifel, und ich bin mit mir selbst nicht im reinen. Ich beneide Kollegen, die auf Ärzteversammlungen lockerer auftreten oder deren wissenschaftliche Arbeiten mir brillanter erscheinen. Dann sage ich mir, daß mich diese Jagd nach Erfolg meine Ehe und die Kinder vernachlässigen läßt. Davon kriege ich Reuegefühle, und ich zweifle noch stärker an mir selbst. Ich habe vielleicht nicht die richtigen Entscheidungen getroffen, um wirklich glücklich zu werden.«

Woraus sich Selbstachtung nährt

Eine junge Frau sagte uns kürzlich: »Ich zweifle oft an mir. In meinem Leben gibt es eine Menge Dinge, die ich gern ändern würde. Aber es gibt auch Momente, wo ich *stolz* auf mich bin, selbst wenn ich dieses Wort nicht leiden kann. Zum Beispiel, wenn ich mit meinen drei Kindern und meinem Mann ein paar ganz entspannte Stunden verbringe. Dann habe ich ein Gefühl von Erfüllung, von totalem Wohlbefinden, wie es uns, wenn man recht überlegt, in unserem Leben ziemlich selten begegnet. Es macht mich glücklich zu sehen, daß wir in der Familie einträchtig zusammenleben, und zu spüren, daß wir einander lieben. Das ist sehr ursprünglich, sehr emotional, beinahe animalisch. Und dazu kommt etwas ›Kopflastigeres‹, eine gewisse Zufriedenheit, der Eindruck, *erfolgreich* gewesen zu sein: wir haben sympathische Kinder (selbst wenn sie uns manchmal auf die Nerven gehen), die offen für andere Menschen sind und das Leben gern haben. Ich finde, daß sich all dies wenigstens teilweise durch meine Anstrengungen entwickelt hat, daß es mir nicht geschenkt wurde, sondern daß ich selbst es aufgebaut habe, daß es ein Erfolg ist, der nicht unbedingt selbstverständlich war. Drei Kinder aufziehen und dabei weiter berufstätig sein, das ist nicht so einfach.«

Nahrung für die Selbstachtung:

Das Gefühl, geliebt zu werden

+

Das Gefühl, kompetent zu sein

Mit all unseren Aktivitäten versuchen wir, zwei große Bedürfnisse zu befriedigen. Beide sind gleichermaßen unverzichtbar für unsere Selbstachtung: wir möchten spüren, daß man uns liebt (schätzt, sympathisch findet, daß wir populär sind, begehrt etc.), und wir möchten uns kompetent fühlen (leistungsfähig, begabt, geschickt etc.). In allen Bereichen sind wir darauf aus, beide Bedürfnisse zu befriedigen: Politiker wollen Macht ausüben (Kompetenz), aber auch vom Volk verehrt werden (Liebe); auf Arbeit freut es uns, wenn wir Experten auf einem bestimmten Gebiet sind, aber wir möchten auch von unseren Kollegen anerkannt werden; in einer Ehe suchen wir nicht nur die Liebe unseres Partners, sondern wir wollen auch, daß er uns bewundert und achtet. Wird nur eines der beiden Bedürfnisse befriedigt, erfüllt das unsere Erwartungen nicht: wenn man uns liebt, ohne uns zu bewundern oder zu achten, macht uns das auf die Dauer infantil; wenn wir aber nur respektiert werden und nicht das Gefühl haben, auch auf Zuneigung zu treffen, ist das für uns frustrierend.

Diese für unser Ego notwendige Nahrung ist um so unverzichtbarer, als Selbstachtung uns nicht ein für allemal geschenkt wird. Sie ist vielmehr eine enorm bewegliche Dimension unserer Persönlichkeit: mehr oder weniger ausgeprägt und stabil, muß sie regelmäßig neu genährt werden.

Kapitel II

Selbstachtung und Selbstmißachtung

»Von Bescheidenheit zerfressen.«
Jules Renard

Welche Vorstellung haben Sie von sich selbst? Wie verhalten Sie sich, wenn Sie zur Aktion schreiten? Wie reagieren Sie auf Niederlagen und auf Erfolge? Nach Beantwortung dieser Fragen sollten Sie erkennen können, ob Sie sich sehr achten, ein bißchen ... oder überhaupt nicht. Am Ende dieses Kapitels legen wir Ihnen außerdem einen kleinen Fragebogen vor, mit dessen Hilfe Sie schnell beurteilen können, in welchem Maße Sie sich selbst achten.

Erzählen Sie von sich!

Die Kunst, sich nicht ins rechte Licht zu rücken

Wenn Sie über sich selbst reden, wählen Sie maßvolle Worte. Sie stellen sich nicht als mutig hin, werden sich deshalb aber auch nicht gleich als Memme bezeichnen. Sie sind nicht allzu leckermäulig, obwohl sie ein gutes Essen lieben; Fremdsprachen sind nicht Ihre große Stärke, aber Sie sind auch keine Niete auf diesem Gebiet. Sie vermeiden prägnante Aussagen (»Ich finde das toll!«, »Das verabscheue ich!« oder »So und so bin ich!«), denn Sie fürchten das soziale Urteil (»Wenn ich von meinen Stärken rede, werden sie denken, ich wäre eingebildet, und wenn ich meine Fehler anspreche, werden sie mich für einen Schwächling halten ...«). Gleichzeitig kennen Sie sich selbst nicht gut genug (»Im Grunde weiß ich selbst nicht recht, was ich mag und was nicht!«). Wenn diese Beschreibungen auf Sie zutreffen, ist es wahrscheinlich, daß Sie keine hohe Selbstachtung haben.[4]

Sie setzen sich dabei nicht herab, wie es eine depressive Person tun würde: Sie rücken sich einfach nicht ins rechte Licht. Präsentierte man Ihnen eine Liste mit positiven, neutralen und negativen Eigenschaftswörtern, würden Sie nicht wie die Individuen mit hoher Selbstachtung die positiven Merkmale heraussuchen, um sich zu beschreiben. Sie würden auch nicht unbedingt die negativen Adjektive auswählen, aber Sie würden dazu neigen, sich für die neutralen zu entscheiden.[5]

Bekenntnisse und Autobiographien: zwei Strategien, von sich selbst zu reden

In seinem den Schöpfern und Erfindern gewidmeten Monumentalwerk[6] vergleicht der Historiker Daniel Boorstin nicht ohne spöttischen Unterton Jean-Jacques Rousseaus *Bekenntnisse* und die *Memoiren* von Benjamin Franklin. Es sieht ganz danach aus, als hätte der Amerikaner eine hohe Selbstachtung besessen, während die des Franzosen eher gering war.

Selbst wenn Rousseau einige Passagen zu seinen Gunsten zurechtgerückt hat, beschreibt er sich oft ohne jede Nachsicht: »So sollen sie [die Leser] meine Bekenntnisse vernehmen, bei meinen Schändlichkeiten aufstöhnen und über mein Elend erröten.« Franklin präsentiert hingegen seine Erfolgsstory. So schreibt er zum Beispiel: »Wer in sich selbst verliebt ist, wird keinen Nebenbuhler haben.«

Wie Boorstin anmerkt, war es Rousseaus Absicht, zu beichten und *aufrichtig zu sein*, während Franklin eher *aufrichtig wirken* wollte, indem er sein Image zur Schau stellte wie ein moderner Public-Relations-Spezialist.

Niedrige Selbstachtung ist ein Handikap in allen Lebenslagen, in denen man von sich selbst reden muß, um sich zu »verkaufen« (Vorstellungsgespräch) oder zu gefallen (Verführung eines potentiellen Partners). Cécile (30), Rechtsberaterin, macht alle Tage diese Erfahrung: »Ich bin von den Leuten enttäuscht; ich habe den Eindruck, sie ziehen immer Personen vor, die ein bißchen hysterisch sind und sich in Szene setzen. Eine meiner Arbeitskolleginnen ist zum Beispiel sehr beliebt bei uns, obwohl sie einen Haufen Fehler hat. Aber sie zögert nicht, diese Schwächen laut herauszukrähen und zu sagen: ›Ja, ich bin ein Lästermaul!‹, ›Alles, was belanglos und oberflächlich ist, finde ich toll!‹ und so weiter. Und so mögen die Leute sie sehr, weil man sich mit ihr nicht langweilt und weil sie einen beruhigt und sicher macht, wenn sie ihre Schwachstellen derart ins Schaufenster hängt. Mir dagegen sagt ein jeder, ich hätte keine Fehler, aber ich habe auch das Gefühl, trister, farbloser und langweiliger zu sein.«

Ein verschwommenes Bild

Stellt man Menschen, die eine geringe Selbstachtung haben, Fragen zu ihrer eigenen Person, dann werden sie länger überlegen als andere – und manchmal mit einer gewissen Verlegenheit antworten.[7] Handelt es sich dabei um eine vorsichtige Haltung, um eine Form von Weisheit, bei der man nicht allzu klar Position beziehen möchte? Keinesfalls. Wenn man diese Menschen nämlich bittet, andere Personen einzuschätzen, sind sie durchaus imstande, sich mit der Antwort zu beeilen und deutliche Urteile zu fällen – ganz wie es Menschen mit hoher Selbstachtung tun, wenn sie von sich selbst reden ...

Wenn eine Person mit niedriger Selbstachtung sich selbst beschreibt, klingt das nicht immer überzeugend. Es kann ihr sogar passieren, daß sie sich widerspricht. Darunter muß der Eindruck, den sie auf ihren Gesprächspartner macht, leiden. Wo der soziale Kontext ein schnelles Urteilen erfordert (wie es in unserer Gesellschaft immer häufiger der Fall ist) oder wo sich Kontakte vervielfältigen und schneller aufeinanderfolgen, läuft die Person mit niedriger Selbstachtung Gefahr, systematisch benachteiligt zu werden, drückt sie sich doch weniger kohärent – wenn auch nuancierter – aus als jemand mit hoher Selbstachtung.

Einer unserer Patienten sagte uns: »Je nach der Person, die mir gegenübersitzt, fühle ich mich meiner Aufgabe gewachsen oder aber jämmerlich.« Allgemein ist es tatsächlich so, daß Menschen mit niedriger Selbstachtung imstande sind, ihre Äußerungen in Abhängigkeit von der jeweiligen Umgebung und dem Gesprächspartner zu modifizieren. Wir werden noch sehen, daß ihre Sorge um soziale Anerkennung oft den Sieg davonträgt über ihr Bedürfnis, persönliche Standpunkte zu äußern (von deren Gültigkeit sie ohnehin nicht ganz überzeugt sind). Wenn man zum Beispiel bei einem Abendessen mit lauter Pavarotti-Fans sagt: »Nein, ich bin noch nie in die Oper gegangen«, oder in Gegenwart von Verehrern des Autorenfilms: »Ach, ich schau mir lieber Dallas an«, dann deutet das auf eine ordentliche Portion Selbstachtung hin. Unter einer Bedingung freilich: Man schleudert diese Offenbarungen nicht brutal in den Raum, um damit auf sich aufmerksam zu machen, sondern man beantwortet mit ihnen freundlich und aufrichtig eine Frage.

Ein ausgezeichnetes Beispiel für dieses Problem von Menschen, die eine niedrige oder durch den Druck der Umgebung herabgesetzte Selbstachtung haben, ist Zelig, die von Woody Allen verkörperte Filmgestalt. Zelig ist ein Mensch ohne klare Identität, der sich mit seinen Gesprächspartnern derart identifiziert, daß er nach und nach all ihre Verhaltensweisen annimmt und ihnen schließlich sogar im Aussehen ähnlich wird. Anne-Claire (40), Lehrerin, sagt uns im Grunde nichts anderes: »Ich habe lange danach gesucht, wer ich eigentlich bin. Ich hatte zum Beispiel gar kein Vertrauen in meinen Geschmack, wenn ich etwas zum Anziehen kaufen wollte. Ich neigte immer dazu, mich so zu kleiden wie Personen, die ich bewunderte. Das war eine Art archaischer Reflex: man legt dasselbe Federkleid an, um dem anderen Wesen ähnlich zu werden. Schon als Kind habe ich es so gemacht: ich verbrachte meine Zeit damit, meine Freundinnen nachzuahmen, ihre Schrullen, ihre sprachlichen Auffälligkeiten, ihre Frisur, nur damit ich mich besser fühlte in meiner Haut.«

Personen mit niedriger Selbstachtung	*Personen mit hoher Selbstachtung*
Haben das Gefühl, sich selbst schlecht zu kennen	Haben klare Vorstellungen von der eigenen Person
Sprechen in eher neutralen Worten von sich selbst	Verstehen es, auf positive Weise von sich zu sprechen

Personen mit niedriger Selbstachtung	*Personen mit hoher Selbstachtung*
Beschreiben sich auf eher gemäßigte, verschwommene, unsichere und zurückhaltende Weise	Wählen deutliche Worte, um sich zu charakterisieren
Manchmal widersprüchliche Äußerungen zur eigenen Person	Eher kohärente Äußerungen zur eigenen Person
Instabiles Urteil über sich selbst	Ziemlich stabiles Urteil über sich selbst
Urteil über die eigene Person kann von den Umständen und Gesprächspartnern abhängen	Urteil über die eigene Person hängt kaum von Umständen und Gesprächspartnern ab
Nachteile Verschwommenes und zögerliches Bild	*Nachteile* Zu viele Gewißheiten und Vereinfachungen; Risiko, bestimmten Gesprächspartnern zu mißfallen
Vorteile Eingehen auf Gesprächspartner; Sinn für Nuancen	*Vorteile* Scharf umrissenes und stabiles Bild

Welches Selbstbild präsentieren Sie Ihren Mitmenschen?

Was macht Personen mit niedriger Selbstachtung so vorsichtig?

Hier sind mehrere Hypothesen möglich. Die erste, auf die wir noch zurückkommen werden: Ihre Selbsterkenntnis läßt sehr zu wünschen übrig. Sie sind überzeugt, daß sie die richtigen Lösungen nicht in sich selbst finden, sondern bei den anderen. Deshalb bringen sie mehr Zeit damit zu, ihre Mitmenschen zu beobachten, um sich an ihnen zu orientieren, statt sich mit ihrer eigenen Person und deren Potential zu befassen.

Zweite Hypothese: Menschen mit geringer Selbstachtung fürchten mehr als andere die soziale Beurteilung. So sind sie neutraler und vorsichtiger, wenn sie von sich selbst sprechen. Außerdem (und ein wenig aus demselben Grunde) achten sie stärker darauf, weder sich selbst zu täuschen noch die anderen. Dieser Perfektionismus treibt sie dazu, in übertriebenem Maße die Nuancierungen und das Zweifeln zu kultivieren.

Daß Personen mit geringer Selbstachtung in der Frage ihrer eigenen Identität vorsichtig und zögerlich sind, kann sich unter bestimmten Umständen als Pluspunkt erweisen. Umgekehrt werden die zur Schau gestellten Gewißheiten mancher Personen mit hoher Selbstachtung nicht bei allen Gesprächspartnern und in allen Milieus angemessen sein. Trotzdem stimmt es, daß unsere Welt kein guter Ort für Nuancen ist: eine niedrige Selbstachtung stellt ohne Zweifel ein Hindernis dar, wenn man bestimmte Ziele verwirklichen will.

Wie man sich präsentiert

Wie man sich selbst darstellt, hängt nicht nur von der Selbstachtung ab, sondern auch von dem »Modell«, das in Ihrem Milieu oder Ihrer nationalen Kultur als vorbildlich gilt (selbst wenn es heute eine Tendenz zur Nivellierung der Unterschiede gibt).

Die Briten, die das *understatement* pflegen, haben den Amerikanern lange Zeit vorgeworfen, sie wären »Angeber«, während die Amerikaner im Gegenzug die Briten für »heuchlerisch« hielten. In Los Angeles wurde es als ganz normal angesehen, wenn man von seinen persönlichen Erfolgen berichtete; in London galt man dann als »schlecht erzogen«. Wenn wir heute zu Kongressen in die Vereinigten Staaten fliegen, sind wir hingegen oft davon frappiert, mit welchem Humor und welcher Bescheidenheit weltberühmte amerikanische Wissenschaftler ihre Forschungsergebnisse vorstellen.

In Frankreich variieren die Erziehungsmodelle je nach Region und Milieu. Es gibt eine bestimmte Form von »guter Erziehung«, bei der man dazu angehalten wird, so wenig wie möglich von sich selbst zu sprechen und noch weniger von den eigenen Erfolgen. Als das Feinste vom Feinsten gilt aber, wenn sich Gesprächspartner, die denselben Regeln folgen, gegenseitig in (falscher?) Bescheidenheit zu überbieten versuchen. Auch sind »Angebereien«, die in Straßburg schockieren würden, in bestimmten Bars von Marseille Teil eines sozialen Spiels, das dort jeder versteht.

Man braucht von allem etwas, damit eine Welt draus wird

Versetzen Sie sich in die Haut eines Journalisten, eines Experten für Personalrekrutierung oder auch in die eines Psychologen. Sie sollen mit zwei Personen ein gründliches Gespräch führen. Die erste beantwortet rasch alle sie betreffenden Fragen, sie verwendet positive Worte, um sich zu beschreiben, sie äußert sich deutlich über ihre Fähigkeiten und wirkt von Anfang bis Ende des Gesprächs kohärent. Die zweite Person braucht länger, um auf Ihre Fragen zu antworten; sie beschreibt sich eher auf neutrale Weise, äußert kaum scharf umrissene Meinungen über die eigene Person und widerspricht sich manchmal von einem Moment zum nächsten. Wahrscheinlich wird die erste Person auf Sie selbstsicherer wirken als die zweite; mit Recht würden Sie bei letzterer eine eher geringe Selbstachtung vermuten. Es ist aber auch möglich, daß die Art und Weise, in der sich die zweite Person vorgestellt hat, Ihnen mehr entgegenkommt – zum Beispiel, wenn es für Sie wichtig ist, daß Ihr Gesprächspartner zu Zweifeln und Nuancierungen fähig ist …

Wer hilft mir zu erfahren, wer ich bin?

Eine unserer Patientinnen gab uns, als sie zum erstenmal in die Sprechstunde kam, folgende Erklärung für ihr Erscheinen: »Ich suche mich.« Personen mit geringer Selbstachtung sind sich nämlich oft bewußt, daß sie nur eine unscharfe Vorstellung von sich selbst haben. Ihre Zweifel führen sie dann mitunter dazu, eine Psychotherapie in Angriff zu nehmen.

Die Selbstzweifel von Menschen mit niedriger Selbstachtung werden aber auch auf fragwürdige Weise ausgenutzt – von der Astrologie und verwandten Praktiken wie Hellsehen und Handlesen. Daß man sich Fragen über sein Selbst stellt, ist so alt wie die Welt, und der Wunsch, seine »wahre Persönlichkeit« zu begreifen und richtig zu beherrschen, erklärt zum großen Teil den andauernden Erfolg, den Astrologen quer durch die Jahrhunderte verzeichneten. Man darf annehmen, daß sich ihre Kundschaft vor allem aus Personen rekrutiert, die an sich selbst zweifeln und meist eine geringe Selbstachtung haben. Ganz wie Heiratsagenturen verschwinden würden, wenn es keine Schüchternen mehr gäbe, und Privatdetekteien ohne ihre paranoischen Kunden nicht existierten, so wären Parapsychologen, Astrologen und andere Seher zum Konkurs verurteilt, wenn eine wunderbare Entdeckung der Menschheit das Geheimnis der Selbstachtung offenlegen würde …

Wer bin ich, und was wird mir widerfahren?

»Sie verspüren ein großes Bedürfnis, von den anderen geliebt und bewundert zu werden. Sie neigen zu einer selbstkritischen Haltung. Es kann vorkommen, daß Sie sehr an sich zweifeln. Sie wissen, daß Sie bedeutende Fähigkeiten haben, die Sie nicht so nutzen, wie es nötig wäre …«

Was würden Sie von einer Person denken, die Ihnen so etwas sagt? Wahrscheinlich, daß sie ins Schwarze getroffen hat. Die meisten Leute, denen man solch ein aus Gemeinplätzen zusammengewobenes Pseudoporträt liefert, neigen zu der Ansicht, daß es auf sie zutrifft.[8] In einem Experiment verschickte man eine identische »astrale Bilanz« an 150 Personen, die nach Lektüre einer Zeitungsannonce darum gebeten hatten. Es stellte sich heraus, daß 130 von ihnen sehr zufrieden mit dieser Bilanz waren und sich in der Beschreibung wiedererkannten![9]

Je stärker man an sich zweifelt, desto mehr Mühe wird man haben, sein Schicksal in die eigene Hand zu nehmen. Mit anderen Worten: je geringer die Selbstachtung ausgeprägt ist, desto mehr mangelt es einem an Urteilsfähigkeit und kritischem Verstand gegenüber Astrologen und Hellsehern aller Couleur. Und die werden das zu nutzen wissen …

Je mehr man sich achtet, desto besser handelt man: man trifft Entscheidungen und hält an ihnen fest. Und wenn man sich regelmäßig so verhält, wird man sich wiederum stärker achten ... Diese Bewegung in beide Richtungen, die mit der Auswahl, der Beschlußfassung und der Realisierung dieser Beschlüsse zu tun hat, wollen wir uns jetzt näher ansehen.

Geh ich oder bleib ich?

Personen mit geringer Selbstachtung fällt es im allgemeinen schwer, Entscheidungen zu treffen. Sie zögern und weichen ihnen aus. Manchmal verschieben sie etwas, das sie heute erledigen könnten, gern auf den nächsten Tag: »Ich werde mich mit diesem wichtigen Kunden lieber ein andermal treffen«, »Ich schreibe diesen heiklen Brief lieber am Wochenende«, »Ich würde sie gern wiedersehen, aber heute ist es zu spät, um sie ins Kino einzuladen; ich versuch's lieber morgen!« etc. Diese Haltung ist Psychiatern gut bekannt; sie kann ein Anzeichen für ernstere psychische Störungen sein, etwa für eine depressive Tendenz oder eine Zwangsstörung.

Die Qual der Wahl

Handeln oder nicht handeln ... Ein Mensch mit geringer Selbstachtung stößt auf die gleichen Schwierigkeiten, wenn er mit Alternativen konfrontiert wird und sich entscheiden muß. »Eine Wahl zu treffen heißt, daß man die eine Variante verwerfen muß«, erzählte uns ein Patient, »und etwas verwerfen, das konnte ich noch nie: ich habe viel zuviel Angst, daß ich mich falsch entscheide.«

Dieses Zögern betrifft häufig harmlose Aspekte des Alltagslebens: »Als wir die erste Zeit zusammen waren, habe ich mich über Jean-Michel oft aufgeregt. Im Restaurant brauchte er ewig, um sich ein Gericht auszusuchen, und letzten Endes bestellte er dann dasselbe wie die anderen.« Durch jede Art von Druck auf das Individuum wird das Zögern verstärkt: »Wenn mein Mann gestreßt ist, braucht er morgens stundenlang, um sich für eine Krawatte zu entscheiden. Normalerweise geht das bei ihm ganz schnell, denn eigentlich ist es ihm ziemlich schnurz. Mode und Look, da pfeift er drauf. Aber wenn er dienstlich eine wichtige Verabredung hat, ist es so, als würde sein Streß ausgerechnet auf diese Dinge durchschlagen: er hat Angst, einen Fauxpas in Sachen guter Geschmack zu begehen, und zögert eine Ewigkeit.«

Dieses Zögern lastet manchmal aber auch über wichtigeren, existentiellen Entscheidungen. »An einem bestimmten Punkt meines Berufslebens«, erzählte ein Patient, »hat man mir eine neue Stelle angeboten, für die ein Umzug notwendig gewesen wäre. Es gab Vorteile und Nachteile auf beiden Seiten – solche Situationen verabscheue ich! Letztendlich habe ich meine Frau für mich entscheiden lassen. Sie hat wegen der Kinder beschlossen, daß wir lieber bleiben sollten, wo wir waren. Heute bedaure ich das ein wenig; es stimmt schon, hier geht es uns gut, doch mit Karriere ist nicht viel. Ich weiß nicht, ob es die richtige Wahl war. Aber anders wäre es vielleicht schlimmer gekommen ...«

In einer Psychotherapie ist es oft notwendig, Probleme dieser Art anzugehen. Die wichtigste Erklärung für solche Entscheidungsnöte liegt darin, daß Patienten meinen, bei der Wahl, vor die sie gestellt sind, gäbe es *a priori* eine »gute« und eine »schlechte« Lösung. Und daß sie glauben, man müsse um jeden Preis die gute finden. In Wahrheit liegen die Dinge selten so: unser Dasein stellt uns meist vor Entscheidungen, bei denen jede mögliche Wahl zugleich Vorteile und Nachteile mit sich bringt, Entscheidungen, bei denen nichts *von vornherein* feststeht. Hingegen wird die Art und Weise, in der wir uns bei unserem Handeln engagieren, *hinterher* häufig den Ausschlag geben, ob die Wahl nun eine gute oder eine schlechte war. Von vornherein steht gar nichts in den Sternen geschrieben, und unsere Zukunft hängt von uns selbst ab.

Vom Einfluß der Umgebung

Weil Personen mit geringer Selbstachtung Schwierigkeiten bei der Entscheidungsfindung haben, lassen sie sich gern von ihrer Umgebung beeinflussen (Eltern, Freunde, guter oder schlechter Umgang), besonders wenn es sich um eine Entscheidung fürs Leben handelt: Was soll man studieren? Wen soll man heiraten? Welchen Beruf soll man anstreben? Die konformistische Bahn wird oft am verlockendsten erscheinen. Man spricht manchmal von »psychischer Plastizität«, um diese starke Empfänglichkeit für die Ansichten anderer zu kennzeichnen. Sätze wie »Der ist eine richtige Wetterfahne!« oder »Bei ihm hat immer der recht, der gerade gesprochen hat!« drücken gut die Verärgerung aus, die ein solches Benehmen auslösen kann.

Auf einmal getroffenen Entscheidungen beharren

Um persönliche Vorhaben zu realisieren, sollte man besser eine gute Portion Selbstachtung haben. Beharrlichkeit ist nicht gerade typisch für Personen mit niedriger Selbstachtung. Sie neigen dazu, ihre Pläne aufzugeben, sobald sie auf Schwierigkeiten stoßen oder eine konträre Meinung hören. So hängen etwa die Erfolgsaussichten bei einer Diät sehr vom Selbstachtungspegel ab.[10] Wenn er niedrig ist, halten die guten Vorsätze nur eine Weile an und brechen bei Mißerfolgen in sich zusammen (»Das wird doch nie im Leben klappen!«). Unsere Selbstachtung geht daraus nicht gerade gestärkt hervor, und das verringert wiederum ein bißchen die Erfolgschancen für den nächsten Versuch.

Es ist enorm wichtig, wie sehr man sich persönlich in eine Entscheidung einbringt. Personen mit hoher Selbstachtung werden gewiß mehr Beharrlichkeit zeigen, wenn es um Entscheidungen geht, die sie wirklich mit dem Herzen getroffen haben (jemanden verführen, der einem gefällt; Erfolg mit einer Sache haben, die einen begeistert). In Bereichen, wo sie sich persönlich kaum einbringen, werden sie schon weniger beständig sein. So sind sie imstande, ein Rendezvous abzusagen, wenn es sie langweilt, oder ein Versprechen wieder in Frage zu stellen …

Menschen mit geringer Selbstachtung bleiben hingegen bei den Entschlüssen, die ihnen vom sozialen Konformismus diktiert worden sind. Das endet manchmal mit einer uninteressanten Arbeit, einer nicht sehr erfüllten Ehe oder lästigen Zwängen (wenn man etwa jeden ersten Sonntag im Monat bei seiner alten Tante zu Mittag essen muß). Haben sie sich durch eine solche »Wahl« erst einmal selbstverpflichtet, können sie sich schwer zum Aufhören oder Abbrechen durchringen. Darin steckt nicht etwa Masochismus, sondern ein Problem bei Entscheidungsprozessen: Personen mit geringer Selbstachtung fühlen sich leichter und schneller durch ihr Handeln verpflichtet. Ihre natürliche Neigung wird also im *Weitermachen* bestehen, wo jemand mit hoher Selbstachtung sagen würde: »Stop, ich höre auf, das ist nicht das, was ich eigentlich möchte.«

In bestimmten Momenten kann eine ausgeprägte Selbstachtung aber auch zu fragwürdigen Entscheidungen führen. Ein begabter und sehr selbstsicherer Jugendlicher könnte etwa sein Studium hinwerfen, um trotz aller Hindernisse (z.B. elterlicher Reaktionen) ganz seiner Leidenschaft zu leben (in einer Rockband spielen und sich mit Gelegenheitsjobs über Wasser halten). Ein gleichaltriger Freund, der sich selbst weniger achtet, wird vielleicht dieselben Träume haben, sie aber nicht zu verwirklichen wagen. So respektiert er den Wunsch der Eltern und setzt seine Ausbildung fort. Ein paar Jahre darauf wird sich das vielleicht als die richtige Wahl erweisen ... So kann es geschehen, daß sich eine spät ausreifende Selbstachtung letztendlich positiv auswirkt, indem sie uns vor allzu frühzeitigen riskanten Entschlüssen bewahrt.

Niedrige Selbstachtung	*Hohe Selbstachtung*
Entscheidungen werden oftmals mühselig getroffen oder lange hinausgeschoben	Entscheidungsfindung im allgemeinen leichter und ungezwungener
Personen sind oftmals beunruhigt wegen der möglichen Folgen einer Entscheidung	Personen handeln so effizient wie möglich, um ihre Wahl umzusetzen
Achten bei der Entscheidungsfindung manchmal zu sehr auf andere	Hören in ihrer Entscheidungsfindung vor allem auf sich selbst

Niedrige Selbstachtung	*Hohe Selbstachtung*
Gehen im Falle von Schwierigkeiten schnell von ihren persönlichen Entscheidungen ab	Können persönliche Entschlüsse trotz aller Schwierigkeiten beharrlich weiterverfolgen
Geraten manchmal in unbefriedigende Situationen, die ihnen von der Umgebung aufgedrängt worden sind	Befreien sich aus Situationen, die ihnen von außen aufgedrängt worden sind, wenn sie merken, daß sie ihren Interessen zuwiderlaufen
Nachteile Manchmal zögerlich oder konventionell	*Nachteile* Manchmal zu sehr an ihren kurzfristigen Interessen orientiert
Vorteile Vorsichtiges und überlegtes Verhalten, Geduld	*Vorteile* Können innovativ sein

Wie verpflichten Sie sich in Ihrem Handeln?

Reagieren Sie empfindlich auf Mißerfolge und Kritik?

Wenn ein Fehlschlag Spuren hinterläßt

Jedem passieren Fehlschläge; so etwas ist keine Tragödie. Zumindest nicht, wenn Sie keine zu geringe Selbstachtung haben. Menschen mit geringem Selbstwertgefühl rappeln sich nach einem Mißerfolg nur schwer wieder auf. Sie legen ihn nicht zu den Akten als eine Erinnerung unter vielen – im Gegenteil, er hinterläßt eine schmerzhafte und andauernde emotionale Spur. Nehmen wir zum Beispiel eine Gruppe von Studenten, die sich im Sekretariat gerade ihre Zwischenprüfungsergebnisse mitteilen lassen. Bei allen durchgefallenen Studenten wird der Mißerfolg eine augenblickliche »depressive Reaktion« auslösen. Diese Reaktion ist natürlich schnell überwunden – außer bei jenen Personen mit geringer Selbstachtung. Sieht man sie einige Zeit darauf wieder, wird man nämlich feststellen, daß die Reaktion noch immer anhält.[11]

Dieses Phänomen kann auf dreierlei Weise erklärt werden. Ihrem Verhalten nach engagieren sich die Personen mit hoher Selbstachtung schneller in neuen Aktionen, die sie von ihrem Mißerfolg ablenken und dazu beitragen, ihn vergessen zu machen. Vom psychologischen Standpunkt aus gesehen hilft einem eine hohe Selbstachtung beim Relativieren; man fühlt sich dann durch *eine einzige* Niederlage nicht *global* entwertet. Was die emotionale Seite betrifft, so werden Personen mit niedriger Selbstachtung häufiger von negativen Gefühlen heimgesucht, welche von der Enttäuschung nach einem Scheitern natürlich noch genährt und aufs neue an die Oberfläche gespült werden.

Man kann dem Phänomen wiederbegegnen, wenn jemand kritisiert wird. Niemand hört sich gern Kritik an, aber Menschen mit geringer Selbstachtung reagieren stärker und langanhaltender darauf als andere. Man braucht nur eine negative Botschaft an sie zu richten, und man kann sicher sein, sie später sagen zu hören, unsere Worte hätten sie eine ganze Woche lang um den Schlaf gebracht! »Für mich ist jede Kritik eine angebrachte Kritik«, erklärte ein Patient. Kritik wird von diesen Menschen weniger als eine nützliche Information verstanden, sondern vielmehr mit sozialer Beurteilung und Zurückweisung in Verbindung gebracht. So löst sie in ihnen Gefühle von Traurigkeit und Bestürzung aus, die manchmal in gar keinem Verhältnis zur Reichweite der Kritik stehen, aber immer umgekehrt proportional sind zum Niveau der Selbstachtung.

Dort, wo es wehtut …

Kritik und negative Botschaften werden um so schlechter vertragen, wenn sie sich auf Bereiche richten, in die das Individuum mit geringer Selbstachtung viel investiert hat. Nehmen wir zum Beispiel eine junge, an sich selbst zweifelnde Mutter, die nicht berufstätig ist, damit sie sich um die Erziehung ihrer Kinder kümmern kann. Sie wird mit großer Wahrscheinlichkeit in Tränen ausbrechen, wenn man ihr ein paar nachdrückliche Bemerkungen über das Verhalten ihrer Sprößlinge macht. Eine andere junge Frau, die eben erst eingestellt worden ist und in der Firma unbedingt einen guten Eindruck machen will, die aber auch großen Respekt vor ihrer neuen Aufgabe hat, wird in der Versammlung die Nerven verlieren, wenn der Chef, dessen üble Laune der Normalfall ist und niemanden mehr stört, eine seiner Bemerkungen macht …

Ein hoffnungsloser Fall

Der unglückselige Vatel, Koch des Fürsten von Condé, ging sicher an seiner fragilen Selbstachtung zugrunde. Ein Mißerfolg in einem Bereich, in den er viel investiert hatte, machte sie zuschanden. Im Jahre 1671 waren die Fische und Muscheln, die er für die fürstliche Mahlzeit erwartete, einmal nicht rechtzeitig eingetroffen. Vatel klemmte das Heft eines Messers zwischen Tür und Angel und beging Selbstmord, indem er sich die Klinge in den Leib rammte!

Wenn die Stimmung ständig schwankt

Viele unserer Patienten mit niedriger Selbstachtung sind in schlechter Stimmung und leiden an dem, was Psychiater eine »Dysthymie« nennen. Diese Störung ist zwar kein richtiggehender depressiver Zustand, sie führt jedoch häufig – wenigstens alle zwei Tage[12] – zu einer traurigen Gestimmtheit. »Schwache Selbstachtung« ist ein Kriterium bei der Diagnose von Dysthymie. Man kann sogar noch weiter gehen: es ist nämlich in vielen Fällen möglich, daß der niedrige Selbstachtungspegel am Ursprung der Störung steht, indem die betroffenen Personen gegenüber den Geschehnissen des täglichen Lebens, denen sie die Stirn bieten müssen, allzu verletzlich sind.

Ich will aber die Wahrheit wissen!

Hier passiert jedoch etwas Paradoxes: obwohl Menschen mit geringer Selbstachtung unter Kritik leiden, suchen manchmal gerade sie am meisten nach ihr! »Ich muß wissen, wie die Dinge liegen«, sagte uns eine junge Frau. »Ich kann es nicht ertragen, in Ungewißheit zu leben. Wenn ich mit mir nicht zufrieden bin, suche ich bei den anderen immer eine Bestätigung dafür. Sagt man mir, daß ich gar nicht so übel war, mag ich kein Wort davon glauben. Die anderen sollen mir jedesmal dazu sagen, was nicht geklappt hat, denn ich habe immer den Eindruck, daß Kritik ehrlicher ist als ein Kompliment. Das Idiotische daran ist, daß ich über das, was sie mir sagen, wochenlang grübele und daß es mich ganz krank macht. Mein Freund ist da inzwischen mißtrauisch geworden: am Anfang unserer Beziehung ging er immer auf mein Spiel ein und sagte mir offen, was nicht in Ordnung war, wenn ich ihn danach fragte. Aber er hat schnell begriffen, daß damit nichts gewonnen war.«

Dieses Phänomen ist auch in wissenschaftlichen Studien nachgewiesen worden. Man teilte zum Beispiel freiwillige Versuchspersonen in drei Gruppen auf: Individuen mit hoher Selbstachtung, solche mit geringer Selbstachtung und schließlich richtiggehend depressive Personen. Dann fragte man sie, ob sie lieber positive oder negative Informationen über ihre Person hören wollten (»Ausgehend von dem Fragebogen, den Sie eben ausgefüllt haben, können wir Ihnen *entweder* über Ihre Stärken *oder* über Ihre Schwachstellen Auskunft geben ...«). Am häufigsten wollten natürlich die depressiven Personen negative Informationen über sich selbst hören (82 Prozent). Aber die Probanden mit geringer Selbstachtung lagen nicht weit dahinter, denn 64 Prozent von ihnen hatten sich für die Kritikpunkte entschieden ... Bei den Individuen mit hoher Selbstachtung war das nur zu 25 Prozent der Fall.[13]

Dieses Versuchsergebnis muß sicher nuanciert werden. So sieht es ganz danach aus, als würden Testpersonen mit geringer Selbstachtung negative Botschaften nur in Bereichen hören wollen, in denen sie sich für änderungsfähig halten. Vielleicht hoffen sie, auf diese Weise Fortschritte zu machen.[14] In den anderen Bereichen geht es ihnen wie allen übrigen Leuten: sie ziehen es vor, wenn man ihnen Komplimente macht! Ihr Verhalten wäre somit durchaus angemessen und funktionell ...

Und die Personen mit hoher Selbstachtung? Nun, sie verhalten sich nicht paradox. »Wenn ich mies gewesen bin«, erklärt Richard (45), »muß ich nicht noch was drauflegen, indem ich zu den anderen renne und sie nach ihrer Meinung frage. Ich werde ihnen ja nicht noch den Knüppel reichen, mit dem sie mich verprügeln sollen ... Ich ziehe meine Lehren für mich allein, und damit hat es sich.« Tatsache ist, daß solche Personen einer angebrachten Kritik keine übertriebene Bedeutung beimessen. Empfangen sie negative Botschaften, sind sie in der Lage, sich auf ihre Stärken zu konzentrieren. Sie lassen sich also weniger von ihren negativen Emotionen überfluten. Offen gestanden finden solche Leute einen Gesprächspartner, der Gutes über sie sagt, sowieso glaubwürdiger als jemanden, der sie kritisiert.[15] Sie filtern also besonders unangenehme Botschaften einfach heraus. Ihnen erlauben eher lobende als kritische Worte, ihr Selbstbild zu modifizieren.[16]

Aber aufgepaßt, das soll nicht heißen, daß Kritik ihnen gleichgültig wäre. Im Gegenteil, sie bereitet ihnen oft schlechte Laune. Und dann sollte man sich hüten! Fühlen sie sich nämlich in Frage gestellt, können sie plötzlich viel aufmerksamer für die Fehler ihrer Mitmenschen werden ... So hat man nachweisen können, daß Probanden mit hoher Selbstachtung sich dreimal häufiger an die Irrtümer der anderen erinnern konnten, nachdem sie selbst bei einem Fehler ertappt worden waren.[17] Deshalb sollten Sie sich vor einem Vorgesetzten mit hoher Selbstachtung an jenen Tagen in acht nehmen, wo er eine saftige Niederlage einstekken mußte ...

In seinem Film *2001: Odyssee im Weltraum* zeichnete Stanley Kubrick im Jahre 1968 das erstaunliche Porträt eines hochbegabten und superleistungsfähigen Bordcomputers namens Hal 9000.

Hal war sich seiner Fähigkeiten durchaus bewußt – hatten seine Schöpfer vielleicht eine Funktion »hohe Selbstachtung« mit programmiert? – und zugleich sehr empfindlich.

Nachdem ihm ein Fehler unterlaufen ist (er hat eine Störung angezeigt, die es gar nicht gab) und er sich geweigert hat, ihn einzugestehen, macht sich Hal daran, die anderen Astronauten auszuspionieren. Sie sind über sein Versagen beunruhigt und beginnen sich zu fragen, ob man ihn nicht besser abschalten sollte. Angesichts ihrer Zweifel gerät Hal in Wut und verursacht den Tod von vier Astronauten, bevor der einzige Überlebende ihn in letzter Minute abstellen kann.

Mit oder ohne Publikum?

Wenn bei der Entscheidungsfindung keinerlei soziale Konsequenzen zu erwarten wären, würden sich die Unterschiede zwischen Personen mit hoher und mit niedriger Selbstachtung weitgehend verwischen. Die meisten Untersuchungen zeigen nämlich, daß der Blick und das Urteil der anderen für Menschen mit niedriger Selbstachtung eine der wichtigsten Fesseln bei ihrem Handeln sind. Und die Folgen dieses Blickes: man läuft Gefahr, kritisiert und abgewiesen zu werden.

Eine Studie zu diesem Thema hat zum Beispiel gezeigt, daß sich bei Personen mit geringer Selbstachtung die Risikobereitschaft vermindert, wenn sie erfahren, daß ihre Entscheidungen von anderen Leuten beurteilt werden sollen. Bei Menschen mit hoher Selbstachtung war dies natürlich nicht der Fall. Bei Entscheidungen ohne nachfolgende soziale Beurteilung gab es hingegen keinen Unterschied zwischen beiden Versuchsgruppen.[18]

Hieraus erklärt sich, weshalb Personen mit niedriger Selbstachtung im allgemeinen keine Wettbewerbssituationen mögen. Genau das sagte schon die sechsjährige Justine, als man sie fragte, weshalb sie sich an bestimmten Gesellschaftsspielen mit Kindern ihres Alters nicht beteiligen wollte: »Ich mag keine Spiele, wo man verlieren kann!«

Bei den Erwachsenen kann das Erlernen neuer Sportarten als Test für die Selbstachtung wirken: Leute mit niedriger Selbstachtung werden sich unbehaglicher fühlen, wenn sie sich unter den Augen Dutzender Gaffer im Inlineskating oder Schneesurfen versuchen ...

Es gibt mehrere Strategien zur Verhütung von Mißerfolgen. Personen mit geringer Selbstachtung bedienen sich ihrer lieber als andere Menschen.

Das simpelste und radikalste Mittel liegt darin, so selten wie möglich zu handeln! Man kann aber auch die Taktik des sogenannten »defensiven Pessimismus« anwenden. Sie besteht darin, daß man seiner Umgebung sagt, man glaube sowieso nicht an seine Erfolgschancen (oder an die seiner Nächsten). So kann man zum Beispiel im Falle eines Mißerfolgs die Enttäuschung in Grenzen halten. Sylvie (35), Leiterin einer Reiseagentur, erzählte dazu: »Ich erinnere mich noch an eine meiner Kommilitoninnen. Sie war immer unglaublich pessimistisch. Sie sagte: ›Das wird hart werden; ich bin nicht sicher, ob ich es schaffe; dieses Jahr werden sie sowieso nicht viele nehmen; ich glaube, sie werden diesmal besonders strenge Noten geben‹ und so weiter. Am Anfang hat mich das ein bißchen erschreckt, denn ich bin von Natur aus eher optimistisch. Ich stellte mir vor, wie gestreßt sie die ganze Zeit sein mußte, wenn sie die Dinge auf diese Weise sah. Mich hätte es jedenfalls in einen schrecklichen Zustand versetzt, wenn ich ständig solche Gedanken im Kopf gehabt hätte. Aber in Wirklichkeit war es einfach ihr Charakter, ihr typisches Verhalten. Sie fühlte sich gar nicht so schrecklich gestreßt. Es fehlte ihr an Selbstvertrauen. Aber die Prüfungen, die hat sie alle bestanden ...«

Niedrige Selbstachtung	*Hohe Selbstachtung*
Reagieren zunächst einmal emotional auf einen Mißerfolg	Reagieren zunächst einmal emotional auf einen Mißerfolg
Fehlschläge hinterlassen dauerhafte emotionale Spuren	Fehlschläge lassen kaum dauerhafte emotionale Narben zurück
Verlieren die Nerven, wenn sie auf Gebieten kritisiert werden, auf denen sie sich kompetent (und im Grunde nicht kritikwürdig) glauben	Können Kritik an heiklen Stellen aushalten oder sich energisch gegen sie verteidigen

Niedrige Selbstachtung	*Hohe Selbstachtung*
Wollen negative Informationen über die eigene Person hören	Forschen kaum nach negativen Informationen über die eigene Person
Rechtfertigen sich nach einem Mißerfolg	Fühlen sich nicht verpflichtet, sich nach einem Mißerfolg zu rechtfertigen
Vergleichen sich nach einem Mißerfolg mit den Stärkeren (»Er hätte an meiner Stelle Erfolg gehabt!«)	Sagen sich nach einem Mißerfolg, daß viele andere ebenso gescheitert wären
Fühlen sich durch eine Kritik zurückgestoßen	Fühlen sich durch eine Kritik nicht zurückgestoßen
Starke Angst vor einer Einschätzung durch die anderen	Geringe Angst vor einer Einschätzung durch die anderen
Nachteile Leiden dauerhaft und manchmal exzessiv unter Kritik; verspüren eine vorwegnehmende Angst	*Nachteile* Sind widerstandsfähig gegenüber ungünstigen Umständen
Vorteile Sind motiviert, Fehlschläge zu vermeiden; vermögen kritische Ratschläge zu beachten	*Vorbilder* Hören manchmal nicht genügend auf Kritik

Ihre Reaktion auf Kritik und auf Mißerfolge

Wie reagieren Sie auf Erfolge?

Streß und Erfolg

Man weiß seit langem, daß bestimmte glückliche Ereignisse streßauslösend sein können! Einer der bekanntesten Fragebögen zu diesem Thema[19] reiht unter die »destabilisierenden« Geschehnisse des Lebens Hochzeiten, Beförderungen, die Geburt von Kindern etc. ein. Ist das paradox? Nicht wirklich, wenn man sich an die Definition von »Streß« erinnert: Streß ist das, was in einem Individuum geschieht, welches sich an eine Veränderung in seiner Umgebung anpassen muß.[20] Werden Menschen mit großen Veränderungen konfrontiert, haben sie oft das Gefühl, die Dinge nicht mehr unter Kontrolle zu haben. Hieraus erklären sich auch die Unterschiede, die man zwischen Personen mit hoher und solchen mit geringer Selbstachtung bemerken kann. Erstere sind stärker daran gewöhnt, ihre Umgebung im Griff zu haben.[21] Sie meinen eher als die anderen, daß die günstigen Ereignisse unter ihrer Kontrolle stünden (»Wenn ich im Lotto gewonnen habe, dann deshalb, weil ich mir den Tippschein gekauft und die richtigen Zahlen angekreuzt habe!«). Menschen mit geringer Selbstachtung sehen darin hingegen schneller den Eingriff eines Schicksals, das ihnen bei nächster Gelegenheit ebensogut wieder feindlich gesonnen sein könnte. So berichtet ein Verwaltungsbeamter (37): »Mein Problem sind die Verantwortlichkeiten. Weil ich fleißig und gewissenhaft bin, bietet man mir häufig Beförderungen an. Aber mich streßt das jedesmal. Ich denke sofort an all die zusätzliche Verantwortung, die das mit sich bringen würde, und an die ganze Arbeitslast. Und dann frage ich mich auch gleich, ob ich meiner Aufgabe gewachsen wäre, ob ich nicht enttäuschen und meine Grenzen aufzeigen würde. Bis jetzt ist es ja gut gegangen, aber wenn der Wind eines Tages umschlägt?«

Glücksängste

Schon oft haben uns Patienten durch eine Haltung in Erstaunen versetzt, welche man »Glücksangst«[22] nennt, das heißt, die Schwierigkeit, schöne Momente auszukosten und sich über seine Erfolge zu freuen. Statt sich so zu verhalten, nehmen sie innerlich das Ende dieser Momente vorweg: »Das ist sowieso alles nicht von Dauer!«, »Das dicke Ende kommt bestimmt gleich hinterher!« usw. Dieses überscharfe Bewußtsein um die Zerbrechlichkeit des Glücks zeugt davon, daß jene Patienten sehr daran zweifeln, ob sie den Wechselfällen des Daseins die Stirn bieten können, eines Daseins, das sie als unendliche Kette von Schicksalsprüfungen begreifen. Man verbietet sich eine allzu große Freude, damit man sich hinterher nicht allzu unglücklich fühlt. Ein bißchen nach dem Muster jener alten Bauern, die bei wunderschönem Wetter sagen: »Dafür werden wir noch büßen müssen!«

Das Hochstapler-Syndrom

Die Psychiatern wohlbekannte Störung sucht Personen heim, die auf ihrem Gebiet erfolgreich waren, denen man Verantwortung übertragen und Vertrauen geschenkt hat, aber die an sich selbst zweifeln. Natürlich reden sie nicht darüber und zeigen es auch nicht offen. »Habe ich es wirklich verdient, auf diesem Posten zu sitzen?« fragen sich solche Leute unablässig. Sie fürchten sich davor, einen Fehler zu begehen, der aller Welt zeigen würde, daß sie ihren Aufgaben nicht gewachsen sind; sie fragen sich, ob sie nicht jemand anderem die Stelle wegnehmen ... Im allgemeinen handelt es sich um Individuen, deren Selbstachtung nicht genauso schnell gewachsen ist wie ihre Kompetenzen. Selbst wenn sie längst Spezialisten geworden sind, sehen sie sich noch als Anfänger.

Dieses Syndrom kann *vorübergehend* auch Personen mit hoher Selbstachtung treffen, wenn sie zum Beispiel rasch in der Hierarchie aufsteigen oder die Firma wechseln und dabei größere Verantwortung übertragen bekommen. So erging es Jacques, einem unserer Patienten, der einen Leitungsposten in einem Verlag innehat. Als ihn die Konkurrenz zu sehr günstigen finanziellen Bedingungen von seiner Firma abgeworben hatte, stellte er fest, daß die in ihn gesetzten Erwartungen sehr hoch waren – proportional zum Gehalt, das man ihm zahlte. Das löste bei ihm Schlafstörungen und Angstkrisen aus, wie er sie nie zuvor gekannt hatte.

Bei Individuen mit geringer Selbstachtung kann das Hochstapler-Syndrom aber auch *chronisch* sein. Trotz aller Fähigkeiten, über die sie verfügen, denken sie häufig: ›Ich weiß gar nicht, was die an mir finden ...‹ Das Syndrom löst bei ihnen vielfältige Qualen aus, besonders eine permanente ängstliche Anspannung bei der Erfüllung ihrer Aufgaben. Es handelt sich dabei um Leistungsangst. Sie kann bis hin zu depressiven Zuständen führen, was bei Personen, die offenbar frei von Sorgen und materiell sehr erfolgreich sind, widersinnig wirken muß.

Warum so viel Verlegenheit?

Machen Sie einer Person, die wenig Selbstachtung besitzt, mal ein Kompliment – sicher wird sie eine gewisse Verlegenheit zeigen. Das ist zum Beispiel bei Schüchternen der Fall. In Selbstbehauptungsgruppen, wo sie ein besseres Kommunizieren trainieren,[23] arbeiten schüchterne Menschen oft an diesem Problem. Man stellt dort fest, daß sie in den meisten Fällen sehr verlegen sind, wenn sie auf ein Kompliment etwas entgegnen sollen, und daß sie manchmal sogar wütend auf die Person werden, die ihnen Komplimente macht. Man kann eine ganze Reihe von Strategien beobachten, mit denen sie sich vor Lobesworten schützen.

Strategie	*Typischer Satz*
Den eigenen Anteil an der Leistung herunterspielen	»Aber nein, ich habe überhaupt kein Verdienst daran ...«
Die eigene Leistung als etwas ganz Normales hinstellen	»Jeder andere hätte es an meiner Stelle genauso gemacht ...«
Ein Kompliment mit einem Kompliment beantworten	»Aber Sie sind auch ganz toll damit klargekommen ...«
Die eigene Leistung herabsetzen	»Da ist wirklich nicht groß was dran ...«

Die Kunst, sich vor Komplimenten zu schützen

Bei Personen mit hoher Selbstachtung liegen die Dinge einfacher: Erfolge oder Glückwünsche stimmen ganz mit dem überein, was sie über sich selbst denken; für sie sind es Bestätigungen, die sie ohne übermäßige Verwirrung entgegennehmen und gemäß dem sozialen Code ihrer Herkunftskultur beantworten. Die Nordamerikaner sind in dieser Übung weniger befangen als die Europäer, bei denen Bescheidenheit als wichtige soziale Qualität gilt. Bei den Asiaten kann es hingegen hart an Unhöflichkeit grenzen, wenn man ihnen ein Kompliment macht! Einer unserer Freunde erzählte einmal, wie er auf einer Reise ins kommunistische China versucht hatte, der jungen Frau, die seiner Touristengruppe dolmetschte, den Hof zu machen. Kaum hatte er begonnen, ihre Schönheit zu preisen, geriet sie in außerordentliche Verwirrung und dann in Wut, und schließlich ging sie dazu über, bei jedem seiner Sätze auszurufen: »Übertreibung! Übertreibung!«

Warum all diese Verlegenheit? Wenn Erfolge und ihre sozialen Konsequenzen Menschen mit niedriger Selbstachtung Unbehagen bereiten, dann deshalb, weil sie von ihnen in ein Dilemma gestürzt werden, das man »kognitive Dissonanz« nennt. Dabei handelt es sich um den innerlich empfundenen Widerspruch zwischen der negativen oder sehr eingeschränkten Bewertung der eigenen Person und den Tatsachen, die man gerade erlebt, das heißt den Erfolgen oder Komplimenten. Weiter liegt es daran, daß solche Personen unverzüglich vorwegnehmen, was ein Erfolg nach sich zieht. Er bedeutet nämlich auch, daß sie hinterher »das Niveau halten« und ihre Versprechen erfüllen müssen ... Mit anderen Worten: auf der Gefühlsebene lieben sie den Erfolg, denn er tut ihnen gut, aber kognitiv fürchten sie ihn, denn er steht im Widerspruch zu ihrer Sicht auf sich selbst und bringt sie in eine Lage, in der sie ihren Mann stehen *müssen*.

Niedrige Selbstachtung	*Hohe Selbstachtung*
Möchten gern Erfolg haben	Möchten gern Erfolg haben
Erfolge bringen ihre Vorstellung von der eigenen Person durcheinander	Erfolge bestätigen sie in ihrer Vorstellung von der eigenen Person
Gemischte Gefühle	Positive Gefühle
Angst, den folgenden Anforderungen nicht gewachsen zu sein; Furcht, der Erfolg werde nicht anhalten	Stellen sich kaum derartige Fragen

Niedrige Selbstachtung	*Hohe Selbstachtung*
Nachteile Das Vergnügen wird verdorben (angstvolles Glück); Erfolge nutzen der Selbstachtung wenig	*Nachteile* Abhängigkeit von Belohnung und Anerkennung
Vorteile Bescheidenheit	*Vorteile* Gesteigerte Motivation; Erfolge wirken sich günstig auf die Selbstachtung aus

Wie reagieren Sie auf Erfolg?

Dynamik des Lebensweges und Selbstachtung

Im täglichen Leben sind die Dinge natürlich oft nuancierter, als wir sie in Tabellen darstellen konnten. Diese Übersichten orientieren sich an den Arbeiten der Experimentalpsychologie, in denen es eine klare Trennlinie gibt zwischen Personen mit hoher und Personen mit geringer Selbstachtung.

Man weiß aber zum Beispiel, daß das Selbstachtungsniveau ein und desselben Individuums variieren kann. In bestimmten günstigen Augenblicken nimmt es typische Verhaltensweisen einer Person mit hoher Selbstachtung an, und nach einer Niederlage kehrt es zu Haltungen zurück, die von niedriger Selbstachtung zeugen. Das veranschaulicht auch der Ausdruck »ihm ist der Erfolg zu Kopf gestiegen«: in einer Phase des Erfolgs schöpfen bestimmte Menschen Selbstsicherheit und verändern sich derart, daß selbst ihre Nächsten sie nicht wiedererkennen.

Ebenso ist bekannt, daß die Selbstachtung in relativ unabhängige Unterbereiche aufgeteilt sein kann: eine Person, deren globale Selbstachtung sich in Grenzen hält, kann Aktivitäten nachgehen, in denen ihre Selbstachtung sehr hoch ist; ihre Reaktionen werden also ganz von dem Bereich abhängen, um den es gerade geht.

Niedrige Selbstachtung	*Hohe Selbstachtung*
Angst vor dem Scheitern	Streben nach Erfolg
Vergleichen sich mit Schwächeren, um ein Gefühl von Sicherheit zu finden	Orientieren sich an den Starken und Erfolgreichen, um sich für Fortschritte zu motivieren
Gehen kein Risiko ein	Nehmen Risiken in Kauf
Begnügen sich mit dem einmal erreichten Ziel	Versuchen, ihre Grenzen immer weiter hinauszuschieben
Fühlen sich durch Gewohnheiten abgesichert	Fühlen sich von neuen Erfahrungen stimuliert
Ziehen es vor, in allen Dingen durchschnittlich gut zu sein und keine großen Wissenslücken zu haben	Ziehen es vor, auf ihrem Spezialgebiet zu brillieren, und nehmen dafür Lücken in anderen Bereichen in Kauf
Nachteile Selbstbeschränkung, langsames Vorankommen; gehen bei ihren Überlegungen von ihren Mißerfolgen aus	*Nachteile* Gehen Risiken ein, verzetteln sich
Vorteile Vorsicht, souveräne Beherrschung eines Fachgebietes	*Vorteile* Persönliche Entwicklung; schnelle Fortschritte; gehen bei ihren Überlegungen von ihren Erfolgen aus

Selbstachtung und Entscheidungen fürs Leben

Die Unterschiede, die wir gerade studiert haben, wirken sich eher dauerhaft auf unser Alltagsleben aus. Das globale Selbstachtungsniveau einer bestimmten Person beeinflußt ihre Entscheidungen fürs Leben und ihre Existenzweise beträchtlich. So hat man nachweisen können, daß eine hohe Selbstachtung mit Strategien einhergeht, die durch das Streben nach persönlicher Entwicklung und durch Risikobereitschaft gekennzeichnet sind. Eine geringe Selbstachtung bringt hingegen eher Schutz- und Risikovermeidungs-Strategien mit sich.[24] Anders gesagt: wo jemand mit geringer Selbstachtung Angst vor dem Scheitern hat, hat jemand mit hoher Selbstachtung den Wunsch nach Erfolg.

Es ist klar, daß beide Strategien langfristig ihre spezifischen Folgen haben. Hohe Selbstachtung wird einen dazu treiben, die verschiedensten Lebensumwelten zu erforschen, und dies mit größter Überzeugung. So kann man besser »seinen« Weg finden – freilich um den Preis einiger Mißerfolge und Niederlagen. Während dieser Zeit wird geringe Selbstachtung eine andere Person dazu veranlassen, nur in einem Umkreis zu agieren, in dem sie sich in Sicherheit fühlt und nur einem minimalen Mißerfolgsrisiko ausgesetzt ist. Hat die Person mit hoher Selbstachtung bereits ein bestimmtes Ziel erreicht, wird sie versuchen, aufs neue über sich hinauszuwachsen. Jene mit geringer Selbstachtung begnügt sich hingegen mit dem Erreichten. Der eine denkt: ›Wer nichts wagt, gewinnt nichts‹, während sich der andere sagt: ›Lieber den Spatz in der Hand als die Taube auf dem Dach!‹

Falls Sie nicht gerade zu einer extremen Kategorie gehören, sollten Sie sich also nicht sagen: ›Ich verhalte mich so, weil meine Selbstachtung hoch oder gering *ist*‹ – Sie sollten vielmehr denken: ›Ich verhalte mich so, weil das, was ich erlebt habe, meine Selbstachtung *gesteigert oder herabgesetzt* hat!‹

Fragebogen I: »Ihr Selbstachtungspegel«

Der nachstehende Fragebogen möchte Ihnen Auskunft über Ihren persönlichen Selbstachtungspegel geben. Lesen Sie jede Formulierung aufmerksam durch und antworten Sie dann ohne allzu langes Zögern. Machen Sie dazu ein Kreuz in der Spalte, die Ihren *gegenwärtigen* Ansichten am nächsten kommt. Unsere Kommentare können Sie im Anhang auf Seite 314f. finden.

Bestimmen Sie den Grad Ihrer Selbstachtung

Mit dieser Aussage bin ich …	*völlig einverstanden*	*einverstanden*	*nicht einverstanden*	*überhaupt nicht einverstanden*
1) Alles in allem bin ich mit mir zufrieden.				
2) Manchmal denke ich, daß ich überhaupt nichts wert bin.				
3) Ich denke, daß ich eine gewisse Anzahl guter Eigenschaften habe.				
4) Ich kann Dinge genauso gut erledigen wie die meisten anderen Leute.				
5) Ich fühle, daß es nicht viel an mir gibt, worauf ich stolz sein könnte.				
6) Manchmal fühle ich mich wirklich unnütz.				
7) Ich glaube, daß ich ein wertvoller Mensch bin, mindestens so wertvoll wie die anderen Leute.				

Mit dieser Aussage bin ich …	*völlig einverstanden*	*einverstanden*	*nicht einverstanden*	*überhaupt nicht einverstanden*
8) Ich würde gern mir selbst mehr Respekt entgegenbringen.				
9) Alles in allem denke ich eher, daß ich im Leben gescheitert bin.				
10) Ich habe eine positive Meinung von mir.				

Kapitel III

Ihre Selbstachtung ist nicht sehr hoch? Verzagen Sie nicht!

»Die Selbstliebe [...], die, als Prinzip aller unserer Maximen genommen, gerade die Quelle alles Bösen ist.«

Immanuel Kant

Vielleicht haben Sie bisher den Eindruck gewonnen, daß wir ein Loblied auf hohe Selbstachtung singen und eine geringe in unseren Augen die Quelle aller möglichen Fallstricke im Leben ist. Freilich, wir sind Psychotherapeuten: in unseren Sprechstunden erleben wir Menschen, die leiden und deren Selbstachtung eher beeinträchtigt ist. Wir neigen also dazu, schwache Selbstachtung und Schwierigkeiten, mit dem Leben zurechtzukommen, als ein Gespann zu sehen. Gewiß gibt es Personen, die sich trotz ihres gering ausgeprägten Selbstwertgefühls auf die Anforderungen des Alltags gut eingestellt haben. Diese Menschen kommen aber eben nicht in unsere Sprechstunde. Im übrigen baut eine jede Gesellschaft ihre »Idealgestalt« auf. In unserer urbanen, auf Wettbewerb ausgerichteten und ziemlich materialistischen Welt trägt dieses von den Medien gepriesene Idealwesen, egal ob Mann oder Frau, häufig die Züge eines Unternehmers oder Chefs. Damit vereint es in sich alle Merkmale einer hohen Selbstachtung: ausgeprägten Ehrgeiz, zähes Beharren trotz aller Hindernisse, Risikobereitschaft, Überzeugungskraft. Das ist aber noch lange kein Grund für die Annahme, daß eine *gute* Selbstachtung unbedingt mit einer hohen identisch sein muß. Ganz im Gegenteil - viele Beispiele belegen, daß niedrige Selbstachtung auch ihre Vorzüge hat.

Von den anderen akzeptiert werden

Dies ist eines der Hauptziele von Menschen mit geringer Selbstachtung. Um es zu erreichen, stehen ihnen verschiedene Mittel zur Verfügung.

Zunächst einmal sind sie häufig zu Verzicht und Zugeständnissen bereit, um die Wertschätzung anderer zu finden. So vermeiden es Personen mit niedriger Selbstachtung, allzu oft mit den Interessen ihrer Mitmenschen zu kollidieren. Außerdem wird ihre bescheidene Art der Selbstdarstellung in vielen Milieus lieber gesehen als die »Angeberei« eines Menschen mit hoher Selbstachtung. Da sie für Kritik sehr empfänglich sind, begreifen sie rasch, was die anderen von ihnen erwarten: sie haben auf Empfang geschaltet.

Falls Sie nicht gerade vorhaben, Ihren Erfolg durch Konkurrenzgebaren zu machen (dort wäre es entscheidend, über die anderen den Sieg davonzutragen), kann Ihnen eine niedrige Selbstachtung helfen, von Ihrer Umgebung anerkannt, geschätzt und unterstützt zu werden.

Ein offenes Ohr für Ratschläge und für Ansichten, die wir nicht teilen

Menschen mit geringer Selbstachtung nehmen sich Ratschläge, die ihnen erteilt werden, eher zu Herzen. So verbessern sie ihre Leistungen.[25] Eine gering entwickelte Selbstachtung kann also zum Motor werden für eine besondere Art, Karriere zu machen: dank der Bescheidenheit, durch die man von den anderen leichter anerkannt wird, dank der Bereitschaft, sich auch Standpunkte anzuhören, die sich von den eigenen unterscheiden (wodurch man Situationen oder Probleme besser versteht), schließlich dank hartnäckiger Arbeit, mit der man einen Mangel an Vertrauen in die eigenen Fähigkeiten kompensiert.

Von den meisten Religionen läßt sich sagen, daß sie ihre Anhänger zur Demut angehalten haben. Demut ist eine Art freiwilliger Herabsetzung der Selbstachtung. Für die Gläubigen ist sie eine notwendige Vorbedingung, wenn man sich Gott nähern will. Sie erlaubt es auch, andere Menschen zu respektieren, denn man fühlt sich ihnen nicht mehr überlegen.

Die berühmte Ordensregel des Heiligen Benedikt zeigt, welche Bedeutung der Demut beigemessen wurde. Diese Regel ist schon im 6. Jahrhundert entstanden und wird in den Benediktinerklöstern noch immer befolgt. Sie schreibt den Mönchen zwölf Stufen der Demut vor, welche sie beschreiten und respektieren sollen.

Die Beziehungen zwischen Demut, Selbstachtung und Religion darzustellen überschreitet den Rahmen dieses Buches. Wir können hier nur darauf hinweisen, daß jene Religionen, die der Demut die größte Wertschätzung entgegenbringen, gleichzeitig auch den sozialen und materiellen Erfolg geringschätzen. Das beweist, daß ihre Begründer gut verstanden hatten, welchen Antagonismus es hienieden zwischen Demut und Karriere gibt ...

Sankt Benedikts zwölf Stufen der Demut

Diese Regeln waren zunächst für das Leben innerhalb einer religiösen Gemeinschaft erarbeitet worden, gewannen später jedoch weiterreichende Ausstrahlung und bedeutenden Einfluß auf das abendländische Konzept der Selbstachtung. Hier die wichtigsten Prinzipien:

1. »Auf der ersten Stufe der Demut stellt sich der Mönch immer die Gottesfurcht vor Augen.«
2. »Auf der zweiten Stufe der Demut liebt der Mönch seinen eigenen Willen nicht und findet keinen Gefallen daran, seine Wünsche zu erfüllen.«
3. »Auf der dritten Stufe der Demut unterwirft sich der Mönch seinem Oberen aus Liebe zu Gott in vollkommenem Gehorsam.«

4. »Auf der vierten Stufe der Demut übt der Mönch den Gehorsam in der Weise, daß er auch bei harten Aufträgen und bei solchen, die ihm zuwider sind, ja sogar bei jeglichem zugefügten Unrecht still bleibt und bewußt die Geduld bewahrt.«
5. »Auf der fünften Stufe der Demut bekennt der Mönch seinem Abt demütig, und ohne etwas zu verbergen, alle bösen Gedanken, die in seinem Herzen aufsteigen, und alles Böse, das er heimlich getan hat.«
6. »Auf der sechsten Stufe der Demut ist der Mönch mit dem Allergeringsten und Schlechtesten zufrieden.«
7. »Auf der siebten Stufe der Demut bekennt sich der Mönch nicht nur mit der Zunge als den Niedrigsten und Geringsten von allen, sondern ist davon auch im innersten Herzensgrund überzeugt.«
8. »Auf der achten Stufe der Demut tut der Mönch nur das, wozu die gemeinsame Regel des Klosters und das Beispiel der Älteren mahnen.«
9. »Auf der neunten Stufe der Demut hält der Mönch seine Zunge vom Reden zurück, bleibt still und redet nicht, bis er gefragt wird.«
10. »Auf der zehnten Stufe der Demut ist der Mönch nicht leicht zum Lachen bereit, weil geschrieben steht: *Nur der Tor bricht in schallendes Gelächter aus.*«
11. »Auf der elften Stufe der Demut spricht der Mönch, wenn er redet, freundlich und ohne zu lachen, bescheiden und gesetzt; er sagt wenige und überlegte Worte und macht kein Geschrei.«
12. »Auf der zwölften Stufe der Demut ist der Mönch nicht damit zufrieden, seine Demut im Herzen zu haben, sondern offenbart sie auch immer in seinem Leib denen, die ihn sehen. Das heißt: beim Gottesdienst, im Oratorium, im Kloster, im Garten, unterwegs, auf dem Feld, kurz überall; mag er sitzen, gehen oder stehen, senkt er immer den Kopf und richtet den Blick auf den Boden.«[26]

Bescheidenheit ist das weltliche Gegenstück zur Demut. Hier ist ein Blick auf die Etymologie des Wortes interessant. Das französische *modestie* kommt wie das englische *modesty* vom lateinischen *modestus* her, einer Ableitung von *modus* (»maßvoll, gemäßigt«[27])*.

In unseren Gesellschaften ist Bescheidenheit immer als eine Tugend betrachtet worden. Sie spielt eine wichtige soziale Rolle, indem sie die Menschen zu Zurückhaltung und Uneigennützigkeit bewegt und sie lehrt, eher der Gemeinschaft zu dienen als die privaten Interessen durchzusetzen. Schon die alten Römer hatten das begriffen: Wenn einer ihrer Generäle einen großen Sieg errungen hatte, durfte er mit einem Triumphzug in Rom einziehen, aber während er unter dem Jubel der Menge in den Wonnen des Ruhms schwelgte, mußte ihm ein Sklave »Memento mori« ins Ohr flüstern – »Denke daran, daß du sterblich bist«. Man wußte schon, daß die Selbstachtung eines Generals, der am Erfolg Geschmack gefunden hatte, für die Republik gefährlich werden konnte ...

Ein Beispiel für Erfolg trotz geringer Selbstachtung: Charles Darwin

Bescheidenheit und die Furcht, andere vor den Kopf zu stoßen, kennzeichnen Darwins gesamten Lebensweg. Er gehorchte seinem Vater willig, indem er sich für ein Medizinstudium entschied, obwohl er kein Blut sehen konnte. Seine Zeitgenossen beschrieben ihn als »einen außergewöhnlich bescheidenen und liebenswürdigen Mann, der immer achtgab, niemanden zu kränken«.[28]

Nach seiner Rückkehr von der Galapagos-Expedition, auf welcher er Hunderte von fundamentalen Beobachtun-

* Das läßt an Untersuchungen denken, mit denen das Niveau der Selbstachtung in (nach dem Zufallsprinzip ausgewählten) Versuchsgruppen gemessen werden sollte. Bei Individuen, die dabei in die Rubrik »geringe Selbstachtung« fielen, handelte es sich eher um Personen mit *mittlerer* Selbstachtung. Die untersten Grade der Skala entsprechen nämlich eher den offenkundigen Depressionszuständen.

gen gemacht hatte, strebte Darwin keine ruhm- und gewinnträchtige Karriere an, sondern zog sich mit seiner Frau aufs Land zurück. Obwohl er die Grundlagen der Theorie zur Evolution der Arten bereits erarbeitet hatte, veröffentlichte er sie nicht. Er wollte zunächst nach Bestätigungen für ihre Richtigkeit suchen. So vertiefte er sich mehr als ein Jahrzehnt in minutiöse Beobachtungen und naturkundliche Klassifikationen. Erst als er erfuhr, daß Alfred Russel Wallace, ein jüngerer Naturforscher, in einem wissenschaftlichen Journal eine Theorie vorstellen wollte, die der seinen ähnelte, wagte Darwin den Schritt an die Öffentlichkeit (aber nicht, ohne vorher seine Freunde um Rat gebeten zu haben). Im Jahre 1859 veröffentlichte er seinen Aufsatz über den Ursprung der Arten in derselben Nummer, in der auch Wallaces Beitrag erschien. Als er dann von zahlreichen Gegnern heftigst attackiert wurde, überließ er seine Verteidigung renommierteren und kampfeslustigeren Freunden.

Es war ein bescheidener Mann von offensichtlich geringer Selbstachtung, der eine der großen Revolutionen der Wissenschaftsgeschichte entfesselte, eine Umwälzung, die den von Galilei, Newton und Einstein ausgelösten ebenbürtig ist.

Die Schattenseiten einer hohen Selbstachtung

Vom Selbstvertrauen zur Selbstgefälligkeit

Azincourt, 25. Oktober 1415. Die hohen Adligen in der Armee des französischen Königs Charles VI. brennen darauf, die englischen Eindringlinge endlich zu schlagen. Sie lassen ihre Reiter auf die englischen Bogenschützen vorrücken. Die äußeren Bedingungen sind denkbar schlecht: die Sonne blendet, das Terrain ist schlammig und beengt ... Die Engländer wollen ihren Augen nicht trauen: »Die Franzosen steckten bis zu den Knien im aufgeweichten Erdboden, und es war für sie eine arge Mühe; nur mit Not konnten sie ihre Beine herausziehen und sich aus dem Schlamm befreien. [...] Als es zum Treffen kam, waren die Franzosen schon wie außer Atem. [...] Die englischen Bogenschützen, die leicht bewaffnet waren, schlugen schließlich die Franzosen und streckten sie zuhauf nieder, und es war ganz so, als würden sie einen Hammer auf den Amboß niedersausen lassen.«[29] Die kriegerischsten Vertreter des französischen Adels, aus denen sich die Reiterei des Königsheers zusammensetzte, hatten sicher eine ausgeprägte Selbstachtung. Das bewahrte sie nicht davor, ins Verderben zu rennen und ihr ganzes Land mit hineinzuziehen. Sie hatten nicht bedacht, daß es siebzig Jahre früher schon einmal solch einen Fall gegeben hatte: in der Schlacht von Crécy hatte ein genauso schlecht vorbereiteter Angriff zu einem ähnlichen Massaker geführt. Dieses Szenario hat sich in der französischen Geschichte übrigens noch mehrmals wiederholt, bis hin zu jener tollen Doktrin des »Angriffs um jeden Preis«, die von der *Ecole de guerre* hochgehalten wurde und zur Folge hatte, daß eine ganze Generation junger Franzosen im Herbst 1914 auf den Schlachtfeldern von deutschem Geschützfeuer niedergemäht wurde.

Wenn Firmen sich selbst überschätzen

Die Welt der Wirtschaft steht dem siegesgewissen Militär in nichts nach: oft haben wir es mit »selbstgefälligen Unternehmen«[30] zu tun. Große Konzerne wie Coca-Cola gegen Ende der sechziger oder IBM und Jaguar in den siebziger Jahren sind beinahe von der Bildfläche verschwunden, weil sie einem »blinden Elitedenken«, der »Selbstgewißheit des Marktführers« oder »technologischer Selbstgefälligkeit« erlegen waren. Eine exzessive Selbstachtung hatte sie soweit gebracht, daß sie nicht mehr auf die Bedürfnisse ihrer Kunden achteten und die dynamische Entwicklung kleinerer Konkurrenzunternehmen nicht wachsam genug verfolgten.

Zu hohe Selbstachtung kann die Wachsamkeit von Individuen in Konkurrenzsituationen gefährlich herabsetzen. Da sie ihren Gegner geringschätzen oder nicht auf Ratschläge hören, die ihnen von Menschen mit geringerer Selbstachtung (aber größerem Realitätssinn) erteilt werden, erleiden sie eine Niederlage. Das ist auch die Moral von La Fontaines Fabel *Der Hase und die Schildkröte*, in der ein Hase mit hoher Selbstachtung von einer deutlich langsameren, aber beständigeren Schildkröte um eine Nasenlänge geschlagen wird.

Diesem Phänomen kann man ebenso im Sport begegnen. Wir erinnern uns noch gut an die Worte des brasilianischen Fußballers Romario: im Juli 1998, kurz vor dem Weltmeisterschaftsfinale, hatte er der Zeitschrift *L'Equipe* erklärt, die Franzosen könnten im Endspiel »gut und gern drei Tore kassieren«.[31] Wir alle kennen das Resultat: drei zu null *für* eine französische Mannschaft, in der es keine Stars mit aufgeblasenem Ego gab.

Allgemein ist es so, daß ausgeprägte Selbstachtung uns für wichtige Informationen unempfänglich machen kann. Es ist bekannt, daß Personen mit hoher Selbstachtung Niederlagen besser verkraften können, weil sie diese teilweise »externalisieren«: sie finden die Ursachen für den Mißerfolg überall, nur nicht bei sich selbst. Wenn sie aber systematisch so vorgehen, werden sie das eigene Handeln niemals in Frage stellen, was manchmal durchaus heilsam wäre. Menschen in Machtpositionen umgeben sich bekanntlich gern mit Höflingen und Schmeichlern und verlieren dadurch bisweilen den Kontakt zur Realität.

Von der Ausdauer zur Verbohrtheit: bloß nicht das Gesicht verlieren!

Eine Studie hat erwiesen, daß Personen mit hoher Selbstachtung manchmal in ihren Bemühungen fortfahren, selbst wenn diese vergeblich sind und wenn man ihnen anderslautende Ratschläge erteilt hat.[32] Damit ein solches Verhalten eintritt, sind zwei Bedingungen vonnöten: man muß seinen persönlichen Ehrgeiz investiert haben (denn für ein Ziel, in das man nicht die eigene Selbstachtung gesteckt hat, wird man sich kein Bein ausreißen), und man muß a priori überzeugt sein, daß es eine Lösung gibt.[33]

Auch für ein solches Verhalten liefert die Militärgeschichte Beispiele. Im Ersten Weltkrieg ersann der französische General Nivelle im Frühjahr 1917 eine Offensive gegen die deutschen Stellungen, von der er glaubte, sie würde kriegsentscheidend sein. Das Oberkommando der französischen Streitkräfte fürchtete damals nämlich gleichermaßen das unmittelbar bevorstehende Eintreffen amerikanischer Verstärkungstruppen (die den Franzosen ihren schönen Sieg wegnehmen könnten) und einen Waffenstillstand an der russischen Front, der die deutsche Armee entlastet hätte. Doch leider kam es anders: kurz vor dem geplanten Start der Offensive baute General Ludendorff ausgerechnet im dafür vorgesehenen Sektor die deutschen Stellungen beträchtlich aus. Nivelle verfolgte seine Angriffspläne dennoch weiter. Am Ende des ersten Kampftages waren die Franzosen nur um 500 Meter vorgerückt statt wie vorgesehen um zehn Kilometer. Tausende Soldaten waren gefallen. Bereits in den ersten Tagen der Offensive erwiesen sich die Panzer der Marke Schneider, die den Franzosen »den Sieg sichern« sollten, als viel zu schwer, zu langsam und störanfällig. General Nivelle hatte kein Ohr für die warnenden Worte hochrangiger Offiziere, und obwohl auch die Politiker beunruhigt waren, setzte er voller Selbstgewißheit die Offensive fort. Nach zwei Wochen hatten die Franzosen 147000 Soldaten verloren. Endlich wurde Nivelle von seinen Funktionen entbunden, und in 68 der 112 Divisionen der französischen Armee brachen Meutereien aus ...[34]

Dieser Mechanismus, bei dem hohe Selbstachtung und Starrsinn eine enge Verbindung eingehen, läßt sich auch im Alltag beobachten, wenn jemand, der allzusehr von den eigenen Fähigkeiten überzeugt ist, sich auf ein zu riskantes Vorgehen versteift. Das erklärt uns Bruno (32), der sich einer sichtlich hohen Selbstachtung erfreut:

»Ich hatte immer das Gefühl, daß es für mich im Leben keine großen Hindernisse gibt. Meine Eltern haben mir viel Freiraum gelassen; ich hatte, was man ein ›glückliches Naturell‹ nennt; meine Schwestern bewunderten mich. In der Schule hatte ich jede Menge Freunde, ich war meistens der Anführer, und obwohl meine schulischen Leistungen ziemlich mager waren, machte ich doch gerade genug, um versetzt zu werden, und ließ mir davon keine schlaflosen Nächte bereiten. Meine Jugendzeit ist mir in sehr angenehmer Erinnerung; die Mädchen mochten mich, ich habe mich die ganze Zeit amüsiert und die Sportarten betrieben, die mir gefielen. Ich verdiente mir meine Brötchen damit, daß ich Segelyachten begleitete, im Winter Skikurse gab und daß ich gebrauchte Sportwagen, die ich günstig bekommen hatte, weiterverkaufte. Und von Zeit zu Zeit habe ich auch mal meine Eltern angepumpt. Für mich hätten sie alles getan. Ich hatte keinen richtigen beruflichen Ehrgeiz, ich sagte mir, erst mal müßte ich meine jungen Jahre ausleben, und hinterher würde sich dann schon etwas finden. Jedenfalls hatte ich das Gefühl, ich könnte es in allen möglichen Bereichen zu etwas bringen.

Schließlich hat mich die Frau, die ich geheiratet habe, dazu gedrängt, ›seßhaft‹ zu werden. Und ich hatte den Einfall, in einem Ferienort am Meer einen Surf- und Segelladen aufzumachen. Ich kannte mich auf diesem Gebiet gut aus, und außerdem konnte ich ein bißchen meinen gewohnten Lebensstil beibehalten. Mein Vater, der Kaufmann ist, wollte mir diese Idee ausreden. Er fand, daß es in jenem Ort schon zu viele solcher Läden gab; ich sollte erst einmal ein Praktikum machen, ein paar Grundkenntnisse in Buchhaltung erwerben und mir einen erfahrenen Teilhaber suchen … Aber ich schlug seine Ratschläge in den Wind. Alles, was ich bisher unternommen hatte, war mir ziemlich gut gelungen, egal ob es darum gegangen war, ein Geschäft abzuschließen oder eine Frau zu verführen. So hatte ich großes Selbstvertrauen. Und dann war ich sicher, daß bei meiner Redegewandtheit und meinen technischen Kenntnissen das Geschäft boomen müßte. Nun ja, und dann kam es ganz anders! Aber selbst dann habe ich mich nicht zurückgezogen, sondern die Flucht nach vorn ergriffen; ich schaffte es, noch mehr Geld zu borgen, indem ich meine Freunde oder meine Kundenberaterin bei der Bank von den prächtigen Aussichten meines Geschäfts überzeugte; ich kaufte mir eine ganz ausgefeilte Ausrüstung.

Doch auch dadurch hat sich das Blatt nicht gewendet. Kurz und gut, ich habe mich noch zwei volle Jahre in dieses Projekt verbissen, und am Ende mußte ich Konkurs anmelden. Jetzt habe ich ganz schön zu rudern, um die Schulden zu begleichen.

Im Grunde war das die erste Niederlage meines Lebens, und es hat ganz schön weh getan, aber andererseits war es auch eine gute Lektion für mich. Ich glaube, ich bin mir immer ein bißchen wie Superman vorgekommen, und auf Dauer ist das eine zu riskante Haltung.«

Selbstachtung und Risikobereitschaft

Individuen mit hoher Selbstachtung mögen vielleicht größere Chancen für eine glückliche Existenz haben als andere, aber sie riskieren, daß diese Existenz kurz ist! Risikoträchtiges Verhalten scheint nämlich überdurchschnittlich häufig mit hoher Selbstachtung einherzugehen: mehrere Studien[35] haben gezeigt, daß Personen mit hoher Selbstachtung sich öfter ein Motorrad zulegten als andere, daß sie häufiger unter Alkoholeinfluß fuhren, häufiger wegen Geschwindigkeitsüberschreitung abgestraft wurden ... Es fehlt noch an Untersuchungen über Leute, die gefährliche Sportarten betreiben, aber man kann sich vorstellen, daß die Akzeptanz des mit ihnen verbundenen Risikos auch ein Ausdruck für hohe Selbstachtung ist.

Wenn hohe Selbstachtung zur Sünde wird

Ganz wie viele Religionen die Bescheidenheit – die freiwillige Herabsetzung der Selbstachtung – positiv bewerten, so wird der Stolz – eine Form von hoher Selbstachtung – als Sünde verurteilt, die uns von Gott und den Seinen entfernt. Im Christentum ist der Stolz die erste der Todsünden; man kann aber auch Beziehungen zwischen hoher Selbstachtung und den sechs übrigen herstellen.

Hoffart (anmaßender Stolz)	»Ich bin mehr wert als die anderen.«
Neid	»Was die anderen besitzen, hätte viel eher mir zugestanden.«
Zorn	»Ich verdiene unter allen Umständen Beachtung und Anerkennung.«
Trägheit	»Ich habe es nicht nötig, mich anzustrengen.«
Geiz	»Die anderen haben meine Großzügigkeit nicht verdient.«
Völlerei	»Mir steht das Beste vom Besten zu.«
Unkeuschheit	»Ich habe das Recht, die anderen zu meinem persönlichen Vergnügen zu benutzen.«

Die sieben Todsünden und ihre Beziehung zu hoher Selbstachtung

Eine solche Kritik des Stolzes ist nicht nur die Domäne der Kirchenleute; sie findet sich auch bei vielen Moralisten und Philosophen wieder. Einer von ihnen, La Rochefoucauld, hat der Untersuchung der »Eigenliebe« Texte von grausamer Klarheit gewidmet.

Nachdem dieser Angehörige des Hochadels in mehreren Kriegen, darunter der Fronde, gekämpft und die Prachtentfaltung am Hofe Ludwigs XIV. erlebt hatte, zog er sich aus der Politik zurück. Er verfaßte Maximen, die schon bei ihrer Erstveröffentlichung im Jahre 1665 ein immenser Erfolg waren – und das, obwohl La Rochefoucauld keine sehr sonnige Sicht auf die Natur des Menschen hatte. Für ihn sind alle unsere Taten, selbst die scheinbar nobelsten, von unserer Eigenliebe geprägt. Mehr als zwei Jahrhunderte vor Freud wies La Rochefoucauld nachdrücklich auf die Bedeutung unserer unbewußten Wünsche hin und auf unsere Neigung, diese vor uns selbst zu verschleiern. Der Hof des Sonnenkönigs war für diesen großen Moralisten sicher ein großartiger Beobachtungsposten, denn dort wird es von Persönlichkeiten mit hoher Selbstachtung nur so gewimmelt haben.

Hier einige Auszüge aus den *Maximen und Reflexionen*:

»Tugend ginge nicht so weit, wenn Eitelkeit ihr nicht Gesellschaft leistete.«

»Wieviel Gutes man uns auch über uns sagen mag, man sagt uns nichts Neues.«

»Unsere Eigenliebe gibt den Maßstab für das Gefühl unserer Freuden und Leiden ab.«

»Wenn wir nicht stolz wären, würden wir uns nicht über den Stolz anderer beklagen.«

»Man hätte wenig Freude, wenn man sich niemals schmeichelte.«

»Wenn Eitelkeit auch nicht gerade alle Tugenden umstößt, so erschüttert sie doch alle.«*

Selbst wenn wir Therapeuten die Aufgabe haben, unseren Patienten zu helfen, ihre oftmals unzureichende Selbstachtung auszubauen, ist es also nicht immer leicht zu entscheiden, ob hohe oder geringe Selbstachtung mehr Vorteile in sich birgt. Das Milieu scheint dabei eine ausschlaggebende Rolle zu spielen. Vielleicht ist es im Grunde am wichtigsten, über ein Maß an Selbstachtung zu verfügen, das mit den Wertvorstellungen der uns umgebenden Menschen harmoniert?

Wenn Sie davon träumen, ein medienwirksamer Konzernchef zu werden, ein Weltumsegler oder Gipfelstürmer, dann sollten Sie besser ein hohes Maß an Selbstachtung besitzen; liegt Ihr Ideal hingegen darin, anerkanntes Mitglied eines Teams zu werden, das ein gemeinsames Ziel verfolgt, wird Ihnen eine bescheidenere Selbstachtung besser zustatten kommen.

* Dt. von Fritz Schalk; aus: »Die französischen Moralisten«, Leipzig 1962

Kapitel IV

Stabil oder instabil? Testen Sie die Solidität Ihrer Selbstachtung!

»Leute wie ich, die ein übersteigertes Selbstwertgefühl haben, leiden auch ungleich mehr, wenn es einmal ins Wanken gerät.«

William Boyd

Allein aus einem hohen oder niedrigen Selbstachtungspegel kann man nicht alle Reaktionen eines Individuums erklären. Man muß auch berücksichtigen, wie widerstandsfähig jemand gegenüber den Anforderungen des täglichen Lebens ist, denn die Selbstachtung ist Schwankungen unterworfen.

Es kommt vor, daß jemand einen weniger selbstsicheren Eindruck hinterläßt, als er es gern getan hätte. Solche Leute rackern sich ab, um sich in Szene zu setzen; sie stellen pausenlos ihre Vorzüge und ihre Erfolge heraus – aber geschieht dann etwas, das diese schöne Konstruktion gefährdet, verändert sich plötzlich ihr Verhalten: sie wollen in allen Dingen das letzte Wort behalten, benehmen sich überempfindlich und gehen auf die Palme, sobald man sie kritisiert. So stark sie sonst auch scheinen mögen, in solchen Augenblicken enthüllt sich ihre ganze Fragilität. Man könnte fast glauben, daß all die Bemühungen dieser Personen, uns von ihrem Wert zu überzeugen, zunächst einmal dazu bestimmt waren, das eigene Ich zu überzeugen … Faustine (17) berichtet:

»Meine Eltern hatten Freunde eingeladen, mit uns eine Woche in unserem Ferienhaus zu verbringen. Von dieser Familie hat mich der Mann am Anfang sehr beeindruckt. Er sah gut aus und wirkte immer gut angezogen, sogar in seiner Freizeitkleidung. Man hatte den Eindruck, daß alle seine Sachen neu oder frisch gebügelt waren. Er war sehr redegewandt und gab allen Leuten unaufhörlich gute Ratschläge, und zwar mit einer herablassenden Freundlichkeit, die mich nervte. Ich hatte das Gefühl, daß seine coole Art und sein Dauerlächeln zurechtgelegt und vorausberechnet waren. Meiner Meinung nach beobachtete er genau, welchen Eindruck er auf jeden von uns machte. Er redete oft davon, was er schon alles vollbracht hatte: von seiner Arbeit, seinen Reisen ... Mit der unschuldigsten Miene rieb er uns pausenlos seine Erfolge unter die Nase.

Eines Abends saßen wir alle bei einem Spiel. Dabei mußte man seine Partner Wörter erraten lassen, durfte aber nicht sprechen, sondern nur etwas zeichnen. Er redete pausenlos und tat so, als wäre er besonders clever, aber in Wirklichkeit spielte er echt mies. Mein kleiner Bruder und ich, wir haben begonnen, uns über ihn lustig zu machen, und nach und nach haben auch alle übrigen mit uns über ihn gelacht. Er wurde immer ärgerlicher, war am Ende richtig wütend und meinte, wir würden schummeln; er stand vom Spieltisch auf und knallte die Tür hinter sich zu.

Wir waren vielleicht sprachlos! Es sah so aus, als hätte er sich in einen ganz anderen Menschen verwandelt. Als die Freunde abgereist waren, sagte mir meine Mutter, daß er im Grunde gar nicht so selbstsicher sein konnte, wie er immer tat, denn sonst hätte er sich über die albernen Bemerkungen von zwei Teenies bestimmt nicht derart aufgeregt.«

Wie stabil oder instabil ist nun die Selbstachtung? Wir wollen dem im folgenden nachgehen.

Die vier Grundtypen der Selbstachtung

Wenn man das Niveau und die Stabilität der Selbstachtung zueinander in Beziehung setzt, gelangt man zu einer Klassifikation in vier Kategorien, mit denen man ein ganzes Ensemble von Reaktionen besser verstehen kann. Ans Ende dieses Kapitels haben wir einen kleinen Testbogen gestellt, mit dessen Hilfe Sie diagnostizieren können, welches Profil Ihre persönliche Selbstachtung aufweist.

Niveau / *Stabilität*	*Hoch*	*Niedrig*
Stabil	Stabil hohe (widerstandsfähige) Selbstachtung	Stabil niedrige Selbstachtung (Resignation)
Instabil	Hohe und instabile (störanfällige) Selbstachtung	Niedrige und instabile Selbstachtung (Motivation für eine Veränderung)

Die vier Grundtypen der Selbstachtung

Die beiden Ausprägungen hoher Selbstachtung

Stabil hoch

Die »äußeren« Umstände und die »gewöhnlichen« Geschehnisse des Alltags haben in diesem Fall kaum Einfluß auf die Selbstachtung des Individuums. Dieses verwendet nicht viel Zeit und Energie darauf, sein Selbstbild zu verteidigen oder sich ins rechte Licht zu rücken. Wenn etwa auf einer Dienstberatung jeder sagen soll, woran er gearbeitet hat und wie man die gemeinsame Arbeit erleichtern könnte, wird eine Person mit stabil hoher Selbstachtung ihren Standpunkt mit ruhiger Überzeugung darlegen. Widerspricht ihr jemand, wird sie sich das anhören, ohne gleich angespannt zu wirken, und dann eher versuchen, den anderen zu überzeugen, als ihn aus dem Konzept zu bringen.

Hoch und instabil

Obwohl die Selbstachtung solcher Menschen sehr ausgeprägt ist, kann sie beträchtliche Erschütterungen erleiden, besonders wenn es sich um eine Konkurrenzsituation handelt oder einen destabilisierenden Kontext. Sie reagieren dann mit Schärfe auf Kritik und Fehlschläge, die sie als lauter Bedrohungen wahrnehmen, und streben danach, für sich selbst Werbung zu machen, indem sie ihre Erfolge oder Qualitäten auf übertriebene Weise in den Vordergrund rükken. Um noch einmal das Beispiel der Dienstberatung aufzugreifen: Eine Person mit hoher, aber instabiler Selbstachtung wird versuchen, sich in einem vorteilhaften Licht darzustellen, wird aber auch die ganze Redezeit für sich allein in Beschlag nehmen. Wird Widerspruch angemeldet, gerät sie schnell in Zorn und versucht, ihr Gegenüber durch eine Kritik oder einen aggressiven »Scherz« schachmatt zu setzen.

Im Krisenfall enthüllen sich die Unterschiede

Unsere Einteilung präsentiert zwei sehr unterschiedliche Profile. Zum einen finden wir in ihr emotional stabile Individuen, die in unangenehmen und schwierigen Situationen nicht so leicht aus der Fassung geraten. Sie legen in ihren Äußerungen und ihrem Verhalten eine gewisse Kohärenz an den Tag, egal ob die Umstände günstig oder ungünstig sind. Zum anderen treffen wir auf empfindlichere Personen, die sich schnell angegriffen und in Frage gestellt fühlen, wenn sie in eine feindselige Umgebung geraten oder auch nur kritisiert werden. Im »Ruhezustand« unterscheiden sich die beiden Profile kaum. Ändert sich aber das Umfeld, reißt ein Graben zwischen ihnen auf: Wettbewerbssituationen, Verunsicherungen und Fehlschläge sind Bewährungsproben für die Stabilität der Selbstachtung.

Stabil hohe Selbstachtung	*Hohe und instabile Selbstachtung*
Geringe Fluktuationen der Selbstachtung im Alltagsleben	Starke Schwankungen der Selbstachtung infolge alltäglicher Ereignisse
Wenig Energieaufwand für Selbstdarstellung	Betreibt mit viel Aufwand Selbstdarstellung
Bei geringfügigen Kritiken oder Mißerfolgen keine große Anstrengung zur Selbstrechtfertigung oder Verteidigung	Große Anstrengungen, um sich bei Kritik oder Fehlschlägen zu verteidigen und zu rechtfertigen, selbst wenn es um Kleinigkeiten geht
Rationales Aufnehmen von Kritik	Emotionales Aufnehmen von Kritik

Hohe Selbstachtung im Alltagsleben

Unterschiedliche emotionale Tonarten

Die seelische Verfassung eines Menschen mit stabil hoher Selbstachtung ist viel ausgewogener und positiver als die einer Person mit instabil hoher Selbstachtung. Er macht im allgemeinen einen viel friedlicheren Eindruck, zeigt er doch gegenüber seinem sozialen Umfeld keinen Dauerzustand von übertriebener Wachsamkeit. Anders ein Individuum mit instabiler Selbstachtung: diese Menschen fürchten das Auftauchen einer Bedrohung, einer Herausforderung oder einer Ungerechtigkeit (jemand erkennt ihre Verdienste nicht an). Bei Personen, die von sich selbst eine hohe Meinung haben, weist das häufige Auftreten negativer oder feindseliger Emotionen (Anspannung, Unruhe, Ressentiment, Eifersucht, Zorn, Betrübnis etc.) meist auf eine instabile Selbstachtung hin.[36] »Ich kann einfach nicht glauben, daß mein Chef derart mit sich selbst zufrieden ist, wie er es uns vorzumachen versucht«, erklärt eine Sekretärin. »Den halben Tag verbringt er damit, in Wut zu geraten; er ist dauernd gestreßt und läßt keine Gelegenheit aus, Schlechtes über die anderen zu sagen. Schade eigentlich, denn es gibt Momente, da zeigt er wirklich Charme.«

Kann hohe Selbstachtung zerbrechlich sein?

Stabil hohe Selbstachtung ist solide und widerstandsfähig. Das Individuum gerät nicht jeden Augenblick über seinen eigenen Wert ins Zweifeln. Es kann also akzeptieren, eine Situation nicht total unter Kontrolle zu haben, und wird sich deshalb nicht minderwertig oder unterlegen fühlen. Eine Person mit instabiler, wenngleich hoher Selbstachtung wird dagegen so funktionieren, als wäre eine jede Herausforderung, von der allerkleinsten bis zur wirklich entscheidenden, ein Generalangriff auf das Bild, das sie von sich in der Öffentlichkeit zeichnen möchte. Das macht sie viel verletzlicher.

Am Ende seines Lebens gewährte der Pianist Swjatoslaw Richter dem Fernsehsender Arte ein Interwiew. Dazu ein Rezensent:

»Unser Blick geht zurück zu dem alten Mann an seinem

Tisch; er sagt uns alles, was er über Karajans lachhafte Eitelkeit denkt.

Er sagt, daß er, Richter, niemals den Schlüssel zu Mozarts Musik gefunden habe, daß er ihn nie wirklich zu spielen verstanden habe. Dann liest er aus seinem alten Heft einen letzten Satz vor: ›Ich mag mich nicht.‹ Er hebt den Kopf. Er blickt gerade vor sich hin. Dann schlägt er die Hände vors Gesicht, in einem großen Schweigen.«[37]

Schließlich kann man sich fragen, ob Menschen mit hoher und instabiler Selbstachtung nicht im Grunde eine niedrige Selbstachtung haben, aber versuchen, das vor sich selbst und ihrer Umgebung zu verbergen. Diese Individuen würden demnach ständig gegen ein Selbstbild ankämpfen, das viel zerbrechlicher ist, als sie eingestehen möchten.

Woher kommen die Unterschiede?

Es ist möglich, daß die Antwort auf diese Frage in bestimmten Haltungen der Eltern zu finden ist. Bei Menschen mit hoher, aber instabiler Selbstachtung stößt man nämlich oft auf folgendes:

- Es gab einen zu großen Abstand zwischen der Bewertung des Kindes durch die Eltern (»Du bist der Allerstärkste, mein Liebling!«) und seiner tatsächlichen Kompetenz. Das wurde sichtbar in den Resultaten, welche das Kind in einer sozialen Wettbewerbssituation erzielte (es hatte in seiner Klasse keine Spitzennoten, auf dem Pausenhof war es nicht der gefragteste Spielpartner).
- Verklärte und distanzierte Eltern, die sich gut um sich selbst kümmerten und schlecht um ihren Nachwuchs. Um ihres Interesses würdig zu werden, mußte das Kind versuchen, ihre Aufmerksamkeit auf sich zu ziehen, sich ins rechte Licht zu rücken und seine Meriten zu präsentieren.
- Eltern, die selbst eine hohe und instabile Selbstachtung aufweisen. Hier wird das elterliche Modell durch Nachahmung direkt übertragen.
- Eltern, die sich für ihr Kind nur in Abhängigkeit von dessen Fähigkeiten interessieren.

Bei Personen mit stabil hoher Selbstachtung beobachtet man dagegen häufig folgendes:

- Das Vorbild von Eltern, die selbst die Merkmale einer stabil hohen Selbstachtung zeigen. So hat das Kind regelmäßig Gelegenheit zu erleben, wie man einer Kritik ruhig begegnet oder wie man von den anderen geschätzt werden kann, ohne sich dauernd zur Geltung bringen zu müssen.
- Eltern, die auf eine realistische Bewertung des Kindes achten, die abgestimmt ist auf seine tatsächlichen Fähigkeiten oder sein Potential.
- Eltern, die nah und erreichbar sind und ihr Kind nicht dazu zwingen, ständig übertreiben zu müssen, um ihre Aufmerksamkeit zu gewinnen.

Die Introvertierten und die Extravertierten

Psychologen sprechen oft von Introvertiertheit und Extravertiertheit. Diese beiden Dimensionen unserer Persönlichkeit erlauben auch, Unterschiede zwischen Menschen mit stabil hoher und solchen mit instabil hoher Selbstachtung aufzudecken.

Wenn Sie extravertiert sind, sind Sie empfänglich für die Reaktionen aus Ihrer Umgebung, für Lob oder Kritik, für die Bewunderung eines Publikums. Sie bringen gern Ihren Standpunkt zur Sprache und verbergen Ihre Emotionen nicht (Prototypen: der Politiker, der Kaufmann).

Wenn Sie hingegen introvertiert sind, beschäftigen Sie sich mehr mit Ihrer inneren Welt. Sie sind weniger empfindlich für Veränderungen in Ihrer Umgebung und für Haltungen Ihrer Mitmenschen; Sie bringen Ihre Emotionen selten zum Ausdruck (Prototypen: der Wissenschaftler, der Informatiker).

So können sich zwei Personen mit hoher Selbstachtung in Gesellschaft ganz unterschiedlich benehmen:

- Das extravertierte Individuum wird es lieben, seine Meinungen und Gefühle auszudrücken; es wird sich gern rühmen lassen und offen auf Kritik reagieren. Solche Menschen können in den Augen anderer, die sich nicht so schnell in den Vordergrund rücken, wie »Angeber« wirken.

- Das introvertierte Individuum ist schweigsamer und scheint weniger empfänglich für Lobreden zu sein. Widerspricht man solchen Menschen, lassen sie sich davon dem Anschein nach kaum erschüttern. Später können sie ihren Standpunkt aber durchaus hartnäckig verteidigen, was den Gesprächspartner überrascht, glaubte er doch, die Sache hätte sie gleichgültig gelassen.

Die beiden Ausprägungen niedriger Selbstachtung

Niedrig und instabil

Die Selbstachtung solcher Personen ist im allgemeinen sehr empfindlich und durch äußere Ereignisse beeinflußbar, sowohl durch positive als auch durch negative. Nach Erfolg oder Genugtuung durchlaufen sie regelmäßig Phasen, in denen ihre Selbstachtung höher ist als gewöhnlich. Dennoch sind diese Fortschritte oft labil, und der Selbstachtungspegel fällt, wenn neue Schwierigkeiten auftauchen. Menschen, die in diese Kategorie gehören, strengen sich an, um vor sich selbst und vor den anderen eine bessere Figur zu machen. In unserem Beispiel mit der Dienstberatung wird eine solche Person bescheiden auftreten und nicht oft das Wort ergreifen. Bringt sie eine Idee vor, dann mit Vorsicht und mit einem wachen Auge für die Reaktionen der anderen. Kommt Widerspruch auf, ist sie schnell destabilisiert und neigt dazu, sich der gegnerischen Meinung nicht entschieden genug entgegenzustellen. Fühlt sie sich aber akzeptiert, kann sie sich entspannen und ihre Meinung besser ausdrücken.

Stabil niedrig

Hier wird die Selbstachtung durch äußere Ereignisse kaum beeinflußt, selbst durch erfreuliche nicht. Das Individuum scheint sich kaum zu bemühen, ein vorteilhaftes Bild von sich zu vermitteln. Im Grunde akzeptiert und erträgt es das niedrige Niveau seiner Selbstachtung. In unserem Beispiel wird diese Person Gefahr laufen, unbeachtet zu bleiben. Man muß sie erst auffordern, ehe sie das Wort ergreift, und auch dann wird sie sich meist den schon vorher geäußerten Meinungen anschließen. Wenn man darauf beharrt, daß sie ihren Standpunkt erläutern soll, gewinnt man schnell den Eindruck, daß man sie damit martert. In solchen Augenblikken kann sie ziemlich negative Sichtweisen hervorbringen.

Das Tagebuch von Jules Renard

Der französische Schriftsteller Jules Renard hat von 1887 bis zu seinem Lebensende 1910 Tagebuch geführt. Die Eintragungen sind ein Meisterwerk an Intelligenz und Beobachtungsschärfe. Bei der Lektüre merkt man, daß der Autor eine Selbstachtung besaß, die eher niedrig und instabil war. Zahlreiche Eintragungen zeugen von seinem Nachdenken über die Psychologie der Selbstachtung:

»Ich mag es sehr, wenn man mir Komplimente macht. Ich helfe dabei nicht nach, aber wenn man mir keine macht, leide ich. Und macht mir jemand welche, falle ich ihm gleich ins Wort: Ich lasse nicht zu, daß er sich so ausbreitet, wie ich es eigentlich gern hätte.«

»Mit jeder neuen Erfahrung wächst meine Gewißheit, daß ich zu nichts geschaffen bin.«

»Hin und wieder von Neid ergriffen, habe ich doch niemals die Geduld gehabt, ehrgeizig zu sein.«

»Ich will meine Sache gut machen, und ich will, daß irgend jemand das merkt.«

»Glück, das ist, glücklich zu sein. Nicht, den anderen vorzumachen, man wäre es.«

»Ich werde ein wenig bescheidener, aber auch ein bißchen eingebildeter auf meine Bescheidenheit.«

Der Wunsch, Fortschritte zu machen

Personen mit niedriger und instabiler Selbstachtung sind darauf bedacht, ihre Lebensweise und ihre seelische Verfassung zu verbessern, und handeln dementsprechend. Jene mit stabil niedriger Selbstachtung scheinen hingegen »resigniert« zu haben. Sie geben sich wenig Mühe, sich in ihren eigenen Augen und unter dem Blick der anderen zur Geltung zu bringen. Auch hier kann man die Unterschiede am deutlichsten in einer Sozialsituation herausstellen: die ersteren achten darauf, sich keine Fehlschläge oder Zurückweisungen einzuhandeln, während die anderen von vornherein solche Niederlagen einplanen.

Das Bedürfnis, akzeptiert zu werden

Gegenüber dem Blick, den die Gesellschaft auf sie richtet, sind Personen mit niedriger und instabiler Selbstachtung viel sensibler, als sie es uns glauben machen möchten. Sie kennen den heimlichen Triumph und das versteckte Leiden. Eine Grundschullehrerin sagte uns eines Tages: »Es gibt Kinder, die ich mehr als alle anderen liebe. Es sind die bescheidenen, die grauen Mäuschen, die immer alles richtig machen wollen. Man muß einmal miterleben, wie glücklich sie sind, wenn sie eine gute Zensur bekommen haben! Das bleibt alles innerlich, aber sie strahlen richtiggehend, und man spürt, daß sie auf einer kleinen Wolke schweben. Ihre Enttäuschungen sind genauso diskret; sie hängen ihren Kummer nicht an die große Glocke, aber er ist trotzdem da; das ist sehr bewegend. Diese Kinder gehen mir nahe, denn ich erkenne mich in ihnen wieder. In ihrem Alter war ich genauso, immer voller Zweifel an mir selbst, immer darauf bedacht, alles gut zu machen. Sehr beruhigt, wenn etwas geklappt hatte, und einigermaßen traurig, wenn es mir nicht so gelungen war wie erwartet. Übrigens bin ich heute immer noch so …«

Vom Ursprung der niedrigen Selbstachtung

Wie schon bei der Ausprägung einer hohen Selbstachtung scheinen auch hier die Eltern eine nicht zu vernachlässigende Rolle zu spielen. So findet man bei Personen mit niedriger und instabiler Selbstachtung häufig:

- Einen Mangel an Rückhalt und Ermutigung durch die Eltern, selbst wenn sie ihrem Kind wirklich zugeneigt sind. »Meine Eltern haben mich schon geliebt, aber ermutigt oder in meinem Wert bestätigt haben sie mich nie.«

- Beschränkte Fähigkeiten des Kindes (zum Beispiel in der Schule) oder Unbeliebtheit bei anderen Kindern. »In der Schule war ich schlecht. Das hat mir dauerhafte und tiefgehende Komplexe beschert, selbst wenn ich mir das in all den Jahren, in denen ich schulische Fehlschläge anhäufte, nie selbst eingestand.« Und eine andere Patientin berichtet: »Es ist mir niemals gelungen, die Anerkennung der anderen Kinder zu finden. Ich hatte höchstens ein, zwei Freundinnen, und die waren genau solche Randfiguren wie ich. Ich weiß nicht genau, woran das lag: an meiner Schüchternheit, meiner Brille, meinen roten Haaren? Noch heute habe ich meine Zweifel, ob ich den anderen gefallen kann.«
- Übermäßiges Beschützen durch die Eltern, wobei das eigene Vermögen des Kindes kaum zur Geltung kommt.[38] »Meine Mutter verhätschelte mich und wiederholte dabei ständig, ich sei ihr großes Baby und würde mich ohne sie überhaupt nicht zurechtfinden ... Woher soll ich da heute meine Selbstsicherheit nehmen?«

Bei Personen mit stabil niedriger Selbstachtung finden sich dieselben Ursachen, aber meist schärfer ausgeprägt. Hinzu treten noch:

- Erlebnisse, die beim Kind das Gefühl auslösten, die Kontrolle über seine Umgebung verloren zu haben, zum Beispiel ein Todesfall oder offenkundige depressive Zustände bei einem Elternteil.
- Ein starker Mangel an gefühlsmäßiger Zuneigung. In diesem Fall sind die Störungen der Selbstachtung von weiteren pathologischen Erscheinungen begleitet.

Cioran – eine stabil niedrige Selbstachtung?

Emil Michel Cioran (1911–1995), der französische Essayist und Moralist rumänischer Herkunft, hat ein Werk hinterlassen, in dem der Nihilismus auf die Spitze getrieben wird.

Stabil niedrige Selbstachtung	*Niedrige und instabile Selbstachtung*
Im Alltag kaum Schwankungen der Selbstachtung	Veränderungen nach oben sind möglich
Dauernd negative emotionale Verfassung	Gemischte Emotionen: negativ mit positiven Augenblicken
Keine Anstrengungen, um die Selbstachtung zu steigern	Anstrengungen, um die Selbstachtung zu erhöhen
Feedback ist von nachhaltiger Wirkung auf die Emotionen, hat aber kaum Konsequenzen für die Änderung des Verhaltens	Feedback ist von nachhaltiger Wirkung auf die Emotionen und führt zu einer Neueinstellung des Verhaltens
Ist überzeugt, daß es unnütz ist, persönliche Ziele zu verfolgen	Wunsch nach sozialer Beliebtheit überlagert die persönlichen Interessen

Niedrige Selbstachtung im Alltagsleben

Die Lektüre seiner Aphorismen[39] ist wohl eine der besten Einführungen in die Psyche von Personen mit stabil niedriger Selbstachtung:

»Für den Bangenden gibt es keinen Unterschied zwischen Erfolg und Fiasko. Seine Reaktion auf das eine wie auf das andere ist die gleiche. Beide stören ihn im selben Maß.«

»Nur eines zählt: lernen, ein Verlierer zu sein.«

»Es ist eine große Kraft und ein großes Glück, ohne jeglichen Ehrgeiz leben zu können. Ich zwinge mich dazu. Doch die Tatsache, daß ich mich zwinge, hat noch immer etwas von Ehrgeiz.«

»Mein Verdienst ist nicht, völlig unwirksam zu sein, sondern mich so gewollt zu haben.«

»Sich selber verleumden, ein Vergnügen, das dem, verleumdet zu werden, die Waage hält.«

»Jeder Erfolg ist schändlich: Man erholt sich niemals von ihm, vor den eigenen Augen, wohlverstanden.«

»Eine einzige Art, Rückschlag auf Rückschlag zu ertragen: schon die Idee des Rückschlags lieben. Gelangt man dahin, gibt es keine Überraschungen mehr. Man ist in allem, was eintritt, überlegen, man wird ein unbesiegbares Opfer.«

»Unentbehrliche Vorbedingung der geistigen Vollendung: stets auf die falsche Karte gesetzt zu haben.«

»In einem Wald spazieren zwischen einem Spalier von Farnen, die der Herbst verklärt, das ist ein *Triumph*. Gerühmt, bejubelt werden – was ist das im Vergleich?«

Wir möchten noch einmal betonen, daß es ein Irrtum wäre, Individuen mit stabil hoher Selbstachtung in den Himmel zu heben und die anderen geringzuschätzen. Nicht alles an einer Persönlichkeit läuft auf Selbstachtung hinaus. Es gibt Leute mit stabil hoher Selbstachtung, die uns wegen ihrer übrigen Charakterzüge unangenehm sind. Denn wenngleich hohe Selbstachtung oft eine wichtige Zutat für Erfolgsrezepte ist, so ist sie mitnichten ein Garantieschein für moralische Größe: Al Capone, Hitler, Tamerlan – die meisten Diktatoren der Weltgeschichte sind Personen mit hoher Selbstachtung gewesen.

Die Stabilität der Selbstachtung kann auch je nach dem Lebensbereich variieren. So präsentierte Colbert, der leitende Minister unter Ludwig XIV., eine janusköpfige hohe Selbstachtung. In seiner Funktion als Minister zeigte er alle Merkmale stabil hoher Selbstachtung: Hartnäckigkeit beim Umsetzen unerläßlicher Reformen des Staatswesens sowie die Fähigkeit, im Schatten seines Königs zu wirken, ohne selbst brillieren zu wollen (was an der Seite eines solchen Souveräns weder einfach noch empfehlenswert gewesen wäre). Was aber das soziale Umfeld betraf, so gelang es diesem geadelten Großbürger niemals, Akzeptanz am Hofe zu finden, und er zeigte sich dort immer abweisend und eisig (Madame de Sévigné hatte ihm den Spitznamen »der Norden« gegeben). Auch bewies er genügend Gewinnsucht und Geiz, um unter Ausnutzung seiner Ämter sein Schäfchen ins trockene zu bringen …

Man muß also relativieren. Je nach den Umständen nehmen die meisten von uns variable Verhaltensweisen an. Mal haben wir ausreichend Zutrauen, und unsere Selbstachtung bleibt stabil. Dann wieder sind wir erschöpft oder fühlen uns nicht mehr in Sicherheit, und unsere Reaktionen zeugen von instabiler Selbstachtung.

Wie kann man die verschiedenen Profile der Selbstachtung diagnostizieren?

Mit dem folgenden Test können Sie überprüfen, wie es um die Selbstachtung von Personen aus Ihrer Umgebung bestellt ist und wie es um Ihre eigene steht. Beobachten Sie die Reaktionen in vier Schlüsselsituationen (Erfolg, Komplimente, Fehlschlag, Kritiken), und zwar in einer ausreichenden Zahl von Fällen, so wird sich Ihnen die Stabilität der Selbstachtung enthüllen.

Ausprägung der Selbstachtung	*Typische Reaktion im Falle eines Erfolges*	*Typische Antwort auf ein Kompliment*
Stabil hoch	»Ich freue mich, daß ich es geschafft habe.«	»Danke schön!«
Hoch und instabil	»Ich habe es Ihnen ja gleich gesagt! Und das ist noch gar nichts, warten Sie erst mal ab! Die Leute, die nicht an meinen Erfolg geglaubt haben, werden ganz schön dumm aus der Wäsche gucken!«	»Mehr davon, mehr davon!«
Niedrig und instabil	»Werde ich mit dem Erfolg zurechtkommen und wirklich auf der Höhe sein?«	»Ach, wissen Sie, es ist eigentlich gar nicht mein Verdienst gewesen ...«
Stabil niedrig	(Erkrankt eine Woche darauf schwer)	»Hören Sie auf, das interessiert mich nicht.«

Reaktionen bei Erfolg und Komplimenten

Ausprägung der Selbstachtung	*Typische Reaktion im Falle eines Mißerfolges oder einer Niederlage*	*Typische Antwort auf eine Kritik*
Stabil hoch	»Diesmal ist es mir nicht geglückt …«	»Ah ja … und warum sagen Sie mir das?«
Hoch und instabil	»Und Sie, was verstehen Sie überhaupt davon?«	»Fassen Sie sich mal an Ihre eigene Nase!«
Niedrig und instabil	»Ich hatte Probleme bei der Vorbereitung, ich war wirklich nicht gut.«	»Glauben Sie wirklich?«
Stabil niedrig	»Hatten Sie tatsächlich noch nicht gemerkt, daß ich eine Null bin?«	»Ja, und noch schlimmer, als Sie gesagt haben.«

Reaktionen bei Mißerfolg und Kritik

Zweiter Teil

Die Mechanismen der Selbstachtung verstehen

Kapitel V

Wie entsteht eigentlich Selbstachtung?

> »Und sie war echt neugierig, wie Yvette ihre Zufriedenheit mit sich selbst bewahren würde, dieses solide Attribut, das ihr scheinbar bei der Geburt mitgegeben worden war ...«
>
> *Anita Brookner*

»Ich kann mich noch gut daran erinnern, daß ich in allgemeiner Gleichgültigkeit aufgewachsen bin.« Die junge Frau, die das sagt, hat einen ruhigen und traurigen Blick. Von ihrer Kindheit erzählt sie ohne besonderes Ressentiment; sie stellt nur nüchtern fest, wie es war.

»Meine Eltern waren weder besonders nett zu mir, noch waren sie bösartig. Ich interessierte sie einfach nicht. Mein Kummer berührte sie so wenig wie meine Freude. Und dann nahm ich auch bald die Gewohnheit an, ihnen nichts mehr zu zeigen von meinen Gefühlen. Am Ende verspürte sogar ich selbst nichts mehr. Ich fand mich uninteressant, aber ich nahm das hin, ohne aufzubegehren, und ich litt fast gar nicht darunter. Jedenfalls habe ich es mir nie richtig bewußt gemacht. Als ich erwachsen wurde, setzte sich in mir das Gefühl fest, daß ich jemand ohne Bedeutung wäre. Ein uninteressantes Kind und ein Erwachsener ohne Bedeutung. Ich erinnere mich noch, daß ich als kleines Mädchen hörte, wie meine Eltern von diesen schrecklichen Geschichten sprachen, wo Leute in ihren Wohnungen sterben und niemand merkt, daß sie tot sind. Das verstörte mich ganz außerordentlich. Kein Mädchen meines Alters machte sich wegen so etwas einen Kopf – ich schon. Und noch heute fühle ich mich von solchen Zeitungsmeldungen betroffen. Das ist die Narbe, die mir aus der Kindheit bleibt: die Angst, daß man mich, wenn ich tot bin, genauso links liegen läßt, wie man es im Leben gemacht hat.«

In Berichten von Patienten hören wir oft Geschichten darüber, wie Selbstachtung in der Kindheit schlecht aufgebaut oder zuschanden gemacht wurde. Manchmal – meist außerhalb unseres Sprechzimmers – treffen wir hingegen auch auf Erwachsene, denen es trotz eines »Fehlstarts« doch gelungen ist, eine starke Selbstachtung zu entwickeln. Sie wurden schon in der Kindheit oder auch erst später sehr widerstandsfähig gegenüber allen ungünstigen Umständen und gelangten zu solider Selbstachtung. Um den Grad der Selbstachtung beim Erwachsenen zu begreifen, muß man sich immer mit der Selbstachtung des Kindes befassen, das er einmal war.

Die ersten Schritte der Selbstachtung

Von welchem Alter an kann man bei einem Kind von Selbstachtung sprechen? Hat ein Neugeborenes, das von seinen Eltern freudiger erwartet wurde als ein anderes, deshalb schon eine höhere Selbstachtung? Sicher spielt es dabei eine Rolle, ob das Baby regelmäßig die lächelnden und aufmerksamen Gesichter seiner Eltern zu sehen bekommt. Aber die Wissenschaft erlaubt es sich heute nicht, in einem so frühen Stadium der Bewußtseinsentwicklung schon von Selbstachtung zu sprechen. Hängen die Anfänge der Selbstachtung doch mit der Ausbildung einer ihrer wichtigen Komponenten zusammen: des Bewußtseins von der eigenen Person. Es sieht so aus, als würden Kinder etwa im Alter von acht Jahren zu einer globalen psychologischen Selbsteinschätzung gelangen, die man wissenschaftlich messen und beurteilen kann.[40] In diesem Alter können sie sagen, wer sie sind (körperliches Aussehen, Charakterzüge), und auch ihren emotionalen Zustand beschreiben. Sie nehmen ihre immer wiederkehrenden Charaktereigentümlichkeiten wahr und begreifen, daß sie durch alle wechselnden Augenblicke ihres Alltags hindurch derselbe Mensch bleiben. Der Blick, den sie auf die eigene Person richten, bildet die Grundlage ihrer künftigen Selbstachtung.

Wenn man Kinder genau beobachtet, kann man im übrigen feststellen, daß die Dinge schon vor dem berühmten achten Jahr in Bewegung kommen, selbst wenn es schwierig ist, sie wissenschaftlich zu evaluieren. Die Selbstachtung von Kleinkindern ist noch unzureichend erforscht, aber auf jeden Fall gibt es sie. Das belegen die folgenden Beobachtungen von Eltern.

Mama soll sich freuen

Céleste ist neun Monate alt. Sie hat gerade herausgefunden, wie sie Lärm machen kann, indem sie auf ein Spielzeug drückt, das sie zu Weihnachten bekommen hat. Da sie sieht, wie ihre Mutter amüsiert zuschaut, wiederholt sie die Aktion gleich noch ein paarmal und lacht dabei jedesmal laut auf. »Sie ist stolz auf sich«, sagt die Mutter.

Ist dieser Stolz schon so etwas wie Selbstachtung? Das Bewußtsein, das Céleste von ihrer eigenen Person hat, ist vielleicht noch nicht ausgebildet. Und fragen wir die Mutter nach diesem Phänomen, wird sie antworten: »Die Selbstachtung meiner Kinder? Aber wenn sie so klein sind, haben sie noch gar keine! Es ist noch nicht wirklich ihre eigene Selbstachtung. Sie hängt viel zu sehr von der Achtung ab, die ich ihnen entgegenbringe.«

Damit wir von Selbstachtung sprechen können, muß tatsächlich eine gewisse Autonomie gegenüber den Eltern vorhanden sein.

Auch Knirpse haben ihre Erfolgsstories

Auf dem Marktplatz steht ein großes Karussell. Bei jeder Runde fahren die Kinder unter einer Wolltroddel hindurch, die an einer Schnur aufgehängt ist. Wer schnell genug ist und die Troddel greift, darf noch einmal gratis mitfahren. Louise (3) hat es gerade zum erstenmal geschafft. Bisher hat sie immer nur zusehen müssen, wie sich die Größeren die Troddel schnappten. Anfangs wetteiferte sie gar nicht erst mit ihnen, dann versuchte auch sie es, aber ohne Erfolg. Heute, wo es ihr gelungen ist, blickt sie stolz in die Runde: zu den Eltern, der größeren Schwester und dem potentiellen Publikum. Als sie ihre Freikarte erhält, möchte sie die gar nicht verfahren, sondern lieber als Trophäe behalten. Sie steht im Mittelpunkt der allgemeinen Aufmerksamkeit – wie ein Fußballer, der gerade ein Tor geschossen hat. Auf einen Schlag ist ihre Selbstachtung gestiegen. Für den Rest des Nachmittags beeinflußt das auch ihr Verhalten: Louise ist ruhiger, weniger von den Eltern abhängig und unternehmungslustiger in den Spielen mit den anderen Kindern.

Die Erfolge der Kinder wirken sich auf ihre Selbstachtung aus, und man kann dabei sogar eine Hierarchie erkennen: wenn ihnen zu Hause etwas glückt, zum Beispiel die Komplettierung eines Puzzles, werden sie zwar zufrieden sein, aber doch weniger, als wenn sie draußen unter den Augen der anderen etwas vollbringen, sich zum Beispiel trauen, von einer hohen Rutsche herunterzusausen. Und natürlich ist nichts so viel wert wie der Sieg in einem Wettbewerb (beim Wettrennen oder einem Gesellschaftsspiel die Nase vorn haben).

Wo ist mein Platz?

Schon drei- oder vierjährige Kinder beginnen, sich um ihre soziale Akzeptanz Sorgen zu machen. Diese Gedanken hängen eng mit der Selbstachtung zusammen, wie das Beispiel der kleinen Marion zeigt. In ihrem dritten Lebensjahr fragt sie sich, ob sie mit ihren Locken eigentlich schön aussieht (in der Krippe hat sonst niemand welche), und sie stellt diese Frage auch häufig ihren Eltern. Mit drei weint sie abends manchmal, weil sie findet, daß ihre Freunde sie nicht lieb genug haben. Im vierten Lebensjahr fängt sie an, sich morgens lange zu überlegen, was sie anziehen soll, obwohl ihre Eltern und die ältere Schwester nicht besonders auf ihren eigenen Kleidungsstil achten. Marion erklärt jedoch: »Vanina hat gesagt, sie will heute ihr schönes Kleid anziehen, und da muß ich auch schön aussehen!«

Sich ins rechte Licht rücken

Auch die Versuche von Kindern, sich in den Augen der anderen zur Geltung zu bringen, setzen ziemlich früh ein. Im Alter von sechs bis acht Jahren vergleichen sie untereinander zum Beispiel ihre Eltern: »Meine Mutter ist viel schöner als deine!« oder »Ätsch, mein Vater ist Feuerwehrmann!« Etwas später (8 bis 12 Jahre) kommt es oft zu Träumereien über die eigene Herkunft: »Meine Eltern sind nämlich gar nicht meine richtigen Eltern. Ich bin die Tochter von ...« (Es folgt der Name einer berühmten Person, mit der das eigene Ich aufgewertet wird.)

Aber Kinder können beim Aufbau der Selbstachtung auch Schwierigkeiten begegnen. Man weiß zum Beispiel, daß manche »Komplexe« wegen ihrer Eltern haben. Oftmals ist das ganz harmlos. Die Mutter einer kinderreichen Familie erzählte uns, woran sie zuerst spürt, daß eines ihrer Kinder ins Jugendalter kommt: es beginnt dann nämlich, sich für seine Mutter zu »schämen«. Es will nicht mehr zu nahe an ihrer Seite gehen, nicht mehr bis zum Schuleingang begleitet werden, und man soll ihm vor den Augen der anderen auch kein Küßchen mehr geben. Dabei ist die Zurückweisung mehr auf die Elternfunktion bezogen als auf die Person selbst. Schmerzlicher ist es, wenn Eltern tatsächlich etwas an sich haben, das sie marginalisiert. So war es bei einer unserer Patientinnen. Sie hatte Schuldgefühle, weil sie sich für ihre Mutter geschämt hatte, welche aufgrund einer Hüftgelenkserkrankung hinkte. Als die Mutter starb, machte die Patientin eine schwere Depression durch und warf sich ständig vor, die Mutter, die wegen ihrer Behinderung gewiß schon unglücklich genug war, auch noch schlecht behandelt zu haben.

Sich seiner Wurzeln schämen

Zahlreiche Schriftsteller haben in ihren Kindheitserinnerungen berichtet, wie sie sich für ihr Herkunftsmilieu schämten. So auch John Fante in *Wine of Youth:*

»In der Dunkelheit schleiche ich mich auf Zehenspitzen ins Zimmer meiner Mutter. Mein Vater schläft neben ihr, und ich stoße sie vorsichtig an, um nicht auch ihn zu wekken. Ich flüstere: ›Bist du sicher, daß Papa nicht in Argentinien geboren ist?‹

›Nein, dein Vater ist in Italien geboren.‹

Ich gehe wieder schlafen, untröstlich und angewidert. [...]

Ich fange an zu glauben, daß meine Großmutter eine unverbesserliche Spaghettifresserin ist. Sie ist eine kleine, pummelige Bäuerin, die mit vor dem Bauch verschränkten Händen herumspaziert, eine einfache alte Frau, die etwas übrig hat für kleine Jungen. Sie kommt in mein Zimmer und versucht mit meinen Freunden eine Unterhaltung zu starten. Sie spricht englisch mit jämmerlichem Akzent und zieht die Vokale in die Länge wie ein Gummiband. In aller Einfalt wendet sie sich an einen meiner Kumpel und fragt ihn mit einem Lächeln in ihrem alten Blick: ›Geehst du geerne in die Scola von die fromme Schwestern?‹ Mir stehen echt die Haare zu Berge. Verdammt noch mal! Alles ist im Eimer; jetzt werden sie alle wissen, daß ich ein Italiener bin!«[41]

Andere Kinder neigen zur Mythomanie und fabulieren sich imaginäre Geschichten zusammen, in denen sie selbst in vorteilhaftem Licht erscheinen, oder sie geben vor, in »höchst wichtige« Geheimnisse eingeweiht zu sein, um so bei ihren Zuhörern an Wertschätzung zu gewinnen. Zwar sind solche mythomanischen Kinder nicht wirklich Lügner, aber am Ende glauben sie mehr oder weniger an das, was sie erzählen, und belügen sich damit selbst. Pascal, ein Architekt, sagt von seinem sechzehnjährigen Patenkind:

»Ich mag den Jungen sehr, aber er tut mir auch leid. Immer muß er etwas dazuerfinden. Seine Eltern und ich, wir fürchten schon im voraus die Sommerferien auf dem Stammsitz der Familie, wo sich auch alle Cousins einfinden. Er fühlt sich dort offenbar nicht wohl, vielleicht, weil er in der Schule viel weniger Erfolg hat als die anderen. Auf jeden Fall glaubt er, sich besonders hervortun zu müssen: er erzählt, im Flugzeug hätte er neben Nicole Kidman gesessen und sich lange mit ihr unterhalten; er behauptet, beim Judo den schwarzen Gürtel zu tragen; er spricht von seinen weit fortgeschrittenen Kontakten, um eine Informatikfirma zu gründen ...

Seine Zuhörer sind verlegen, denn die Lügen sind nur allzu durchsichtig. Aus Freundlichkeit wagt aber niemand, mit ihm darüber zu sprechen. Nach einem besonders peinlichen Abend, an dem er noch mehr als sonst geschwindelt und sich wirklich lächerlich gemacht hatte, versuchte ich, mit ihm unter vier Augen zu reden. Aber ich verstand bald, daß es für ihn kein Zurück mehr gab, wenn er nicht das Gesicht verlieren wollte. Und dann glaubte er selbst schon halbwegs an das Erfundene, so sehr wollte er, daß es wahr sei ... Im Grunde ist er ein bedauernswerter Kerl. Doch das hilft ihm nicht, davon loszukommen. Dabei hat er Stärken, auf die er bauen könnte. Aber es ist, als würde er sie nicht erkennen oder nicht an sie glauben.«

Der Pausenhof – ein unerbittliches Universum

Erwachsene haben ein kurzes Gedächtnis ... Wenn auch viele von ihnen das Gegenteil glauben – auf Schulhöfen geht es eher wie in *Dallas* oder *Denver* zu und nicht wie beim Sandmännchen! Konflikte, Bündnisse, Eifersüchteleien, Ausschließungen, Bannsprüche und Demütigungen gehören zum Alltag eines jeden Schülers.[42] Auch Konkurrenz und soziales Aneinandermessen sind nicht auf die Welt der Großen beschränkt.

Die Auswirkungen solcher Ereignisse auf die Selbstachtung sind größer, als Eltern denken mögen. Wenn uns Patienten mit zerbrechlicher Selbstachtung in der Therapie von ihrer Kindheit berichten, haben sie jedenfalls keine Mühe, im nachhinein Erinnerungen an Erlebnisse wachzurufen, die mitunter sehr brutal und demütigend waren. Hier der Bericht von Marie-Claire (40), Sekretärin:

»Ich bin schon mit sieben oder acht zu einer Psychologin in die Therapie gegangen. Es war wegen meiner schulischen Probleme. Ich mochte dieses Universum nicht besonders. Ich erinnere mich noch sehr gut, wie es am ersten Schultag nach den Sommerferien war. Die Schülermassen jagten mir Angst und Schrecken ein. Ich teilte sie in zwei Kategorien auf: die einen waren größer und stärker als ich, die anderen pfiffiger und beliebter. Nach einigen Tagen hatte ich endlich eine dritte Kategorie ausgemacht, zu der ich mich ohne Freude gesellte: die der Einzelgänger und potentiellen Opfer.

Selbst meine guten schulischen Leistungen (ich wollte nicht auch noch die Lehrer gegen mich haben) machten mich nicht sicherer; sie ließen mich bei den Mitschülern in die Reihe der ›streberischen Brillenschlangen‹ geraten. Ich hatte schreckliche Komplexe, was meine eigene Person anging; ich fand, daß ich eine total uninteressante Null war. Es schien mir sogar, als hätten die anderen noch nicht hundertprozentig mitbekommen, was für eine Niete ich war. In meinen Alpträumen verfolgten sie mich alle, um mich zu verprügeln oder zu bespucken. Bald waren auch körperliche Symptome da; immer tat mir etwas weh, besonders am Sonntagabend, wenn ich an die neue Schulwoche dachte.

Aber ich traute mich natürlich nicht, mit meinen Eltern darüber zu reden; ich hatte Angst, sie würden mich nicht verstehen. Und dann schien es mir auch, als wären sie selbst nicht solche Könner, ich schämte mich ein bißchen für sie, ich spürte, daß sie verwundbar waren.«

Ohne daß man es immer merkt, stellen Schulkinder sehr aufmerksam soziale Vergleiche an.[43] Fragt man sie danach, sind die meisten von ihnen durchaus in der Lage, auf verschiedenen Gebieten eine Rangfolge ihrer Klassenkameraden zu erstellen: Schönheit, Beliebtheit, schulische Leistungen etc. Sie können auch ihren eigenen Platz in dieser Liste angeben und ziehen die naheliegenden Schlußfolgerungen daraus: »Alexandra, die ist schöner als ich, und Frau X. zieht sie deshalb immer vor!« (Luce, 5); »Adrien hat mir mein Spielzeug weggenommen, und da hab ich geweint, aber er ist stärker als ich und hat es mir nicht wiedergegeben!« (César, 3).

Ausgehend von sehr sorgfältigen Beobachtungen im natürlichen Lebensumfeld der Kinder haben die Forscher schon bei Zwei- bis Dreijährigen ziemlich klar umrissene soziale Verhaltensprofile herausfiltern können[44]:

- Die »Anführer« zeigen zahlreiche Verhaltensweisen, mit denen sie andere Kinder an sich binden: sie geben ihnen etwas von ihren Sachen ab und laden sie dazu ein, sich an

Spielen zu beteiligen. Bei Konflikten zwischen anderen Kindern können sie als Vermittler auftreten, aber wenn es zum Beispiel darum geht, ein Spielzeug zurückzubekommen, verhalten sie sich dominant.

- Die »Aggressiv-Dominanten« haben ein weniger gruppenbildendes Verhalten; sie neigen oft zu aggressiven Akten.
- Die »ängstlichen Dominierten« meiden Wettbewerbe und Konflikte. Ihr Sozialverhalten ist oft durch Zurückgezogenheit gekennzeichnet, aber sie zeigen auch gruppenbildende Verhaltensweisen.
- Die »Aggressiv-Dominierten« lassen sich auf Wettbewerbe ein, die jedoch schlecht für sie ausgehen, und dann greifen sie zu aggressiven Verhaltensweisen.

Diese Verhaltensprofile – und hierbei vor allem das Dominanz- bzw. Unterordnungsverhalten – prägen sich bei Kindern ab einem Alter von 18 Monaten immer deutlicher aus.

Obgleich es unseres Wissens noch keine Untersuchungen zu diesem Problem gibt, kann man sich vorstellen, welche Zusammenhänge zwischen solchen Verhaltensweisen und dem Selbstachtungspegel der Kinder bestehen. Den »Anführern« bieten sich zahlreiche Gelegenheiten, soziale Wertschätzung zu finden; sie sind emotional weniger verwundbar und könnten etwa dem Profil »hohe und stabile Selbstachtung« entsprechen. Aggressiv-dominante Kinder ähneln hingegen Menschen mit hoher, aber instabiler Selbstachtung; sie nehmen schneller wahr, welchen Bedrohungen ihre Anführerschaft ausgesetzt ist, und zeigen heftigere Reaktionen, um ihren Rang zu verteidigen. All das wird von einer weniger entwickelten globalen Beziehungskompetenz begleitet.

Ratschläge an die Adresse der Eltern

Folgende fünf Bereiche sind am wichtigsten für die Herausbildung der Selbstachtung von Kindern und Jugendlichen[45]: das körperliche Aussehen (»Gefalle ich den anderen?«), das sportliche Leistungsvermögen (»Bin ich gut in Sport? Kann ich schnell laufen? Weiß ich mich zu verteidigen?«), die Beliebtheit bei Gleichaltrigen (»Mögen sie mich in meiner Klasse, in meiner Schule? Habe ich viele Freunde?«), die Verhaltenskonformität (»Finden die Erwachsenen, daß man sich auf mich verlassen kann? Respektiere ich die sozialen Regeln – Höflichkeit, Disziplin etc.?«) und schließlich der schulische Erfolg (»Sind meine Noten in Ordnung?«).

Aber es reicht nicht aus, daß ein Kind seiner eigenen Meinung oder der Ansicht der anderen nach in diesen Bereichen leistungsstark ist. Klassenbester zu sein, hat einen noch nie vor großem Kummer bewahrt. Untersuchungen zeigen nämlich, daß Kinder mit hoher Selbstachtung sich gerade in den Bereichen für kompetent halten, auf die es ihrer Meinung nach ankommt. Mit mittelmäßigen Resultaten auf den übrigen Gebieten finden sie sich dagegen leicht ab. Nehmen wir zum Beispiel Jacques und Jean, zwei Jungen, die etwa das gleiche Profil aufweisen: sie sind weder besonders begabt für den Unterricht noch sehr muskulös oder geschickt, aber sie sind beliebt, denn sie haben die Regeln ihrer sozialen Gruppe verinnerlicht, und mit ihrer äußeren Erscheinung sind sie eher zufrieden. Ihre Selbstachtungswerte unterscheiden sich hingegen sehr, wie man auf dem nachstehenden Schaubild sieht. Jacques findet, daß die Bereiche, in denen er nicht brilliert, auch nicht von höchster Wichtigkeit sind. Daher fühlt er sich besser in seiner Haut als Jean, für dessen Selbstachtung Erfolge beim Lernen und im Sport unerläßlich sind.

Wenn Ihr Kind ein Urteil über seine eigene Person abgibt, sollten Sie als Eltern alle Zweifel und Klagen stets ernst nehmen. Diese Mühe wird belohnt werden.

Indem Sie nämlich mit Ihrem Kind über solche Themen ins Gespräch kommen und aufmerksam zuhören, wenn es von seinen Selbstzweifeln spricht, werden Sie es darin schulen, später als Erwachsener vom sogenannten »sozialen Rückhalt« Gebrauch zu machen: es wird mit seinen Angehörigen über seine Schwierigkeiten reden, um im Gegenzug Auskünfte oder positive Emotionen zu empfangen. Wir werden noch sehen, welche wichtige Rolle dieser Rückhalt für die Selbstachtung spielt.

Jacques

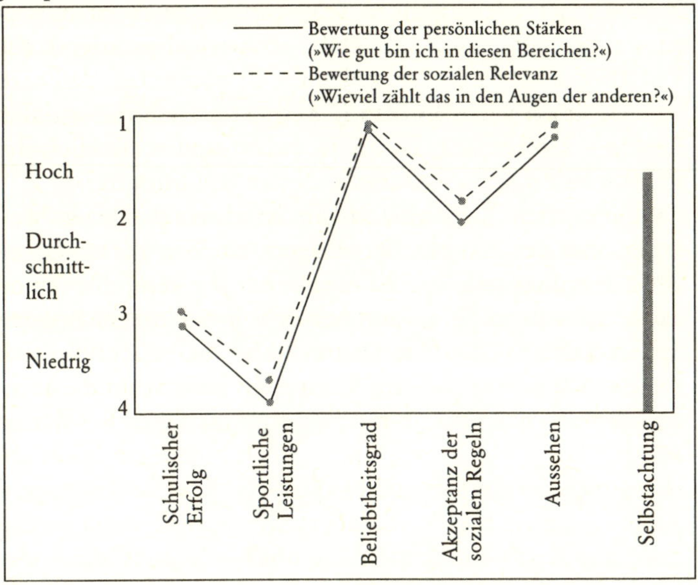

Jean

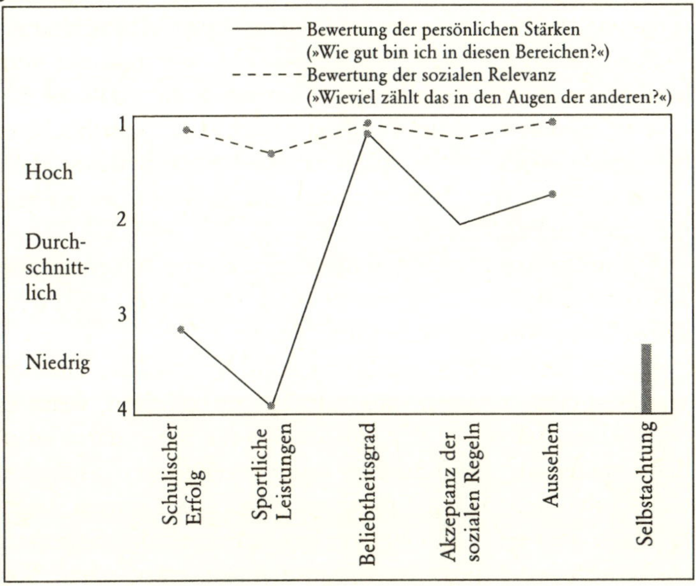

Selbstachtung und Leistungserwartungen
(nach S. Harter; in: R. F. Baumeister, op. cit.)

Außerdem werden Sie mit Ihren Ratschlägen und Ihrer Erfahrung dazu beitragen, daß Ihr Kind seine Sorgen relativiert. Passen Sie aber auf, daß Sie dabei die in nachfolgender Tabelle zusammengefaßten Regeln einhalten. Denken Sie auch daran, daß ein solcher Dialog schon in der Kindheit einsetzen muß und man später, beim Jugendlichen, nicht mehr hoffen kann, erst dann damit zu beginnen. In diesem Abschnitt seines Lebens wird Ihr Kind zwar mit Schwierigkeiten konfrontiert werden, die genauso ernst sind wie in früheren Jahren, aber seine Fähigkeit, sich Ihnen anzuvertrauen und Ihnen seine persönlichen Probleme zu enthüllen, wird dann viel geringer ausgebildet sein.

Ratschlag	*Was Sie sagen sollten*
Nehmen Sie sich Zeit, um Ihrem Kind aufmerksam zuzuhören; lassen Sie es seine Gedanken und seinen Kummer erst ganz aussprechen, ehe Sie es beruhigen.	»Du hast Angst, daß du nicht hübsch genug bist, nicht wahr? Ich werde dir gleich sagen, was ich davon denke. Aber sag du mir zuerst mal, warum dich das so quält. Machst du dir schon lange Sorgen deswegen?«
Bagatellisieren Sie seinen Kummer nicht: »Ach, weißt du, es gibt im Leben viel schlimmere Dinge – die kleinen Kinder in Afrika, die vor Hunger sterben, zerbrechen sich über so was nicht den Kopf ...«	»Ich verstehe gut, daß es dir Kummer macht, weil du dich mit Fanny verzankt hast. Ich habe den Eindruck, das macht dich richtig traurig. Weißt du, es ist wirklich nicht angenehm, wenn man sich mit seinen Freunden zerstreitet; so was passiert sogar den Erwachsenen ...«
Versuchen Sie Ihrem Kind zu zeigen, daß wahrscheinlich auch andere Kinder die gleichen Sorgen und Zweifel haben.	»Glaubst du, die Lehrerin zieht dir alle anderen aus der Klasse vor? Meinst du nicht, daß manchmal auch die anderen den Eindruck haben, die Lehrerin mag sie nicht mehr?«

Ratschlag	*Was Sie sagen sollten*
Versuchen Sie nicht, Ihr Kind allzu schnell zu beruhigen, kaum daß Sie sein Problem erfaßt haben: »Das also macht dir seit Montag solche Sorgen? Aber das ist doch nichts Schlimmes, mein Schatz, das hat überhaupt keine Bedeutung!«	»Ah, das ist es, was dich seit Montag so quält? Gut, daß du es mir gesagt hast; ich hab' gar nicht begriffen, was mit dir los war. Wollen wir noch ein bißchen mehr darüber reden?«
Wenn Sie glauben, Ihrem Kind eine hilfreiche Antwort geben zu können, sollten Sie es zunächst trotzdem erst anregen, eigene Lösungen zu finden.	»Wie kriegen wir es hin, daß sich deine Lehrerin mehr um dich kümmert?«

Wie Eltern ihren Kindern richtig zuhören

Haben Sie einmal beschlossen, Ihrem Kind bei der Konsolidierung seiner Selbstachtung zu helfen, sollten Sie auch versuchen, es dabei nicht zu weit zu treiben.

Seien Sie nicht aufdringlich, indem Sie bei jedem kleinen Problem herbeieilen. Es ist normal, daß Ihr Kind gewisse Schwierigkeiten allein bewältigen muß. Achten Sie nur darauf, daß ihm die Probleme nicht über den Kopf wachsen. Greifen Sie nur dann ein, wenn Ihr Kind sichtlich überfordert oder verängstigt ist.

Machen Sie auch nicht auf Psychiater, indem Sie versuchen, den Seelenzustand Ihres Sprößlings bis in alle Winkel auszuleuchten, während das Kind zögert, sich Ihnen zu eröffnen. Es bringt nichts, wenn man sich immerzu in wilde Interpretationen stürzt: »Ich weiß ja, daß du nur so böse zu uns bist, weil du dich unglücklich fühlst ...« Wenn Sie sich das Wissen um seine Verunsicherungen erzwingen wollen, kann es passieren, daß Ihr Kind Ihnen überhaupt nichts mehr sagen mag. Sie riskieren dann sogar, seine Selbstachtung noch zu mindern und sein Gefühl psychischer Integrität und Autonomie zu beschädigen.

Ein kleines Mädchen kommt nach Hause und sagt zu seiner Mutter: »Mama, Angèle und die anderen lassen mich niemals mitspielen in den Pausen!« Welche der folgenden Antworten kann diesem an sich selbst zweifelnden Mädchen wohl am besten helfen?

Antwort A: »Angèle ist eine blöde Ziege, und ihre Freundinnen sind auch nicht besser. Kümmere dich einfach nicht um sie. Du brauchst doch bloß in deiner Ecke ruhig weiterzuspielen. Und wenn sie gemein zu dir sind, gehe ich gleich zu deiner Klassenlehrerin.«

Antwort B: »Ah, verdammt! Und du bist dann ganz traurig? Erzähl mir mal genau, wie das läuft. Was sagen sie zu dir? Und was machst du dann?«

Antwort C: »Ach so, sie lassen dich nie mitspielen? Ich verstehe, ich verstehe ... Das erinnert dich daran, als du jünger warst und die Großen nicht mit dir spielen wollten, nicht wahr? Und deshalb hast du dieses Jahr auch keine so guten Zensuren ... Du hast Angst, daß du nicht interessant bist, daß dich keiner mehr mag ...«

Sie haben mit (A) geantwortet: Ein bißchen interventionistisch, oder? Die Gefahr liegt darin, daß das Mädchen zu folgenden Schlüssen gelangt: (1) Die Leute, von denen man kritisiert oder abgewiesen wird, taugen sowieso nichts. Das ist aber eine ziemlich künstliche Manier, um die Selbstachtung zu schützen. (2) Ohne seine Mutter oder irgendeinen Beschützer kann das Kind keine soziale Anerkennung finden – auch nicht gut für seine Selbstachtung.

Sie haben mit (B) geantwortet: Eine gute Antwort! Bevor Sie Stellung nehmen, versuchen Sie zu verstehen, wie Ihr Kind die Realität sieht. Für die Selbstachtung ist dabei von Vorteil, daß das Kind sich ernst genommen und respektiert fühlt und sich selbst an der Suche nach Lösungen beteiligt.

Sie haben mit (C) geantwortet: Ihr Vorgehen ist ein bißchen aufdringlich, und Sie neigen zu wilden Ausdeutungen. Für die Selbstachtung ist das riskant. Wenn Ihre Interpretation zutrifft, wird das Kind meinen, es wäre für die anderen ganz durchsichtig und seine allmächtigen Eltern würden viel besser als es selbst verstehen, was passiert ist und wie man handeln muß. Manche können sich ihr ganzes Leben lang nicht von dieser Idee befreien … Sind Ihre Deutungen hingegen falsch, wird sich das Kind alleingelassen und unverstanden fühlen: nicht einmal die Eltern schaffen es, in seine Nähe zu kommen.

Der elterliche Druck – und der aus den Reihen der Freunde …

Das Urteil der anderen

Welche Bedeutung Ihr Kind den oben beschriebenen Bereichen der Selbstachtung beimißt, hängt nicht bloß von seinem eigenen Urteil ab, sondern auch davon, wie wichtige Personen aus der Umgebung seine jeweiligen Fähigkeiten bewerten.

Für ein Kind gibt es vier hauptsächliche Quellen signifikanter Urteile und damit auch vier Quellen der Selbstachtung: die Eltern, die Lehrer, die Mitschüler (in der Klasse und allgemein in der Schule) und die besten Freunde. Sind alle vier Quellen »intakt«, kann aus ihnen eine voll entwickelte und solide Selbstachtung gespeist werden. Fällt die eine oder andere aus, können die übrigen sie ersetzen: man verkraftet den Konflikt mit einer Lehrkraft besser, wenn man weiß, daß man Eltern und Freunde hat, die einen mögen.

Vier Quellen für Urteile, das sind gleichzeitig aber auch vier Richtungen, aus denen Druck ausgeübt wird auf die vier sozialen Rollen, in denen sich das Kind bewähren muß,

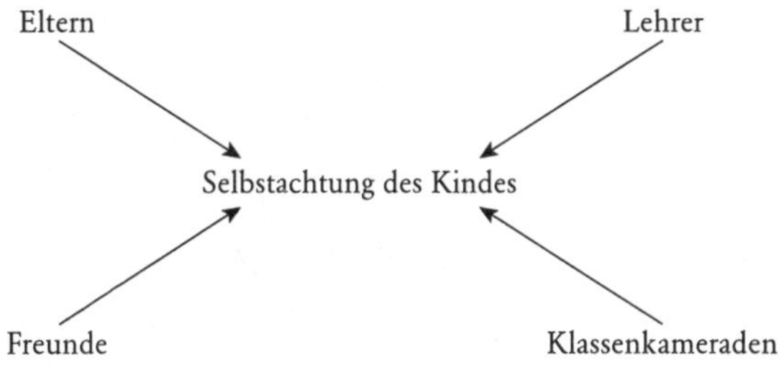

Vier Richtungen, aus denen Druck auf die Selbstachtung ausgeübt wird

wenn es eine solide Selbstachtung erlangen will: es muß ein guter Sohn sein oder eine gute Tochter, des weiteren ein guter Schüler, ein guter Klassenkamerad und schließlich ein guter Freund oder eine gute Freundin. Mit anderen Worten, es muß sich vierfach anstrengen, um sein gutes soziales Image zu wahren!

Die jeweilige Bedeutung dieser vier Quellen, aus denen sich die Selbstachtung nährt, ändert sich mit dem Alter.

- Bei ganz kleinen Kindern hat die Meinung der Eltern das größte Gewicht. Im Laufe der Entwicklung tritt dann die Bedeutung anderer Kinder stärker hervor. So antwortet die dreijährige Marie, als sie eine Hose anziehen soll, ihrer Mutter: »Lucie hat aber gesagt, wir dürfen zum Turnen ein Kleid anziehen, und Lucie weiß das besser als du. Du gehst ja nicht in den Kindergarten ...«
- Bei den Drei- bis Sechsjährigen entwickelt sich das Beziehungsnetz wahrhaft rasant, und zwar sowohl seinem Umfang als auch seiner Komplexität nach.[46] Diese Tendenz ist übrigens bei Jungen noch stärker ausgeprägt als bei Mädchen: letztere bevorzugen Interaktionen unter zwei Partnern, während sich ihre männlichen Altersgenossen lieber in »Banden« entwickeln. Diese Periode, die manchmal als »kleine Pubertät« bezeichnet wird (Oppositionsverhalten, wichtige Rolle der Freunde, erste Versuche, der elterlichen Autorität zu entfliehen), ist tatsächlich eine Schlüsselphase beim Aufbau der Selbstachtung, vor allem, was deren soziale Dimension betrifft, sorgt sich das Kind doch sehr um seine Beliebtheit bei anderen.
- Die Eltern sind dennoch nicht völlig aus dem Rennen. Zum einen bleiben sie die wichtigsten Liebesspender, und zum anderen zählt ihre Meinung noch etwas auf den Gebieten der Verhaltenskonformität und des schulischen Erfolgs. Bei den Themen »äußeres Aussehen«, »sportliches Leistungsvermögen« und »Beliebtheit« werden hingegen die Ansichten der Altersgenossen für wichtiger gehalten. Deshalb haben es die Eltern auch so schwer, ihre Kinder bei Problemen in diesen drei Bereichen zu beruhigen:

»Aber Mutti, du kannst dir das gar nicht vorstellen!« oder »Vati, du verstehst das überhaupt nicht!« hören sie dann.

– Im Jugendalter verringert sich die Bedeutung der Eltern als wichtigste Selbstachtungs-Spender noch deutlicher, und Personen außerhalb des Familienkreises übernehmen mehr und mehr diese Funktion. Trotzdem bleibt die Wertschätzung durch die Eltern von großem Einfluß; erst wenn die jungen Leute die Familie verlassen, beginnt ihre Bedeutung wirklich abzunehmen. Eine Umfrage des Französischen Komitees für Gesundheitserziehung unter 4000 Jugendlichen hat gezeigt, daß die Eltern gar nicht so schlecht plaziert sind, wenn es um privilegierte Gesprächspartner geht.[47]

Ansprechpartner	*Prozentzahl der 12- bis 19jährigen, denen es leichtfällt, mit diesem Ansprechpartner über persönliche Probleme zu reden*
Freund (bei Jungen) oder Freundin (bei Mädchen)	83 %
Mutter	78 %
Freundin (bei Jungen) oder Freund (bei Mädchen)	58 %
Vater	51 %
Schwester	42 %
Arzt	38 %
Bruder	37 %
Arbeitgeber oder Kollege (nach Schulabgang)	27 %
Lehrer/Lehrerin (bei Schülern)	24 %
Psychiater oder Psychologe	6 %
Andere	36 %

Wem sich die Jugendlichen anvertrauen

In Frankreich ist Selbstmord inzwischen die zweithäufigste Todesursache bei jungen Menschen: es gibt ungefähr 1000 Fälle pro Jahr[48], und das Phänomen gewinnt ständig an Bedeutung. Was die Zahl der Selbstmordversuche angeht, so liegt sie weit höher. Wie erklärt sich diese Häufigkeit? Und warum ist man gerade im Jugendalter anfällig dafür? Manche Psychologen sehen eine der Ursachen für diese Erscheinung in einem Problem mit der Selbstachtung.[49]

Bekanntlich laufen viele Jugendliche Gefahr, eine depressive Phase durchzumachen. Aber nicht alle Selbstmordversuche lassen sich mit Depressionen erklären. So zeigten Untersuchungen, daß es bei Jugendlichen eine Beziehung zwischen Suizidgefahr und niedriger Selbstachtung gibt.[50] Wie wir noch sehen werden, sind die körperlichen Veränderungen, die der Jugendliche durchmacht, eine der Ursachen für seine Selbstachtungsprobleme. Des weiteren muß man hier schulisches Scheitern anführen und die Schwierigkeiten, im Berufsleben Fuß zu fassen – beides Gründe für zahlreiche Selbstmorde bei Jugendlichen.[51]

Man hat auch auf die Rolle des sozialen Konformismus hingewiesen. Wie durch Ansteckung steigt die Suizidhäufigkeit in der Bevölkerung an, wenn in den Medien lang und breit über einen geglückten Selbstmord berichtet worden ist.[52] Dieses Phänomen gibt es nicht erst seit heute. Schon nach dem Erscheinen von Goethes berühmtem Roman *Die Leiden des jungen Werthers* im Jahre 1774 erlebte Europa eine wahre Selbstmord-Epidemie, denn junge Leser imitierten die Geste des Helden, der sich am Schluß des Buches umbringt! Wie wir schon gesehen haben, bedroht dieser Konformismus wiederum vor allem Menschen mit fragiler Selbstachtung.

Schließlich ist es so, daß der Jugendliche gefühlsmäßig weiter sehr an seine Eltern gebunden ist und die Achtung, die er vor sich selbst empfindet, in direktem Verhältnis zur Qualität der Eltern-Kind-Beziehung steht.[53] Sein Verhalten hinterläßt jedoch den entgegengesetzten Eindruck, und er setzt sich damit der wachsenden Kritik seiner Erzeuger aus.

Der Jugendliche büßt einen beträchtlichen Teil seines sozialen Rückhalts ein, was nicht immer kompensiert werden kann durch die Unterstützung, die er bei Freunden findet. Das Resultat: Seine Selbstachtung stürzt zu einem Zeitpunkt in sich zusammen, wo er noch nicht wirklich fähig ist, das eigene Ich durch andere soziale Erfahrungen aufzuwerten. Die Schwächsten zerbrechen daran …

Dies erklärt auch, daß Selbstmordversuche bei Jugendlichen oft ein Hilfeschrei sind. In bestimmten Fällen können sie ein pathetischer und verzweifelter Versuch sein, sich ein bißchen Bedeutung zurückzugeben, ein wenig an Wert zu gewinnen. Die Psychiater auf den Notfallstationen wissen gut, daß Eltern oft erst in dem Moment, wo ihr Kind einen Selbstmordversuch unternommen hat, ihm gegenüber offen ihre Liebe und Zuneigung ausdrücken können.

»Als ich sechzehn war«, erzählt Yasmina (23), »habe ich dreimal versucht, mich umzubringen. Ich war damals sehr unglücklich und vor allem völlig hilflos. Ich hatte überhaupt keinen Anlaufpunkt mehr; mein Vater war nie zu Hause, meine Mutter arbeitete wie eine Verrückte, um uns zu ernähren, meine kleinen Brüder gingen mir auf den Keks, und die Lehrer meckerten mich die ganze Zeit voll. Ich hatte den Eindruck, daß niemand mich verstand und keiner mich liebte. Ich erinnere mich noch, wie es war, als ich zum erstenmal die Tabletten meiner Mutter schluckte. Vor meinen Augen liefen richtige Kinoszenen ab, als ich mir mein Begräbnis ausmalte: Ich sah die Leute heulen, es tat ihnen leid, sie sagten, was für ein prima Mädchen ich doch gewesen sei und so. All die Worte, die ich in der Wirklichkeit nie zu hören bekam. Ich fühlte mich fast wohl, wenn ich daran dachte, ich bekam dann beinahe Mut, die Tabletten zu nehmen …«

Die Trauerrede ist oft der Augenblick in unserem Dasein, wo man uns die meisten Komplimente macht. Jetzt konzentrieren sich unsere Mitmenschen endlich auf unsere Qualitäten, statt uns dauernd an unsere Schwächen zu erinnern. Solange unsere Gesellschaft auf diese Weise die Dahingeschiedenen feiert, statt sich zu ihren Lebzeiten um sie zu kümmern, sollte man Jugendlichen wohl keine Vorwürfe machen, wenn sie durch einen Selbstmordversuch die Aufmerksamkeit auf sich lenken und so ihre Selbstachtung erhöhen möchten ...

Vom Nachteil, der Erstgeborene zu sein – oder das Nesthäkchen

Seitdem Evangéline (3) ein kleines Schwesterchen hat, wird sie von schlimmen Sorgen gequält. Ihre Eltern sind beunruhigt, fanden sie ihr Mädchen doch eines Tages, wie es ganz allein auf der Treppe saß und vor sich hinmurmelte: »Mama, Mama, hast du mich noch lieb?« Seit das Baby auf die Welt kam, hat Evangéline auch wieder begonnen, wie ein ganz kleines Kind zu sprechen, das Bett naß zu machen ... »Sie setzt sich herab, sie bereitet sich absichtlich Mißerfolge«, sagt die Mutter. »Sie tut sich selbst weh«, meint der Vater. Mit Evangélines Selbstachtung ist es nicht zum besten bestellt.

Es ist hart, sich die Eltern teilen zu müssen

Die Geburt einer jüngeren Schwester oder eines jüngeren Bruders ist immer ein schwerer Schlag für die Selbstachtung des Älteren, der häufig beunruhigt ist und leidet, weil er seinen Status als einziger Gegenstand der Zuwendung verloren hat. Je nach psychischem Profil kann sich dieses Leiden auf verschiedene Weise äußern: in offener Opposition, regressivem Verhalten, in Versuchen, die Aufmerksamkeit auf sich zu lenken, usw. In jedem Fall zweifelt das Kind ernstlich an der Liebe, die ihm die Eltern entgegenbringen: »Haben sie den anderen nicht lieber als mich? Werden sie ihre Zuneigung wirklich gerecht aufteilen?« Und damit zweifelt das Kind auch an sich selbst: »Was habe ich bloß getan, daß sie mich bestrafen, indem sie mir so einen Eindringling mit ins Zimmer setzen? Habe ich ihnen nicht genügt? Mußten sie wirklich noch ein anderes Kind in die Familie bringen?«

Kommt dann noch ein drittes Kind zur Welt, ist es das zweitgeborene, dessen Status sich ändert, und das manchmal recht schmerzhaft: es wird zum »mittleren« Kind. Das älteste hingegen hat seine Bewährungsprobe schon hinter sich, und es kann die Geburt eines »Nesthäkchens« sogar als Wohltat empfinden, denn in mancher Beziehung wird sein Prestige als Erstgeborener dadurch gemehrt.

Das Territorium abstecken

Selbstachtung und Geburtsrang

Erstgeborene und Einzelkinder haben offenbar mehr Erfolg beim Lernen: sie sollen etwas bessere Ergebnisse in der Schule oder bei Intelligenztests verzeichnen und größere Chancen bei der Aufnahme in eine Eliteuniversität haben.[54] Sollte das an ihrer höheren Selbstachtung liegen? Das wäre eine zu simple Erklärung – und auch eine zu ungerechte. In Wirklichkeit sieht es für die Ältesten nämlich nicht überall rosig aus: Untersuchungen zufolge sind sie in Gesellschaft nicht so locker und auch nicht so beliebt wie die jüngeren Geschwister![55] Letztere profitieren also von einem Typ der Selbstachtung, der sich an den sozialen Beziehungen orientiert – und weniger an der Leistung. Womit läßt sich das erklären? Verschiedenen Theorien zufolge sei es eine Frage des Territoriums: um den Erwartungen der Eltern nachzukommen, baue der Erstgeborene seine Selbstachtung durch Erfolg und Leistungen auf, der Jüngere hingegen finde den Platz des »guten Schülers« bereits besetzt und verlege sich auf die Beziehungspflege.

Die Kunst der Abschreckung

Clémence (5) und Aude (3) sitzen am großen Wohnzimmertisch und zeichnen. Aude hat es gerade geschafft, ein unbeholfenes, aber doch ziemlich überzeugendes Strichmännchen aufs Papier zu bringen, das den Figuren sehr ähnelt, die ihre Schwester im gleichen Alter zeichnete. Kaum erblickt Clémence das Bild ihrer kleinen Schwester, kräht sie los: »Der sieht ja blöd aus, dein Mann! Du kannst doch überhaupt nicht zeichnen!« Kurz darauf legt Aude ihren Buntstift weg und sucht sich ein anderes Spielzeug. Für den Rest des Morgens mag sie nicht mehr zeichnen.

Dasselbe Szenario wiederholt sich später beim Schreiben: Audes Versuche werden häufig durch die Einmischung der älteren Schwester gestört, die sich alle Mühe gibt, die Kleine zu entmutigen und zum Aufgeben zu bringen. Das unvermeidliche Ergebnis: Aude fühlt sich zu den schulischen Angelegenheiten weniger hingezogen als ihre ältere Schwester. Sie ahnt schneller, daß ihr etwas mißlingt, und neigt deshalb dazu, sich nicht allzusehr dahinterzuklemmen. Aber war sie ganz zu Beginn weniger begabt als ihre Schwester?

Bei Erstgeborenen beobachtet man häufig mehr oder weniger diskrete Versuche, Jüngere abzuschrecken, damit sie nicht etwa die eigene Überlegenheit gefährden. Clémence, die fürs Lernen begabt ist, hat ihre Schwester auf diesem Gebiet systematisch kritisiert, um ihre eigene Dominanz aufrechtzuerhalten. Den Bereich des Sports hat sie ihr dagegen leichten Herzens überlassen. Bei Octave und Charles, ihren kleinen Nachbarn eine Treppe tiefer, ist es gerade umgekehrt: der Ältere hat eine Lese- und Rechtschreibschwäche und überließ deshalb seinem kleinen Bruder den Bereich der schulischen Kompetenz, während er eifersüchtig seine körperliche Überlegenheit demonstriert. Diese beiden Fälle erinnern ein bißchen an ein Autorennen, bei dem der Fahrer an der Spitze des Feldes seine Verfolger ständig im Rückspiegel beobachtet. Die Erstgeborenen müssen immer ein wachsames Auge für die Anstrengungen der Jüngeren haben. Das macht sie auch ängstlicher als ihre kleinen Geschwister …

Der Streß des Erstgeborenen

Diese Angst ist ein Zeichen dafür, daß der Geburtsrang nicht nur das Niveau der Selbstachtung beeinflußt, sondern auch ihre Stabilität. Die Selbstachtung des Erstgeborenen wird zunächst einmal stark von den Eltern genährt, die ihm mehr Zeit widmen, mehr Fotos von ihm machen etc., als das bei den folgenden Kindern der Fall sein wird. Sind erst mehrere Kinder da, wird diese »Gefühlsnahrung« aufgeteilt werden müssen. Mögen die Eltern auch sagen, ihre Liebe sei grenzenlos – ihre Zeit ist es jedenfalls nicht. Das läßt beim Ältesten ein Gefühl der Bedrohung aufkommen, ein schärferes Bewußtsein der Tatsache, daß man verlieren kann, was einem früher sicher war. Und so wird auch die Selbstachtung instabiler.

Der Jüngere muß sich hingegen seit seiner Geburt die Zuneigung der Eltern mit jemandem teilen. Der bedrohliche Gedanke an einen möglichen Verlust ist bei ihm also weniger präsent (außer wenn noch ein Nesthäkchen in die Familie kommt). Er wird sich leichter einer anderen Quelle zuwenden, die seine Selbstachtung speisen kann, nämlich der Wertschätzung durch andere Kinder. Der Erstgeborene hat diese Wertschätzung nicht so sehr nötig, verfügt er doch über die der Eltern. Ein weniger ausgeprägtes Bedrohungsgefühl und ein breiterer Personenkreis, bei dem man sich Aufwertung verschaffen kann, führen letztendlich zu einer stabileren Selbstachtung.

Erstgeborene Geschwister	*Jüngere Geschwister*
Etwas höhere Selbstachtung	Etwas geringere Selbstachtung
Weniger stabile Selbstachtung	Stabilere Selbstachtung
Selbstachtung wird stärker von Eltern und Autoritätspersonen genährt	Selbstachtung hat vielfältigere Quellen (Gleichaltrige und Beziehungen außerhalb der Familie)
Etwas bessere Leistungen	Etwas höheres emotionales Wohlbefinden
Selbstachtung wird in Bereiche eingebracht, die nahe an den Wünschen der Eltern liegen	Selbstachtung wird in Bereiche eingebracht, die mit den Wünschen der Eltern nichts zu tun haben
Konservativere Grundhaltung	Revolutionärere Grundhaltung

Geburtsrang und Selbstachtung

Der Rebell der Familie

Clémence und Aude, die beiden kleinen Mädchen, die wir eben kennengelernt haben, sind in den Ferien bei ihren Großeltern zu Besuch. Dort finden sie alle Spielsachen vor, die seit Clémences Geburt angeschafft worden sind. Schon bald kommt es zu einem Konflikt: jedesmal, wenn Aude sich einem Spielzeug nähert, stürzt sich Clémence auf sie, um es ihr wegzunehmen. »Diesen Kreisel haben Papa und Mama für mich gekauft und nicht für dich«, erklärt sie, »du darfst den nicht nehmen!« Weil Clémence älter als ihre Schwester ist, hat sie auch mehr Geschenke bekommen; das ist ganz natürlich. Was wird Aude aber in dieser Situation denken? Wird sie die etablierte Ordnung, die sie so schändlich benachteiligt, anerkennen? Oder wird sie sich eher gegen die Umstände auflehnen? Das läge ganz in ihrem Interesse, und so tut sie es denn auch unverzüglich, indem sie ihre Schwester attackiert, bis die Großeltern einschreiten und die Spielsachen gerecht verteilen.

Der amerikanische Wissenschaftler Franck J. Sulloway hat jahrelang untersucht, ob es eine Beziehung zwischen dem Geburtsrang und dem Lebensweg eines Individuums gibt.[56] Diese Forschungen zur Biographie legen den Schluß nahe, daß die Erstgeborenen im allgemeinen konservativer sind und jüngere Geschwister revolutionärer. Das trifft besonders auf die Wissenschaften zu: 23 der 28 großen wissenschaftlichen Umwälzungen der Menschheitsgeschichte wurden von jüngeren Geschwistern initiiert. Die Erstgeborenen haben eher die bis dahin gültigen Theorien verteidigt. So will Sulloway auch erklären, weshalb Frankreich eine der letzten Bastionen war, die sich gegen Darwins revolutionäre Ideen zur Evolution der Arten sperrte: er erinnert daran, daß der Rückgang der Geburtenrate im Frankreich des 19. Jahrhunderts schon früher einsetzte als in anderen europäischen Ländern. Daher hatten die in Sulloways Untersuchung erfaßten französischen Wissenschaftler im Durchschnitt 1,1 Geschwister, während die Zahl in den anderen westlichen Ländern bei 2,8 lag … In der Politik waren große Revolutionäre (Danton, Lenin, Trotzki, Castro etc.) mit achtzehnfach höherer Häufigkeit jüngere Geschwister. Gewiß gibt es Ausnahmen, zum Beispiel Che Guevara. Aber Sulloway zeigt auch, daß Che kein »richtiger Erstgeborener« war, sondern funktionell ein jüngerer Sohn: da er seit der Kindheit schwer an Asthma litt, umhegte und umsorgte ihn die Mutter, während sich die vier jüngeren Geschwister zusammentaten, um ihm das Leben schwer zu machen.

Kann man daraus ableiten, daß – ganz nach der Art, in der ihnen Wert zuerkannt wurde – die Erstgeborenen ihre Selbstachtung mehr zur Verteidigung der Traditionen einsetzen (denn es sind vor allem sie, die davon profitieren)? Wollen die Jüngeren ihre Selbstachtung erhöhen, bliebe ihnen dann nur die Alternative: statt sich in den Bahnen der Älteren zu bewegen, wo sie ohnehin die Unterlegenen wären, stecken sie das Terrain lieber ganz neu ab … Zahlreiche Berichte stützen diese Annahme, zum Beispiel der von Marie-Françoise (65), die von ihren Töchtern erzählt:

»Wir haben drei Kinder, und zwar zwei Töchter und einen jüngeren Sohn. Die beiden Mädchen waren kurz hintereinander zur Welt gekommen, und es gab immer eine Rivalität zwischen ihnen. Aber sie haben sich sehr unterschiedlich verhalten. Die Ältere hat bei uns kampiert, bis sie 24 war; ich mußte sie fast aus dem Nest werfen, denn sie hatte sich total bei uns festgesetzt. Ihre jüngere Schwester ist hingegen mit 18 ausgezogen, und sie hätte es noch früher getan, wenn wir ihr die Wahl gelassen hätten. Die Ältere hat sich einen Beruf gesucht, den ich auch gern ausgeübt hätte (sie ist Psychologin), denn ich hatte immer ein Faible für dieses Fach. Die Jüngere hat sich entschieden, Musikerin zu werden, obwohl in unserer Familie nie jemand eine Künstlerlaufbahn eingeschlagen hat. Ihren Vater hat das zunächst sehr beunruhigt. Als Ingenieur konnte er sich schlecht vorstellen, daß man davon leben könnte. Die Ältere hat lange in derselben Stadt wie wir gewohnt; ihre jüngere Schwester hat sich so schnell davongemacht, wie sie nur konnte. Ich könnte noch eine ganze Reihe solcher Beispiele aufzählen. Meine älteste Tochter hat immer konformistischere Entscheidungen getroffen als die jüngere. Aber letzten Endes zählt ja vor allem, daß beide ihr Leben in angenehme Bahnen gelenkt haben.«

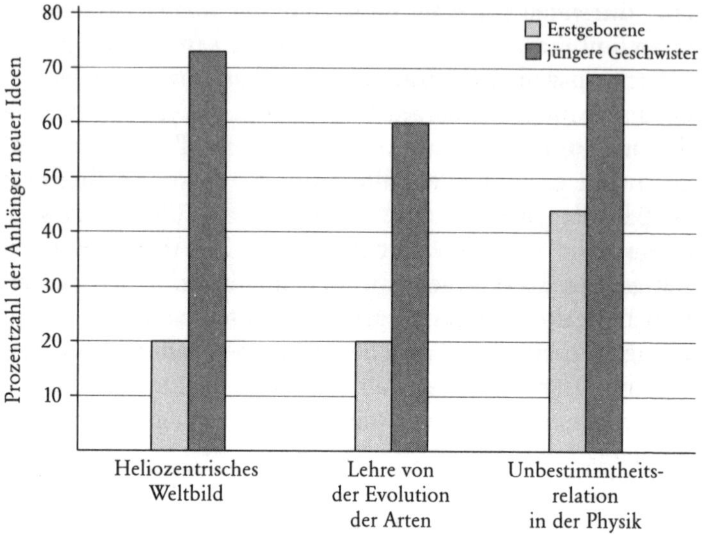

Geburtsrang bei Wissenschaftlern und Akzeptanz neuer Ideen in der Wissenschaftsgeschichte (nach F. J. Sulloway, op. cit.)

Vom Erfolg in der Schule

Der Schock des ersten Kindergartentages

Nessim und Élie (3) gehen seit kurzem in den Kindergarten. Nessim hat zwei ältere Schwestern, die ihn gemeinsam mit der Mutter oft bis ans Eingangstor begleiten und die ihm schon früher erzählt haben, wie schön es dort ist. Als Jüngster der Familie – noch dazu hat er viele Cousins und Cousinen – ist Nessim Kontakte in der Gruppe gewohnt und besitzt eine gute soziale Kompetenz. Élie ist hingegen ein Einzelkind und wird von seinen Eltern auf übertriebene Weise umsorgt und in den Himmel gehoben. Bis er in den Kindergarten kam, war er ziemlich wenig sozialisiert, denn man hatte ihn einer Tagesmutter anvertraut, die ihn verhätschelte.

Nach der ersten Kindergartenwoche zeigt Nessim mehr Selbstvertrauen als zuvor: stolz präsentiert er seine Zeichnungen, spricht von seiner Kindergärtnerin und den neuen Freunden; er hat zwar auch einige Enttäuschungen erlebt, aber die waren dank der Ratschläge der älteren Schwestern schnell überwunden; am Samstagmorgen ist er traurig, daß er nicht in den Kindergarten darf. Die Eltern von Élie machen sich hingegen Sorgen. Ihr Sohn mag nicht in den Kindergarten gehen, er macht morgens alle möglichen Sperenzchen und scheint überhaupt nicht klarzukommen. Er ist vom Kindergarten enttäuscht, obwohl ihm die Eltern doch alles so idyllisch ausgemalt hatten. Die Kindergärtnerin bestätigt, daß Élie Probleme bei der Eingliederung hat: am ersten Tag hatte er versucht, den anderen seinen Willen aufzuzwingen, aber dabei wurde er schnell an den Rand gedrängt, was ihn offenbar sehr destabilisiert hat.

Nessims Selbstachtung hat von seinem Eintritt in den Kindergarten offensichtlich profitiert, während die von Élie einen Rückschlag erlebte, der sicher nicht von Dauer ist, aber den Jungen zur Überprüfung mancher seiner Verhaltensweisen veranlassen wird ...

Familie	*Schule*
Milieu ohne Wettbewerb	Wettbewerbsmilieu
Vertraute Kontaktpersonen	Anfangs unbekannte Kontaktpersonen
Einzelnes Kind steht im Mittelpunkt	Gruppe steht im Mittelpunkt
Verhaltensregeln sehr auf die Person des Kindes bezogen	Verhaltensregeln anfangs nur schwach personenbezogen
Regressionen möglich (Reparatur der Selbstachtung, indem man sich bemuttern läßt)	Regressionen kaum möglich

Der Eintritt in den Kindergarten und seine Auswirkungen auf die Selbstachtung

Der Übergang vom Leben in der Familie zum Kindergarten- oder Schulalltag kann für Ihr Kind brutal sein und Nachwirkungen auf seine Selbstachtung haben. Wenn Sie es vorher angemessen über das neue Milieu informieren, können Sie den Schock mildern. Aber aufgepaßt: Machen Sie keine irreführende Werbung wie etwa jene Eltern, die ihrem kleinen Jungen ständig wiederholten: »Wenn du in die erste Klasse kommst, dann lernst du lesen.« Als er am ersten Schultag nach Hause kam, konnte er natürlich nicht lesen, was bei ihm ein heftiges Gefühl von Enttäuschung und Entwertung auslöste.

Bringt hohe Selbstachtung einen guten Schüler hervor?

Je höher die Selbstachtung eines Kindes ist, desto besser werden seine Zensuren sein.[57] Diese von den meisten Experten herausgestellte Tatsache ist nicht gerade von umwerfender Originalität. Es ist nämlich wohlbekannt, daß Kinder mit gut ausgeprägter Selbstachtung meistens aus einem günstigen familiären Milieu stammen: man hat sich um sie und um ihre schulischen Belange gekümmert. Andere Beobachtungen liefern uns weitere interessante Details. Man hat zum Beispiel gezeigt, daß man ausgehend vom Selbstachtungspegel eines Kindes ziemlich gut voraussagen kann, welche Strategien es anwenden wird, wenn es in der Schule auf Schwierigkeiten stößt.[58] Eine hohe Selbstachtung wäre demnach verbunden mit angemesseneren Verhaltensweisen: das Kind sucht sozialen Rückhalt, es blickt eher optimistisch in die Zukunft, kann sein Denken und Handeln in Frage stellen, weicht den Realitäten nicht aus etc. »Letztes Jahr war es hart«, erzählt Cédric (15). »In Mathe bin ich total geschwommen. Ich habe mit meinen Freunden darüber gesprochen, und da merkte ich, daß ich nicht der einzige war, der sich in diesem Fach quälte. Auch mein Vater hat mir gesagt, daß er in der Schule Schwierigkeiten mit Mathe hatte. Und trotzdem ist er heute Ingenieur! Das alles beruhigte mich, und so habe ich nicht aufgegeben. Ich habe versucht, mich ein bißchen mehr dahinterzuklemmen, und mir gesagt, daß es am Ende besser laufen würde. Nach ein paar Monaten waren meine Zensuren wieder in Ordnung.«

Niedrige Selbstachtung ist häufig mit wenig produktiven Haltungen verbunden, mit denen man eine Verschlimmerung der Situation riskiert: Fatalismus, Ausweichen vor Problemen, geistiges Vorwegnehmen von Fehlschlägen etc.

Inès (18) erzählt dazu: »In der Zehnten habe ich total den Anschluß verloren. Ich hatte schon einen schlechten Start, und dann fiel es mir schwer, dem etwas schnelleren Rhythmus zu folgen, den uns die Lehrer aufzwangen. Nach zwei oder drei schlechten Noten begann ich an mir zu zweifeln und hatte vom Gymnasium die Nase voll. Kam ich abends nach Hause, warf ich die Schultasche in die Ecke, und wenn mich meine Eltern nicht ermahnten, rührte ich sie bis zum nächsten Morgen nicht mehr an. In der Zehnten rächt sich so was. Ich sagte mir dann, ich wäre sowieso nicht fürs Lernen gemacht, denn es hatte mich seit jeher gestreßt und Mühe gekostet.« Wenn nun, wie manche Untersuchungen belegen, »schlechte« Schüler tatsächlich über ein geringeres Maß an Selbstachtung verfügen als die »guten«, ist damit dem Mythos vom vergnügt in den Tag hineinlebenden kleinen Faulpelz ein schwerer Schlag versetzt![59] Wettbewerb und sozialer Vergleich existieren schon in der Schule, und Mißerfolge führen auch dort zu Leiden und untergraben schleichend die Selbstachtung.

Der Einfluß des schulischen Milieus

Allgemein läßt sich sagen, daß auf Wettbewerb ausgerichtete Schulsysteme die Selbstachtung von Kindern verbessern, bei denen sie sowieso schon hoch ist. Die Selbstachtung der anderen beeinträchtigen sie. Die nicht kompetitiven Schulsysteme werten die Selbstachtung guter Schüler weniger auf, aber verbessern jene der Leistungsschwächeren.[60] Das ist ziemlich logisch, denn in nicht kompetitiven Systemen wird den schulischen Erfolgen kein übermäßiger Wert beigemessen, und Mißerfolge werden auch nicht hart bestraft oder allzusehr herausgestellt. So fühlen sich Schüler mit niedriger Selbstachtung weniger bedroht von einer Atmosphäre des Wetteiferns, wie sie den Menschen mit hoher Selbstachtung zusagt, die sich mit Ruhe oder unter Anspannung in ihr ausleben.

Hat das Sitzenbleiben Folgen für das Selbstwertgefühl eines Schülers? Eigentlich sollte man es befürchten. Die Untersuchungen zu dieser Frage deuten jedoch eher darauf hin, daß dem nicht so ist – wahrscheinlich, weil der Schüler, der den Unterrichtsstoff derselben Klasse wiederholt, auf weniger Schwierigkeiten stößt.[61]

Dazu paßt auch ein anderes Ergebnis dieser Untersuchungen: Schüler, die man in Nachholklassen mit einer besonderen, auf sie zugeschnittenen Pädagogik eingegliedert hat, haben im Durchschnitt eine höhere Selbstachtung als ihre Altersgenossen, die in den normalen Klassen verblieben sind! Dieselben Resultate sind für geistig behinderte Kinder festgestellt worden: in Spezialklassen neigen sie dazu, sich überzubewerten, während sie sich selbst herabsetzen, wenn sie im normalen Unterricht bleiben.[62]

Hier sind mehrere Erklärungen möglich. Handelt es sich um die Wirkungen einer Pädagogik, die dem Schüler beim Aufbau von Selbstwertgefühl hilft und eher die Erfolge betont als die Fehlschläge? Oder liegt es am Fehlen eines sozialen Wettbewerbs, der für diese Schüler übel ausginge? Vielleicht treten Probleme auf, wenn die Kinder eine Nachholklasse absolviert haben und sich wieder ins normale Schulmilieu integrieren sollen. Was wird aus den Schülern, die sich an ein wenig kompetitives Mikromilieu gewöhnt haben, wenn sie sich wieder in einen sozialen Kreislauf eingliedern müssen, der ganz vom Wettbewerbsdenken bestimmt ist?

Für eine stärkere Berücksichtigung der Selbstachtung in der Schule

Als Folge der 68er Bewegung und des Beispiels der britischen Schule Summerhill[63] kam es in Frankreich in den siebziger Jahren zu einer Blüte der sogenannten »Ecoles nouvelles« (La Source, La Prairie, Decroly etc.). Sie lehnten Systeme ab, die zum Wettbewerb ermunterten (durch Zensuren, Auszeichnungen etc.), und sahen eine Vielfalt von Aktivitäten vor, die jedem Kind die Möglichkeit boten, wenigstens auf einem Gebiet zu brillieren. Zwang und Hierarchie waren aus den Beziehungen zwischen Lehrern und Schülern verbannt.

Hier ist der Bericht einer ehemaligen Schülerin der Schule »La Prairie« in Toulouse: »Ich habe viele gute Erinnerungen an diese Zeit. Die Lehrer übten keinen Druck auf uns aus, die Erwachsenen standen uns wirklich zur Seite, sie respektierten uns mit all unseren Unterschieden und ermutigten uns, uns selbst frei auszudrücken und die anderen nicht herunterzumachen oder auszuschließen. Diese Zeit hat mir viel Selbstvertrauen geschenkt. Als ich mich dagegen mit fünfzehn wieder in eine normale Schule einfügen mußte, hatte ich große Mühe. Ich fand den Unterricht langweilig, die Lehrer unnahbar und wenig interessiert an uns. Das hat mir ein Universitätsstudium verleidet.«

Liegt das Hauptverdienst solch alternativer Schulen nicht im Grunde darin, daß sie die Selbstachtung der Kinder zu entwickeln suchen? Es ist bedauerlich, daß dieses Ziel nicht stärker im Mittelpunkt des Interesses herkömmlicher Schulbildung steht. Dabei dürfte es sich durchaus unter einen Hut bringen lassen mit dem Wissenserwerb und der Aneignung von Arbeitsmethoden.

Wie kriege ich meine Kinder auf eine Elite-Uni?

Der schulische Erfolg ihrer Kinder beschäftigt viele Eltern sehr, und das mit gutem Recht. Sie wissen, daß sie selbst einen aktiven Beitrag dazu leisten können. Die meisten Untersuchungen haben jedoch gezeigt, daß diese Rolle nicht so sehr in direkter schulischer Nachhilfe besteht (»Ach ja, ich muß noch seine Hausaufgaben nachsehen und ihn abfragen, was er lernen sollte.«), sondern eher in globalen Erziehungshaltungen, die darauf gerichtet sind, die Eigenverantwortung des Kindes auch außerhalb der Schule zu entwickeln. Dazu gehört, daß man seinen Kindern zuhört, daß man sie dazu ermuntert, ihre eigenen Ansichten zu äußern, daß man sie nach ihrer Meinung fragt (und diese auch berücksichtigt!), wenn im Familienkreis etwas entschieden wird, was sie selbst betrifft (wohin es im nächsten Urlaub geht oder wie das Kinderzimmer eingerichtet werden soll), oder daß man ihnen ein bißchen Taschengeld anvertraut.[64]

Es sieht ganz danach aus, als hätte eine direkte und isolierte Hilfe langfristig wenig Einfluß auf die schulischen Leistungen der Kinder. In der Grundschule kann es noch funktionieren, aber Teenager riskieren, daß ihre Zensuren in den Keller gehen. Viele Schüler mit bis dahin zufriedenstellenden Noten verkraften den Übergang von der Grundschule zum Gymnasium oder vom Gymnasium zur Universität nur schlecht. Dabei sind sie nicht weniger intelligent als zuvor. Sie schaffen es jedoch nicht, »für sich selbst« zu arbeiten, während gleichzeitig die Hilfe der Eltern zurückgeht (weil die Kinder sie nicht mehr wollen oder weil die Eltern dem Stoff selbst nicht mehr folgen können).

Schulischen Erfolg kann man am ehesten begünstigen durch Erziehungsmethoden, die die Selbstachtung der Kinder verbessern. Denn will man in Schule und Studium langfristig Erfolg haben, zählen nicht nur die intellektuellen Fähigkeiten und die eingesetzte Arbeitszeit, sondern auch die emotionale Stabilität, der richtige Umgang mit Mißerfolgen etc. – Dinge, die mit Selbstachtung zusammenhängen.

Damit das Kind in der Schule Erfolg hat, müssen die Eltern ein gutes Gleichgewicht finden zwischen der »Sicherheit« (man zeigt dem Kind, daß man es liebt) und dem »Gesetz« (man ruft ihm die sozialen Spielregeln ins Gedächtnis).[65] Von dieser Feststellung ausgehend hat man vier Erziehungsprofile skizziert:

- Der »strenge« Typ (zuviel Gesetz und zuwenig Sicherheit): »Sei still und büffle!«
- Der »gluckenhafte« Typ (kein Gesetz und zuviel Sicherheit): »Mein kleiner Liebling, mein Schatz, magst du mir vielleicht einen kleinen Gefallen tun?«
- Der »Laissez-faire-Typ« (weder Gesetz noch Sicherheit): »Vergiß nicht, den Fernseher auszuschalten, wenn du ins Bett gehst!« Hier gibt es zwei Subkategorien, die »Überzeugungstäter« (die Eltern haben beschlossen, daß die nichtdirektive Erziehungsmethode die richtige ist) und die »Überforderten« (die Eltern haben es ganz einfach aufgegeben, von ihrem Sprößling noch irgend etwas zu verlangen oder ihn zu etwas anzuregen).
- Der »stimulierende« Typ (sowohl Gesetz als auch Sicherheit): »Wie weit bist du mit den Hausaufgaben, mein Liebling?«

Die Dinge liegen also auf der Hand: damit Ihr Kind in der Schule gut lernt, müssen Sie seine Selbstachtung entwickeln helfen. Und dazu müssen Sie nicht nur auf seine schulische Kompetenz achten, sondern auf seine gesamte Entwicklung. Jean-Marc (45) ist Familienvater und faßt seine Haltung folgendermaßen zusammen: »Es war nie mein wichtigstes Ziel, meinen Kindern große materielle Reichtümer zu vererben. Wenn es doch klappt, um so besser, aber es soll mehr eine Zugabe zu allem anderen sein. Für diese Finanzfragen möchte ich weder mein noch ihr Wohlbefinden opfern. Mein eigener Vater hat sein Leben zuwenig genossen und unter dem Vorwand, uns ein besonders schönes Dasein zu ermöglichen, wie ein Verrückter geschuftet. So hatten wir nie etwas von ihm, und er hatte nichts von uns, bis er mit 50 gestorben ist. Für mich ist es wichtig, daß ich meinen Kindern Zeit widme, ihnen Liebe und Aufmerksamkeit schenke; sie sollen ein Studium ihrer Wahl absolvieren können, ohne daß sie sich wegen der Dauer oder der Kosten beunruhigen müssen; und außerdem sollen sie Vertrauen in sich selbst haben. Alles übrige ist zweitrangig.«

Der Rückhalt durch die Eltern

In einer kürzlich durchgeführten Umfrage unter Eltern und Lehrern ging es um die Eigenschaften, die man sich bei Kindern wünscht. Selbstvertrauen landete dabei auf Platz zwei, gleich hinter dem Respekt vor den anderen.[66] Bei den ebenfalls befragten Sechs- bis Vierzehnjährigen stand Selbstvertrauen nur an sechster Stelle; hier waren vor allem das Teilenkönnen und der Gerechtigkeitssinn besser plaziert. Wettbewerbsgeist rangierte unter allen aufgeführten Werten ganz hinten, und zwar sowohl bei Erwachsenen als auch bei Kindern. Es wäre interessant, diese Resultate einmal mit älteren Studien zu vergleichen. Hätte eine solche Umfrage in den sechziger oder den achtziger Jahren dasselbe Ergebnis erbracht? Hat die Macht des Ichs die Macht der Abiturnoten abgelöst, wenn es darum geht, sich ein schönes Leben aufzubauen?

	Gesamt-plazierung	Stellenwert bei den Eltern	Stellenwert bei den Lehrern	Stellenwert bei den Kindern
Respekt vor den anderen	1.	1.	1.	2.
Selbst-vertrauen	2.	2.	3.	6.
Teilen-können	3.	3. (mit der Selbständigkeit)	10.	1.
Gerech-tigkeits-sinn	4.	7.	6.	5.
Selbstän-digkeit	5.	3. (mit dem Teilen-können)	2.	12.

Welche Werte sind am wichtigsten?

Welche Fragen hatte man gestellt? Die Frage an die Eltern (527 Befragte) und Lehrer (312 Befragte) lautete: »Ich werde Ihnen jetzt Eigenschaften oder Werte auflisten, die ein Kind entwickeln kann. Sagen Sie mir bitte für jeden einzelnen dieser Werte, ob er Ihrer Meinung nach von hoher Wichtigkeit ist.« Von den Kindern (257 Befragte) wollte man folgendes wissen: »Wenn du an deine Freunde oder Freundinnen denkst – welche Eigenschaften magst du an ihnen?«

Gefühlsnahrung und Erziehungsnahrung

»Ich weiß, daß meine Eltern mich gern hatten«, erzählt Stéphane (30), »aber sie nahmen sich nie die Zeit, es mir zu zeigen. Sie glänzten alle beide in ihrem Beruf und waren sehr mit ihrer Karriere beschäftigt. Mein Vater war Kaufmännischer Direktor, meine Mutter Werbefachfrau. Wir wurden von Tagesmüttern aufgezogen. Am Wochenende nahmen meine Eltern oft Arbeit mit nach Hause, sie erledigten ihre

Einkäufe und gingen ihre Freunde besuchen. Wir haben letzten Endes sehr wenig Zeit mit ihnen verbracht.

Als mein Bruder drogenabhängig wurde, hatten sie schwere Schuldgefühle, aber ihren Lebensstil änderten sie trotzdem nicht. Im Gegenteil, sie versenkten sich noch mehr in ihre Arbeit, die ihnen mehr Befriedigung bot als das Familienleben. Ich habe aus meiner Kindheit das unangenehme Gefühl zurückbehalten, in ihren Augen nicht bedeutend genug gewesen zu sein. Und daß daran nicht ihr Arbeitswahn schuld war, sondern eher ich selbst, weil ich so uninteressant war. Ich habe deshalb lange gebraucht, um mich selbst aufzubauen und mich von meinem eigenen Wert zu überzeugen.«

Das Kind nährt sich buchstäblich von der Liebe, die es von seinen Eltern erfährt. Gute *Absichten* genügen dabei nicht. Das Kind wird diese Absichten zwar bemerken, und sie werden es vor schwerem psychischem Leiden bewahren und vor irreparablen Schädigungen der Selbstachtung, aber wenn keine konkreten Handlungen und Gesten folgen, wird es seine Schlußfolgerungen ziehen: meine Eltern mögen mich zwar, aber ich bin nicht würdig, vor ihren übrigen Beschäftigungen zu rangieren. Seine Selbstachtung wird also nur mittelmäßig ausgeprägt sein – zum großen Erstaunen der Eltern, die meinen, ihren Sprößling immer geliebt zu haben.

Aber wird diese »Gefühlsnahrung« ausreichen, selbst wenn sie unverstellt gespendet wird? Ein bekanntes chinesisches Sprichwort sagt: »Wenn du einen Menschen ernähren willst, gib ihm keinen Fisch, sondern lehre ihn lieber das Fischen.« Man kann das auf die Selbstachtung anwenden: Wer möchte, daß sein Kind später in der Lage ist, bei anderen Menschen Haltungen hervorzurufen, die seine Selbstachtung nähren können, muß ihm das rechtzeitig beibringen. Das ist die Rolle der Erziehung. Man könnte sie als das Erlernen von Strategien zur Steigerung der Selbstachtung verstehen – indem wir erfolgreich bewältigen, was die Gesellschaft von uns erwartet, und indem wir uns so verhalten, daß wir auf andere anziehend wirken. Auf diese Weise erfahren wir Wertschätzung, Zustimmung, Sympathie, Bewunderung etc. – bei einem Erwachsenen die Äquivalente für die Liebe, die ihm einst die Eltern entgegenbrachten. Eine der wichtigsten Erziehungsaufgaben aller Eltern liegt darin, ihre Kinder soziale Kompetenz zu lehren: sie sollen sich in der Gruppe wohl fühlen und sich dort ohne Aggressivität oder Angeberei ihren Platz sichern.

Diese beiden Ebenen der Eltern-Kind-Beziehung sind Gegenstand zahlreicher Theorieansätze. Dazu zählt auch jener von der »Bedingtheit der gewährten Unterstützung«. Was die verschiedenen Arten von Unterstützung und Rückhalt voneinander unterscheidet, ist die Frage, ob sie *bedingungslos* gewährt werden (die elterliche Liebe: egal was das Kind tut, ihm wird Rückhalt geboten) oder nur *unter bestimmten Bedingungen* (die Unterstützung hängt vom Verhalten des Kindes ab). Das hat unterschiedliche Folgen für die Selbstachtung. Im ersten Fall begreift das Kind, daß es einen bestimmten Wert hat, denn seine Eltern lieben es unter allen Umständen. Damit wird ein solides Fundament für seine Selbstachtung geschaffen. Aber diese bedingungslose Liebe bereitet uns nicht notwendigerweise darauf vor, auch bei anderen Menschen als den Eltern Zuneigung auszulösen: wenn sie allein regiert, entsteht das »verwöhnte« Kind. Im anderen Extremfall weiß das Kind, daß der Rückhalt durch die Eltern von seinen eigenen Handlungen abhängt;

	Unbedingter Rückhalt für die Person (»Ich liebe dich, was auch geschieht.«)	Rückhalt für die Person ist nicht unbedingt (»Du bist mir egal.«)
Vom Benehmen abhängiger Rückhalt (»Ich achte dich, wenn du tust, was ich wünsche.«)	Stabil hohe Selbstachtung (harmonisch entwickeltes Kind)	Niedrige und instabile Selbstachtung (»dressiertes« Kind)
Rückhalt nicht abhängig vom Benehmen (»Was du tust, zählt für mich nicht.«)	Hohe und instabile Selbstachtung (»verwöhntes« Kind)	Stabil niedrige Selbstachtung (»aufgegebenes« Kind)

Selbstachtung und Unterstützung durch die Eltern

das ist zwar beruhigend, läßt aber kein so großes Gefühl von Geborgenheit aufkommen: hier haben wir das »dressierte« Kind. Natürlich sind Gefühlsnahrung und Erziehungsnahrung gleichermaßen wichtig für die Selbstachtung – nur so kann ein harmonisch entwickeltes Kind heranwachsen. Und wenn beide fehlen, führt das zu schweren Schädigungen der Selbstachtung: es entsteht das »aufgegebene« Kind.

Zwei Berichte von Eltern sollen illustrieren, was eben ausgeführt wurde. Der erste Bericht zeichnet das Bild eines »verwöhnten« Kindes. Ein Vater spricht von seiner Tochter, die als Einzelkind aufwuchs und heute 34 Jahre alt ist:

»Ich habe ihr eine Menge Liebe geschenkt, aber sie ist dabei, ihr Leben zu verpfuschen: auf Arbeit hat sie ständig Streit mit ihren Kollegen, und auch in der Liebe kassiert sie Fehlschläge ... Die erste Zeit habe ich grundsätzlich ihre Sicht auf die Dinge übernommen, und ich dachte, sie habe einfach Pech gehabt, es sei schlecht gelaufen, die anderen seien schuld und so weiter. Aber nach und nach verstand ich, daß das Problem bei ihr selbst lag.

Man weiß natürlich sehr gut, daß man sein einziges Kind nicht allzusehr verwöhnen soll, aber es ist wie eine abschüssige Bahn, auf der man ständig weiterrutscht. Besonders, weil sie ein reizendes, lebhaftes und intelligentes kleines Mädchen war. Wir neigten immer dazu, sie zu sehr zu bewundern und ihr alles gleich zu verzeihen. Damit haben wir ihr jedoch keinen Gefallen getan: sie hat sich daran gewöhnt, nicht auf die Meinung anderer zu hören. Und daher kommt heute ihr ganzer Ärger.

Ich glaube auch, daß sie sehr an sich selbst zweifelt; sie hat letzten Endes verstanden, daß sie bei all ihren Qualitäten doch nicht immer und überall recht haben kann. Und weil sie nie halbe Sachen macht, neigt sie dann dazu, eine Wende um 180 Grad zu vollziehen und zu glauben, sie wäre in allen Belangen unfähig.«

Ein anderer Vater erzählt von einem »dressierten« Kind; Guillaume (25) ist als drittes von fünf Geschwistern aufgewachsen:

»Ich habe einen Mann aus ihm gemacht, und nun wirft er mir vor, er wäre an mir kaputtgegangen. Als Kind war er nie einfach. Ich habe ihn zu den Pfadfindern geschickt, wo er eine Menge Werte beigebracht bekam, die ihm heute nützlich sind. Ich habe ihn genauso aufgezogen wie meine anderen Kinder – streng, aber gerecht. Keiner hat mir je einen Vorwurf daraus gemacht. Er ist der einzige von den fünfen, der sich mit mir überworfen hat. Er will mich nicht mehr sehen, nur noch seine Mutter. Eines Tages wird er mir noch für all das danken, doch heute benimmt er sich wie ein Flegel.«

Guillaumes Mutter erzählt hingegen:

»Mein Mann hat Guillaume niemals verstanden. Er hatte als Kind schreckliche Selbstzweifel und brauchte viel Zuspruch und Liebe. Von seinem Vater bekam er aber nur Erziehung. Mein Mann verteidigte sich damit, daß er Guillaumes Brüder und Schwestern auf dieselbe Weise großgezogen habe, und das stimmt auch. Und daß er ihn auf die strenge Art zu seinem Besten erziehe – was von der Absicht her richtig gewesen sein mag, nicht aber, wenn man sich das Ergebnis anschaut. Guillaume brauchte eher Liebe als Drill.«

Liebe (unbedingter Rückhalt)	*Erziehung (bedingter Rückhalt)*
Verhalten der Eltern hängt nicht vom Verhalten des Kindes ab	Verhalten der Eltern hängt vom Verhalten des Kindes ab
Wird nicht in Frage gestellt, wenn sich das Kind unangemessen benimmt	Tadel, wenn sich das Kind unangemessen benimmt
Nährt die Selbstachtung direkt, aber lehrt uns nicht unbedingt, wie wir die Achtung anderer gewinnen	Nährt die Selbstachtung weniger gut, aber lehrt uns, wie wir von anderen geachtet werden
Beeinflußt die *Höhe* der Selbstachtung (je mehr das Kind geliebt wird, desto höher wird seine Selbstachtung sein)	Beeinflußt die *Stabilität* der Selbstachtung (wird ein Kind geliebt, so ist seine Selbstachtung um so stabiler, je besser seine Erziehung ist)

Zwei Quellen, aus denen sich Selbstachtung speist

Bevor Sie sich um die Selbstachtung Ihrer Kinder sorgen, sollten Sie sich erst mal um Ihre eigene kümmern! Wenn Sie nämlich selber Probleme auf diesem Gebiet haben und sich in den Kopf setzen, die Selbstachtung Ihrer Sprößlinge verbessern zu wollen, dann werden Sie Gefahr laufen, auf die Kinder einen beträchtlichen und wenig überzeugenden Druck auszuüben. Vergessen Sie nicht, daß die beste Erziehung immer noch darin besteht, ein gutes Beispiel zu geben: Kinder werden die Art und Weise, wie Sie mit Ihren eigenen Schwierigkeiten umgehen, verinnerlichen.

Lassen Sie sie *deutlich* spüren, daß Sie ihnen Rückhalt gewähren, und passen Sie auf, daß Sie dabei nicht nur mit indirekten Botschaften (wie zum Beispiel Geschenken) vorgehen.

Bekunden Sie ihnen *regelmäßig* – was nicht heißen soll, pausenlos – Ihre Zuneigung.

Vermischen Sie aber die Genres nicht, indem Sie etwa zu gefühlsmäßiger Erpressung greifen und Ihrem Kind mit Liebesentzug drohen, weil es sich nicht benommen hat, wie Sie es für richtig hielten. Statt daß man sagt: »Du machst mir großen Kummer!« oder »Ich bin so von dir enttäuscht!«, sollte man in den meisten Fällen lieber sagen: »Ich bin nicht zufrieden mit dem, was du da getan hast!«. Reden Sie auch nicht die Probleme des Kindes klein, indem Sie immer nur betonen, wieviel Liebe es von Ihnen empfängt: »Aber das ist doch nicht schlimm, daß du diese Sorgen hast – wir haben dich doch alle gern!«

Was Sie tun sollten	*Was Sie lassen sollten*
Jedem Kind einzeln Zeit widmen	Die Kinder immer nur als Gruppe ansprechen oder stets im Namen beider Elternteile
Dem Kind *regelmäßig* zuhören, wenn es von seinem persönlichen Universum spricht	Sich nur um das Kind kümmern, wenn es ihm schlecht geht
Den Aktivitäten und Interessen des Kindes Aufmerksamkeit schenken	Lediglich ein vages Interesse bekunden: »Ach, du bastelst gerade ein Flugzeugmodell? Schön, schön, mach weiter …«

Was Sie tun sollten	*Was Sie lassen sollten*
Mit dem Kind gemeinsam etwas unternehmen	Das Kind in seinem Universum allein lassen
Dem Kind das Gefühl vermitteln, daß es einzigartig ist	Immerzu Vergleiche mit anderen Kindern anstellen (mit Geschwistern, Cousins oder Freunden …)
Dem Kind ein Beispiel geben (Kritik annehmen, sich bei Mißerfolgen nicht unterkriegen lassen …)	Sich selbst anders verhalten, als man es seinem Kind predigt
Das Kind zu einer humorvollen Sicht auf die eigene Person erziehen (und dabei mit gutem Beispiel vorangehen)	Sich vor anderen über das Kind lustig machen

Tips für Eltern

Die Selbstachtung trägt eine Geschichte in sich, von der zu wissen manchmal nützlich sein kann. Weil wir dazu neigen, unsere Verletzungen zu verbergen und zu vergessen, ist diese Geschichte oftmals nicht leicht zu entziffern. Wie das folgende Kapitel zeigen wird, bleiben unsere Bedürfnisse aber dieselben, wenn wir erst einmal groß sind. Und so ist es eine Tatsache, daß aus den Selbstzweifeln des Kindes die Selbstzweifel des Erwachsenen werden.

Kapitel VI

Erwachsene unter Einfluß: Liebe, Ehe, Arbeit und Selbstachtung

»Glückwünsche: die Höflichkeitsform der Eifersucht.«

Ambrose Bierce

Obwohl das Fundament für die Selbstachtung in der Kindheit gelegt wird, bleibt sie doch nicht starr und unveränderlich, wenn wir das Erwachsenenalter erreichen. Im Gegenteil, sie entwickelt sich, ist Schwankungen ausgesetzt. Welches sind nun die Ereignisse, die sie verändern können? Und welche Ziele müssen wir ansteuern, um unsere Selbstachtung zu verbessern?

Die Risiken der Verführung

Schon Freud hat bemerkt, daß das Gefühl der Selbstachtung sinkt, wenn man nicht auf Liebe stößt, und daß es wächst, wenn man geliebt wird.[67] Vom Flirt bis zur dauerhaften Beziehung, vom Ehestreit bis zur Trennung – alle Aspekte unseres Liebeslebens sind mit unserer Selbstachtung verknüpft. Diese Beziehung verläuft in beide Richtungen. Es stimmt schon, daß unsere Erfolge oder Niederlagen in der Liebe deutliche Auswirkungen haben auf die Achtung, die wir uns selbst entgegenbringen. Diese wiederum erlaubt oft Voraussagen darüber, wie wir uns im Liebesleben verhalten und welche Wahl wir treffen werden. Wagen wir es, dem anderen deutlich zu machen, wie wir uns zu ihm hingezogen fühlen? Wie werden wir uns dabei anstellen? Und wen werden wir auswählen?

Jedes Verführungsverhalten hat den Zweck, die Selbstachtung des einzelnen aufzubessern. So wie es aber Leute gibt, die zwanghaft Kaufhandlungen vollführen, die mit ihren wirklichen Bedürfnissen nichts mehr zu tun haben, so gibt es andere, die über jedes Maß hinaus verführen müssen. Der geringste soziale Kontakt ist für sie eine Probe aufs Exempel, ob sie den anderen gefallen, und das sogar, wenn die Interaktion nur ein paar Minuten dauert. So stark ist ihr Bedürfnis, sich selbst zu versichern, daß sie von ihren Mitmenschen Achtung und Liebe erfahren können.

»Ich bin ein Adoptivkind«, erzählte uns einer unserer Patienten. »Ich habe es sehr früh erfahren, und es hat mich fürs ganze Leben geprägt. Meine Adoptiveltern waren sehr warmherzig und haben mir viel Liebe entgegengebracht, und sobald ich das nötige Alter erreicht hatte, haben sie mir die Wahrheit nicht verschwiegen. Aber sie waren schon in vorgerücktem Alter, und mein Adoptivvater war ein bißchen hypochondrisch veranlagt; er fürchtete immerzu, eine unheilbare Krankheit zu haben, und meine Mutter machte sich große Sorgen, daß er sterben könnte. Ich erinnere mich an die schrecklichen Ängste, die ich als kleiner Junge ausstand, wenn ich daran dachte, daß meine Eltern vielleicht sterben würden; mir wurde klar, daß ich dann völlig allein auf der Welt gestanden hätte, ohne auch nur die Spur von einer Familie um mich herum. Ich glaube, mein chronisches Bedürfnis, auf die anderen verführerisch zu wirken, rührt von dort her. Wo ich auch bin, überall muß ich spüren, daß ich meinem Gegenüber gefalle, daß er mich akzeptiert und daß er gern noch einen Moment länger mit mir zusammenbleiben würde. Dabei ist es völlig egal, ob es ein Händler ist, ein Nachbar, ein Kunde oder ein Kollege, und mit schönen Frauen geht es mir natürlich genauso. Es beschränkt sich aber nicht auf Frauen: ich möchte ganz einfach, daß *alle Welt* von mir denkt, ich sei ein sympathischer Typ, und daß es allen leid tut, wenn ich wieder fortgehe. Der Vorteil davon ist, daß ich sehr beliebt bin. Es klappt nämlich wirklich – die anderen fühlen sich geschmeichelt, wenn man sich immer Mühe gibt, ihnen zu gefallen. Aber die Kehrseite ist, daß ich auf Kritik oder Abweisung sehr empfindlich reagiere; ich fühle mich ganz hilflos und verloren, wenn ich es mit Leuten zu tun habe, die nicht so empfänglich sind für meinen ›Charme‹. Ich beginne dann sofort wieder an mir zu zweifeln und merke, daß bei mir alles zu sehr auf der Gefühlsschiene läuft. Im Grunde ist es keine Lösung, immerzu verführerisch sein zu wollen. Es versteckt bloß meine Selbstzweifel, alle meine Ängste. Ich bin nicht wirklich selbständig, ich hänge total vom Lächeln und von der Wertschätzung anderer ab.«

Ist das Bedürfnis, andere zu verführen, eine Krankheit?

In den Anfangsjahren der Psychoanalyse wurde das Konzept der Hysterie weithin bekanntgemacht und in populärwissenschaftlichen Texten eng mit dem Begriff der folgenlosen Verführung verknüpft. Im Verständnis der meisten Leute ist die »Hysterische« heute noch eine Frau, die Männer scharf macht. Sie sendet Verführungssignale aus, verspricht dabei aber ein größeres sexuelles oder gefühlsmäßiges Engagement, als sie wirklich eingehen will oder kann: »Was sie zeigt, hat in nichts mit einem Geschenk oder einem Versprechen zu tun.«[68]

Die histrionische Persönlichkeit (denn das ist der Terminus, den die internationalen psychiatrischen Klassifikationen heute verwenden) ist gekennzeichnet durch das zwingende Bedürfnis, die Aufmerksamkeit anderer auf sich zu lenken, in vorteilhaftestem Licht dazustehen und zu gefallen. Dazu kommt, daß sie große Schwierigkeiten hat, sich auf stabile und befriedigende Gefühlsbeziehungen einzulassen. Solch ein Verhalten kann man offenbar aus einer sehr beeinträchtigten Selbstachtung erklären.[69] Nach dieser Theorie würde die histrionische Persönlichkeit, egal ob Mann oder Frau, aus wiederholten Verführungsversuchen eine viel größere innerliche Befriedigung ziehen als aus einer festen Partnerschaft. Sieht die Person, daß sie anderen zu gefallen vermag, verschafft ihr das oberflächlich Beruhigung. Dagegen fürchtet sie das Risiko, in einer festen Bindung dem Partner zu tiefe Einblicke ins eigene Ich gewähren zu müssen und dann womöglich zu enttäuschen. Eine solche Haltung führt in die Sackgasse einer in Schubfächer abgeteilten Selbstachtung: einerseits nimmt man sich selbst als eine Person wahr, die anziehend wirkt und in sexuellen Dingen kompetent ist, doch gleichzeitig hält man sich für uninteressant und unfähig, einen Partner auf Dauer an sich zu binden.

Und wenn man einen Korb bekommt?

»Ich traue mich nicht an die Frauen heran«, sagt Nicolas (32). »Die Vorstellung, sie könnten nein sagen, ist mir ein Schrecken. Für mich wäre das dann wahrscheinlich die Bestätigung, daß ich der Liebe nicht würdig bin. Ich denke, daß ich unbewußt lieber weiter in Ungewißheit lebe.« Und Valérie (27) antwortet darauf wie ein Echo: »Ich gehe nur mit Männern aus, die mir nicht wirklich gefallen. Ich habe so ein negatives Bild von mir, daß ich finde, ich habe nichts Besseres verdient.«

Die extreme Verletzlichkeit der Menschen, die uns in der Sprechstunde von ihren Herzensproblemen erzählen, erinnert daran, daß die Gefilde der Liebe häufiger einem traurigen Schlachtfeld ähneln als einem bukolischen Garten. Wollen wir jemanden verführen, gehen wir ein Wagnis ein, denn wir bieten ihm Gelegenheit, uns von sich zu stoßen. Und es läßt niemanden gleichgültig, wenn er abgewiesen wird.

Die Abfuhr kann auf der Stelle erfolgen. Die Person, welche wir zu verführen versuchten, macht uns mehr oder weniger freundlich klar, daß wir sie nicht interessieren. Eine solche Zurückweisung ist schmerzlich und frustrierend: wir meinen, daß man uns rein wegen des äußeren Anscheins (körperliches Aussehen, sozialer Status, Unbeholfenheit etc.) aussortiert hat! Dies vermittelt uns das Gefühl, der andere habe uns nicht wirklich »eine Chance gegeben«; hätte er gewußt, wer wir tatsächlich sind, dann hätte er uns vielleicht gemocht …

Die Abweisung kann auch nachträglich kommen. Nachdem eine Beziehung begonnen hat, verwirft uns der Partner früher oder später. Der Schlag für die Selbstachtung kann dann noch schlimmer sein: man hat sich »nach der Probezeit« nicht für uns entschieden! In diesem Fall sind unsere intimeren Wesensmerkmale schuld daran. Wir haben uns in einer Beziehung engagiert, wir haben uns dem Partner ganz enthüllt – aber was er sah, hat ihn anscheinend enttäuscht.

Man kann begreifen, daß Menschen mit zerbrechlicher Selbstachtung unter diesen Umständen davor zurückschrekken, ein solches Risiko einzugehen.

Steigern Sie Ihre Selbstachtung: kaufen Sie sich einen virtuellen Verlobten!

Max ist ein schöner, 40jähriger Mann mit blauen Augen. Er arbeitet als Immobilienmakler in Colorado, steuert ein rotes BMW-Cabrio, fährt gern Ski und spielt Golf und Tennis. Er liebt Reisen und anregende Gespräche ... Wo kann man so eine Perle auftreiben?

Wenden Sie sich einfach an die amerikanische Firma *Boyfriend in a Box*. Für zehn Dollar haben Sie die Wahl zwischen acht verführerischen Modellen (Dave der Arzt, Franck der Feuerwehrmann etc.). Sie erhalten dann Fotos in verschiedenen Formaten (für Ihren Schreibtisch oder Ihr Portemonnaie), drei fingierte telefonische Nachrichten (die Sie vom Anrufbeantworter abspielen können, wenn Sie Freunde bei sich zu Besuch haben), eine Glückwunschkarte usw. Alles nur, damit die anderen glauben, Sie hätten ... Denn das ist das Kernproblem, von dem dieser Markt profitiert: wie verhindert man als alleinstehende Frau, daß die Gesellschaft geringschätzig auf einen blickt? Binnen zwei Jahren haben 120000 Kundinnen einen virtuellen Verlobten erstanden. *Girlfriends* für Männer (Sekretärinnen, Topmodels, Krankenschwestern, ...) sollen auch bald in den Handel kommen.[70]

Verführung unter Laborbedingungen

Man hat in verschiedenen wissenschaftlichen Experimenten untersucht, ob man anhand des Selbstachtungspegels einer Person deren Verführungsverhalten voraussagen kann. Einem dieser Experimente könnte man die Überschrift geben: »Verschaffen Sie einem Mann einen Mißerfolg, und er wird die Frauen in Frieden lassen.«[71]

Studenten männlichen Geschlechts wurden gebeten, einen (Pseudo-)Intelligenztest zu absolvieren. Dann wählte man ganz willkürlich die Hälfte der Teilnehmer aus und verkündete ihnen, sie hätten schmeichelhafte Ergebnisse erzielt, während die Resultate der anderen Hälfte angeblich entmutigend waren. Ziel dieser Aktion war, die Selbstachtung der Studenten ein bißchen zu drücken bzw. zu heben. Dann brachte man sie unter irgendeinem Vorwand in der Uni-Cafeteria mit jungen Frauen zusammen, und der Versuchsleiter entfernte sich vorübergehend. Die jungen Frauen waren dessen Komplizinnen: sie sollten darauf achten, wie häufig die Jungen ein Verführungsverhalten an den Tag legten (indem sie z.B. Komplimente machten, die Rechnung für beide bezahlten, nach der Telefonnummer fragten oder ein späteres Rendezvous vorschlugen). Jene Studenten, die bei dem Pseudotest ein günstiges Resultat erzielt hatten (erhöhte Selbstachtung), versuchten bei den jungen Frauen viel häufiger ihr Glück, während jene, denen man miese Leistungen verkündet hatte (angeschlagene Selbstachtung) nicht sehr aktiv waren ...

Nutzanwendung für Gattinnen flatterhafter Ehemänner: Sagen und beweisen Sie ihm immer wieder, daß er gar nicht *so* toll und raffiniert ist; vielleicht wird er dann anderen Frauen nicht so oft hinterherschauen. Oder jedenfalls wird er nicht mehr nach den *hübschen* Frauen schauen. Das Experiment ging nämlich noch einen Schritt weiter.

Unter den jungen Frauen, die als Köder für die Studenten dienen sollten, war jede zweite attraktiv zurechtgemacht (geschminkt und modisch gekleidet), die übrigen waren es weniger. Man bemerkte nun, daß die von ihren guten Resultaten gedopten jungen Männer sich lieber an die hübschen Mädchen heranmachten, während die Studenten, deren Selbstachtung gemindert worden war, es nicht wagten, ihr Glück zu versuchen, und wenn überhaupt, dann bei den weniger hübschen Frauen ...

Die andere Moral von dieser Geschichte lautet also: Man

sucht sich seine potentiellen Partner nach dem aus, was man verdient zu haben glaubt ... Sollte die Schönheit seiner Lebenspartnerin ein Indiz für die Selbstachtung eines Mannes sein? Oder wenn man die Fakten anders deuten will: dient eine schöne Partnerin dem Mann dazu, seine Selbstachtung auf hohem Niveau zu halten?

Kann man diese Experimente auch auf Frauen übertragen? In unserer Gesellschaft ist es Sitte, den Männern die Avancen zu überlassen. Frauen bleibt natürlich immer noch die Macht, diese Annäherungsversuche zu erleichtern, auf sie einzugehen. Und sollten in diesem Fall bestimmte mit der Selbstachtung verknüpfte Aspekte die Frauen nicht dazu bringen, die Avancen der Männer zu akzeptieren oder aber zurückzuweisen? Der folgende Versuch wird uns darüber Auskunft geben.[72]

Junge Frauen wurden ähnlich wie die Studenten im vorigen Versuch in eine Erfolgs- bzw. Mißerfolgssituation gebracht. Man verkündete ihnen ihre (in Wahrheit willkürlich verteilten) guten oder schlechten Ergebnisse bei einem gerade absolvierten Test. Als man jeder von ihnen separat das Ergebnis mitteilte, kam »zufällig« ein ins Experiment eingeweihter Student in den Raum und knüpfte ein Gespräch an. Dieses Gespräch führte so weit, daß er am Ende den Wunsch bekundete, die junge Frau wiederzusehen ... Kurz darauf sollten die Frauen einen anderen Schein-Test absolvieren, bei dem sie ein Urteil über eine Reihe von Personen, denen sie kürzlich begegnet waren, abgeben mußten; darunter war auch der Assistent des Versuchsleiters. Die jungen Frauen, denen man vorher einen Mißerfolg beschert hatte, beurteilten diesen Assistenten weitaus positiver als die anderen, obgleich es sich doch um einen völlig fremden Menschen handelte, dem sie nie zuvor begegnet waren. Die Frauen mit guten Resultaten blieben hingegen viel neutraler. Das Experiment erlaubt keine Aussage darüber, ob die jungen Frauen mit der herabgesetzten Selbstachtung womöglich noch weitergegangen wären, also ein richtiges Rendezvous akzeptiert hätten und noch mehr ... Aber wir dürfen wohl annehmen, daß es bei manchen der Fall gewesen wäre.

Schlußfolgerung: Frauen sind verwundbarer und für Verführungen empfänglicher, wenn sie sich in ihrem Eigenwert geschmälert fühlen. Das ist logisch, denn bedeutet Verführung im Grunde nicht, daß jemand Signale der Anerkennung und Bewunderung an uns aussendet? Bei schwankender Selbstachtung ist all dies höchst willkommen.

Wie man seine unverheirateten Freunde miteinander verkuppelt

Sie haben seit Jahren einen Freund und eine Freundin, die noch ledig sind, und Sie möchten sie gern unter die Haube bringen. Sie beschließen also, beide für den Abend einzuladen. Wie müssen Sie vorgehen, um die Erfolgsaussichten Ihres Manövers zu erhöhen?

Antwort: Steigern Sie geschickt die Selbstachtung Ihres Freundes: »Mensch, alter Junge, heute abend muß ich dir wirklich Komplimente machen. Die Frauen finden dich alle toll. Du bist heute ziemlich unwiderstehlich ...« Gleichzeitig sollten Sie die Selbstachtung Ihrer Freundin hinterlistig hinabdrücken: »O je, du bist heute nicht in Form, oder? Du siehst ganz schön mitgenommen aus ... Komm mal ins Bad, vielleicht kriegen wir das wieder hin ...«

Stellen Sie dann beide einander vor.

Die Wahl des Partners

Verführen ist schön und gut, aber suchen wir uns einen Flirtpartner nach den gleichen Kriterien aus wie jemanden, mit dem wir vielleicht zusammen leben möchten? Bei einer flüchtigen Beziehung scheint es logisch, daß wir Personen bevorzugen, welche unsere Selbstachtung aufwerten. Und bei dauerhaften Bindungen? Nun, dort scheint es nicht ganz nach demselben Schema zu laufen: wenn wir an eine feste Partnerschaft zu denken beginnen, werden wir uns eher von einem Partner angezogen fühlen, der einen klareren Blick dafür hat, wer wir wirklich sind ...

Möchten Sie lieber bewundert oder verstanden werden?

Sie sind bei Bekannten zum Abendessen eingeladen. Dort begegnen Sie fünf ziemlich verführerischen Personen. Dank einer besonderen Gabe vermögen Sie deren Gedanken zu lesen: die erste Person beurteilt Sie genauso, wie Sie selbst es tun; die zweite schätzt Sie ein bißchen positiver ein, eine dritte viel positiver, die vierte ein wenig negativer, und die fünfte beurteilt Sie schließlich viel negativer als Sie sich selbst. Nachdem Sie auf diese Weise mitbekommen haben, was die anderen von Ihnen halten – zu welcher dieser Personen werden Sie sich für einen Flirt am stärksten hingezogen fühlen? Und mit welcher würden Sie gern eine dauerhafte Beziehung aufbauen?

Dieses Experiment ist tatsächlich mit 300 Versuchspersonen durchgeführt worden. Man konfrontierte sie mit den Einschätzungen virtueller Partner auf einer virtuellen Abendgesellschaft.[73] Die Resultate waren recht erstaunlich: Die *unmittelbare* Anziehung (»Ich möchte mit dieser Person ein Abenteuer haben!«) war eng mit einer positiven Sichtweise seitens des Partners verknüpft, mit anderen Worten: je mehr man uns schätzt, desto größeres Vergnügen macht uns das und desto größer wird auch unsere Lust, mit dem anderen ein Weilchen zu verbringen. Aber die *anhaltende* Anziehung (»Ich würde mit dieser Person gern zusammen leben!«) erreichte ihre Maximalwerte dort, wo ein leicht positives Urteil abgegeben wurde, während die allzu positiven Einschätzungen auf lange Sicht für nicht so anziehend gehalten wurden! Bei der Auswahl eines potentiellen Lebenspartners gelten also andere Kriterien als bei einem Flirt: bei einer flüchtigen Beziehung versuchen wir uns aufzuwerten, aber für eine dauerhafte Bindung möchten wir jemanden finden, der eine realistischere Sicht auf uns hat – wenn auch eine leicht positiv eingefärbte!

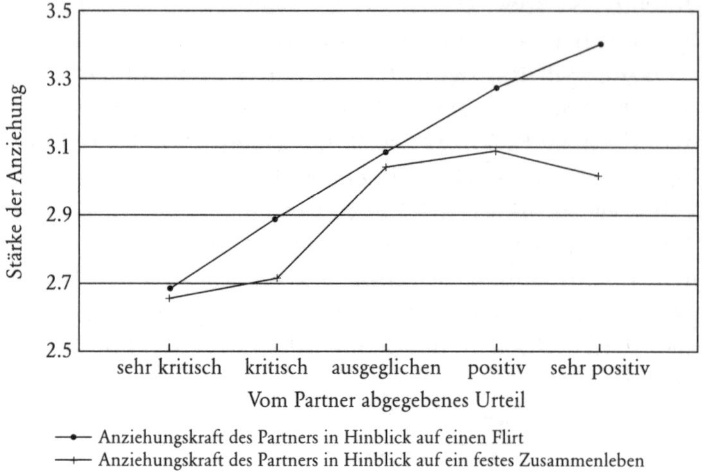

Wie das Urteil, das der Partner über uns abgibt, unsere Wahl in Liebesdingen beeinflußt (nach S. Epstein und B. Morling in: M. H. Kernis, op. cit.)

Sorgsam bedachte Entscheidungen und überstürzte Wahl

Nur mit jemandem zusammenziehen, der *wirklich* weiß, wer wir sind ... Diese Tendenz ist noch stärker ausgeprägt bei Personen mit niedriger Selbstachtung. Eine Untersuchung unter Ehepaaren[74] hat gezeigt, daß Menschen, die sich positiv einschätzten, im allgemeinen Partner hatten, die das genauso sahen. Personen, die eine negative Sicht auf sich selbst hatten, fanden sich hingegen meist mit Ehegatten vereint, die von ihrem Partner auch nicht besser dachten als er selber! Menschen mit niedriger Selbstachtung meinen, die Ehe sei nicht dafür geschaffen, daß man sich selbst etwas vormacht (und dieser Gedanke hat etwas für sich!), und ihre Definition von »Liebe« lautet wahrscheinlich: »Zeitweiliger Wahnzustand, den man durch Heirat kurieren kann.«[75]

Aber diese Art von Verhalten wirkt trotzdem seltsam, und man kann sich dazu manche Fragen stellen. Haben Personen mit niedriger Selbstachtung wissentlich eine solche Wahl getroffen, oder geschah das unbewußt? Handelte es sich um eine rationale und wohlüberlegte Wahl oder eher um eine intuitive Entscheidung? Ein weiteres Experiment wird uns helfen, darauf zu antworten.[76]

Freiwilligen Versuchspersonen wurden potentielle Partner vorgestellt. Dann enthüllte man ihnen, was diese Partner angeblich von ihnen dachten. Diese Urteile waren natürlich ganz nach dem Zufallsprinzip verteilt worden; mal waren sie positiv, mal negativ. Gab es einen Zusammenhang zwischen dem Selbstachtungspegel der Versuchspersonen und ihrer Entscheidung, welche von den möglichen Partnern sie gern wiedersehen wollten? Im Grunde hing alles davon ab, wieviel Zeit man ihnen bei ihrer Entscheidung ließ.

Gewährte man den Versuchspersonen vor ihrer Wahl ein wenig Zeit zum Überlegen, stellten sich die oben beschriebenen Ergebnisse ein: Personen mit hoher Selbstachtung wollten lieber jene Partner wiedersehen, die eine gute Meinung von ihnen hatten, während sich Personen mit geringer Selbstachtung meist dafür entschieden, jene wiederzusehen, die ein kritisches Urteil abgegeben hatten.

Zwang man hingegen Testpersonen, eine schnelle und intuitive Wahl zu treffen (indem man ihnen zum Beispiel nur eine sehr begrenzte Frist gewährte und sie, damit sie sich nicht konzentrieren konnten, gleichzeitig aufforderte, eine Reihe komplizierter Zahlen im Gedächtnis zu behalten), dann sahen die Resultate in der Gruppe »geringe Selbstachtung« schon anders aus: in der Eile suchten sich die Versuchspersonen häufiger jene Partner aus, von denen sie positiv beurteilt wurden.

Mit anderen Worten: wenn sie ihrer Logik gehorchen, wählen Personen mit niedriger Selbstachtung lieber einen Partner, der sie kritisch sieht. Das bestätigt ihren eigenen Blick auf sich selbst und bringt sie nicht in die Gefahr, den anderen zu enttäuschen (er ist über ihre Schwächen ja schon auf dem laufenden und hat sich nichtsdestotrotz für einen solchen Partner entschieden).

Hörten sie hingegen mehr auf ihre Intuition, würden sich Personen mit geringer Selbstachtung häufiger Partner wählen, die einen positiven Blick auf sie richten. Ob das letztendlich eine gute Wahl wäre, ist schwer zu sagen! Haben

Sie eine niedrige Selbstachtung, kann ein Partner, der Sie positiv sieht, stimulierend auf Sie wirken (»Alles in allem bin ich ja doch nicht so übel.«) und nach und nach Ihre Selbstachtung heben. Aber er kann Ihnen auch angst machen (»Diese Rolle kann ich nicht ausfüllen, ich bin doch bloß ein Hochstapler.«) und Ihre Selbstachtung letzten Endes destabilisieren, wenn nicht gar zum Abrutschen bringen.

Kleine Arrangements im Eheleben

Wenn einer beschließt, daß er mit jemandem zusammen leben will, dann, um sich etwas Gutes zu tun und seine Selbstachtung zu verbessern. Das sollte man wenigstens annehmen. Ist es aber wirklich immer der Fall? Und gilt es stets für beide Ehepartner?

Wem nützt die Ehe?

Manche Untersuchungen[77] lassen uns annehmen, daß von einer Heirat im Durchschnitt eher die Selbstachtung des Mannes profitiert als die der Frau. Warum ist das so? Das Eheleben beruht auf gegenseitigem Geben und beiderseitigem Verzicht; es sieht aber so aus, als wären die Ehefrauen im allgemeinen häufiger zum Verzichten bereit als ihre Männer.[78] So ein Verzicht kann sich auf Nebensachen beziehen, indem man zum Beispiel anerkennt, daß der Ehemann der bessere Koch ist, und ihm die Zubereitung der Mahlzeiten überläßt, wenn Gäste kommen, während man selber das Kochen im Alltag übernimmt (bei dem nicht so viel Glanz für die Selbstachtung abfällt). Aber der Verzicht kann auch fundamentalere Aspekte betreffen: oft sind es Frauen, die auf ihre berufliche Karriere verzichten, um sich ganz dem Familienleben zu widmen.

»Ich habe zwei Kinder und bin Hausfrau«, erzählte uns eine Patientin. »Am Anfang habe ich ein bißchen nach einer Arbeit gesucht, aber die interessanten Berufe waren unvereinbar mit einem ausgewogenen Familienleben. Und mein

Mann, der ganz gut verdiente, drängte mich auch immer, zu Hause zu bleiben. Mit meinem gegenwärtigen Leben bin ich zufrieden: unsere Ehe läuft gut, selbst wenn mein Mann zuviel arbeitet; meine Kinder haben sich, finde ich, sehr gut entwickelt; ich habe Freunde und ein angenehmes Leben. Aber ich beginne mir Fragen zu stellen, wenn wir zum Abendessen Gäste haben, die ich noch nicht kenne. Das kommt durch den Beruf meines Mannes häufig vor. Wenn sie mich fragen, was ich beruflich mache, antworte ich, daß ich Hausfrau und Mutter bin. Wie aus der Kanone geschossen sagen sie dann, das sei ein harter Job, sie würden das toll finden, ich hätte völlig recht etc. Aber ich glaube nicht einen Moment, daß sie wirklich so denken. Kaum habe ich ausgesprochen, daß ich Hausfrau bin, werde ich von den meisten dieser Leute, die ungefähr mein Alter haben und alle berufstätig sind, ins Schubfach ›bourgeoise Nichtstuerin‹ gesteckt. Jetzt, wo ich gerade 40 geworden bin, muß ich zugeben, daß mich das quält ...«

Die Kunst der Rollenverteilung

Das Verzichten in einer Ehe läuft darauf hinaus, daß sich jeder Partner sogenannte »Kompetenzzonen« schafft: jeder der beiden Eheleute akzeptiert, daß der andere auf bestimmten Gebieten Experte ist und Entscheidungen trifft. In gut funktionierenden Ehen sind diese Kompetenzzonen gerecht aufgeteilt: dem einen wird zugestanden, daß er sich mit der Kindererziehung besser auskennt, der andere kümmert sich um die Finanzen, den Haushalt etc.

»In unserer Ehe«, erzählte uns eine junge Frau, »haben wir die Aufgaben im Laufe der Jahre unter uns aufgeteilt, ohne daß wir es jemals klar ausgesprochen hätten. Weil ich geselliger bin, spiele ich die Rolle des Außenministers: ich telefoniere mit den Freunden und Verwandten, kümmere mich um die Nachbarschaftsbeziehungen. Mein Mann übernimmt im Gegenzug alle Verwaltungsangelegenheiten, die für eine Familie anfallen: Geldfragen, Briefe an Behörden – er ist ein richtiger Finanzminister. Für die Kinder bin ich Erziehungsministerin, während er dort die nicht immer dankbare Rolle des Innenministers auf sich nimmt, indem er für ein bißchen Disziplin unter unseren vier Teufelchen sorgt. Jeder von uns erkennt die Kompetenzen des anderen an. Und auch unsere besten Freunde und Verwandten wissen, wo jeder seine Stärken hat …«

Solch eine Wechselbeziehung betrifft nicht nur das Privatleben eines Paares, sondern auch das Bild, welches es nach außen vermittelt: manche Frau überläßt ihrem zungenfertigen Gatten die gesamte Redezeit, wenn sie abends ausgehen; mancher Mann akzeptiert es, daß seine Frau von allen Bekannten als wahre Künstlerin angesehen wird, während er selbst als Person von zweifelhaftem Geschmack gilt … Auch hier ist alles eine Frage des Gleichgewichts: Partnerschaft kann nicht dauerhaft funktionieren, wenn ein Partner alle angenehmen oder sozial angesehenen Kompetenzfelder okkupiert. Das Eheleben muß die Selbstachtung beider Partner in gleichem Maße nähren.

Papas Selbstachtung

In seinem Kinderbuch *Vati hat keine Zeit* verspottet der Zeichner Philippe Corentin auf amüsante Weise die trügerische »Gleichberechtigung« bei der Aufgabenverteilung in manchen Ehen:

»Das Ehepaar besteht meistens aus einem Vati und einer Mutti, manchmal auch umgekehrt.

Ein Vati ist normalerweise intelligenter. Aber um die Kinder kümmert sich die Mutti, denn der Vati hat dafür keine Zeit …

Meistens sind die Aufgaben verteilt: der Vati geht als erster schlafen, die Mutti steht dafür als erste auf. Weil sie sich nicht rasieren muß, kann die Mutti während dieser Zeit schon das Frühstück zubereiten.

Obwohl der Vati besser kochen kann, übernimmt die Mutti das. Mutti kann dagegen besser abwaschen, deshalb macht sie das immer.

Der Vati kann besser Zeitung lesen, also liest *er* die Zeitung. Er versteht aber nichts von Kindern, also muß *Mutti* nach ihnen gucken. Sie wiederum versteht nichts von Fußball, also muß *er* ihn gucken ...«[79]

Zwischen Stolz und Eifersucht

Wenn die Ehe gut funktioniert, freut sich jeder über die Erfolge seines Partners und fühlt sich durch sie selbst aufgewertet. Auf diese Weise wächst die Selbstachtung bei beiden, einmal direkt und einmal auf indirekte Weise.

Bei dysfunktionellen Paaren oder während einer Konfliktphase wird es hingegen einen Konkurrenzkampf beim Ausüben der Kompetenzen geben: beide Partner werden sich zum Beispiel vor den Augen ihrer fassungslosen Gäste ständig das Wort abschneiden. Oder es kommt zu Sabotageakten, wenn etwa die verärgerte Ehefrau vor den Gästen mit Enthüllungen über ihren Gatten aufwartet (»Also wißt ihr, er spielt zwar immer den ganz Schlauen, aber in Wirklichkeit ...«). Genauso kann es vorkommen, daß bei besonders unausgewogenen Ehepaaren der »mächtigere« und sozial anerkanntere Partner versucht ist, seine bessere Hälfte geradezu zu versklaven. Schon Jules Renard notierte in seinem *Tagebuch*: »Im Schatten eines ruhmreichen Mannes findet sich immer eine Frau, die leidet.«

Die kleinen Fiesheiten eines großen Genies

Der große Physiker und Nobelpreisträger Albert Einstein hat es schon zu Lebzeiten geschickt verstanden, seine eigene Legende zu konstruieren, so daß manche seiner persönlichen Schwächen ganz in Vergessenheit geraten sind. Seit wenigen Jahren hat man Einblick in Einsteins Privatkorrespondenz. Dabei kann man feststellen, daß sich der große Mann zwar persönlich einer gesunden Selbstachtung erfreute, daß er aber kaum darauf achtete, die seiner Gattin Mileva pfleglich zu behandeln. So schrieb er ihr zum Beispiel:

»A. Du sorgst dafür

1) dass meine Kleider und Wäsche ordentlich im Stand gehalten werden

2) dass ich die drei Mahlzeiten *im Zimmer* ordnungsgemäss vorgesetzt bekomme
3) dass mein Schlafzimmer und Arbeitszimmer stets in guter Ordnung gehalten sind, insbesondere, dass der Schreibtisch *mir allein* zur Verfügung steht.

B. Du verzichtest auf alle persönlichen Beziehungen zu mir, soweit deren Aufrechterhaltung aus gesellschaftlichen Gründen nicht unbedingt geboten ist. Insbesonders verzichtest du darauf
1) dass ich zuhause bei Dir sitze
2) dass ich zusammen mit Dir ausgehe oder verreise

C. Du verpflichtest Dich ausdrücklich, im Verkehr mit mir folgende Punkte zu beachten
1) Du hast weder Zärtlichkeiten von mir zu erwarten noch mir irgendwelche Vorwürfe zu machen.
2) Du hast eine an mich gerichtete Rede sofort zu sistieren, wenn ich darum ersuche.
3) Du hast mein Schlaf- bezw. Arbeitszimmer sofort ohne Widerrede zu verlassen, wenn ich darum ersuche.

D. Du verpflichtest Dich, weder durch Worte noch durch Handlungen mich in den Augen meiner Kinder herabzusetzen.«[80]

Zu dieser Zeit hatte Einstein allerdings schon eine außereheliche Liaison und wollte nur die damals noch als skandalös geltende Scheidung vermeiden – wir schreiben das Jahr 1914. Ein paar Monate später verließ ihn seine Gattin mit den beiden Söhnen …

Ehe und Kind

Wie jeder weiß, hören es Eltern sehr gerne, wenn man ihnen wegen ihrer Kinder Komplimente macht: das läßt ihre Selbstachtung wachsen.

Stellt man Erwachsenen die Frage: »Was zählt am meisten, damit man von sich sagen kann, daß man ein erfülltes Leben hatte?«[81], so hört man am häufigsten die Antwort: »Kinder zu haben« (45 Prozent der Befragten). Weit abgeschlagen landen zum Beispiel: »Erfolg im Berufsleben«

(25 Prozent), »Glück in der Liebe« (25 Prozent), »Viel Geld verdienen« (4 Prozent). Für beinahe die Hälfte unserer Zeitgenossen ist die Tatsache, Kinder zu haben, also mit einem Gefühl von Erfülltheit und Selbstachtung verbunden (»ein gelungenes Leben«).

Aber wodurch erhöhen Kinder unsere Selbstachtung? Ist es nur die narzißtische Befriedigung, kleine Geschöpfe gezeugt zu haben, die uns ähnlich sehen? Die gerade erwähnte Umfrage kann schon etwas zur Antwort beitragen. Fragt man nämlich: »Was erwarten die Eltern heute von ihrem Kind?«, ist die häufigste Antwort: »Daß es ein besseres Leben lebt als seine Eltern« (53 Prozent). Dem folgen: »Daß es Familiengeist hat« (35 Prozent) und »Daß es seine Eltern liebt« (32 Prozent). Lediglich 4 Prozent der befragten Personen antworteten: »Daß es seinen Eltern ähnlich wird!« Wir wünschen uns also Kinder, damit sie dort Erfolg haben, wo wir selbst gescheitert sind ...

Dieses Kalkül trifft übrigens nicht immer zu. Manche Soziologen, die beobachtet hatten, daß oft gerade arme Familien am kinderreichsten waren, hatten einst die Hypothese aufgestellt, daß Fruchtbarkeit die Selbstachtung der Eltern verbessere (»Wir haben zwar kein Geld, aber dafür haben wir Kinder!«). Heute weiß man indes, daß diese Theorie haltlos ist: die Tatsache, daß man Kinder hat, verbessert nicht notwendig die Selbstachtung, und auch umgekehrt hat unsere Selbstachtung keine Auswirkungen darauf, wie viele Kinder wir einmal haben werden.[82] Menschen mit geringer Selbstachtung sind nicht zeugungsfreudiger als andere!

Außerdem kann es vor allem für Frauen ein Hemmnis bei der Selbsterfüllung sein, wenn sie Kinder haben. Wir leben in einer Epoche, wo die Arbeit eine wichtige Komponente der Selbstachtung ist. Eine kürzlich durchgeführte Untersuchung[83] zeigt jedoch, daß Mütter von zwei oder mehr Kindern immer größere Schwierigkeiten haben, Arbeit zu finden:

	1994	1997
25- bis 29jährige berufstätige Mütter von zwei Kindern	63,5 Prozent	52 Prozent
	1990	1997
30- bis 34jährige berufstätige Mütter von zwei Kindern	70,5 Prozent	59 Prozent

Arbeit und Mutterschaft

Ein subtiles Kräftespiel

Genauso wie die Kindheit (anders, als man lange glauben wollte) keine sorgenfreie Periode ist, herrscht auch in Ehen die Liebe nicht unbeschränkt. Die Partnerschaft ist vielmehr der Schauplatz eines vielfältigen Kräftemessens. In manchen Ehen gibt es eine Art innerlicher Konkurrenz, bei der einer den anderen verführen möchte, indem er ihn beeindruckt. In einem Roman[84] legt Françoise Chandernagor ihrer Heldin Catherine, die zu begreifen versucht, weshalb ihr Mann sie betrogen hat, die Worte in den Mund: »Um die Achtung dieses brillanten und unbeständigen Jungen zu gewinnen, habe ich seit meiner Jugend versucht, über mich selbst hinauszuwachsen. Habe ich mich so sehr gefordert, daß ich ihn damit *über*fordert habe?«

Eine Partnerübung

Stellen Sie sich die folgenden drei Fragen oder diskutieren Sie sie am besten mit Ihrem Partner:

1. Was bringt die Partnerschaft für meine Selbstachtung? Auf direkte Weise: Wodurch hat mir mein Partner erlaubt, bestimmte Ziele zu verwirklichen? Oder auf indirekte Weise: Was macht mich an meinem Partner stolz?
2. Beruht meine Partnerschaft auf einem ausgewogenen Grundverhältnis? Habe ich meinem Partner geholfen, manche seiner Ziele zu realisieren? Ist er stolz auf mich? Ziehen er und ich einen vergleichbaren Nutzen aus der Ehe?

3. Gibt es Bereiche, wo ich das Gefühl habe, daß wir in Konkurrenz zueinander stehen oder eifersüchtig aufeinander sind? Haben wir schon einmal deutlich darüber gesprochen?

Strategie	*Beispiel*
Vergleiche anstellen, die für den Partner ungünstig ausfallen – und am besten mit Personen, die er nicht leiden kann	»Ich weiß, du magst deine Schwiegermutter nicht, aber *sie* gibt sich wenigstens Mühe, wenn Gäste da sind ...«
Die Familie des Partners kritisieren	»Du bist wirklich knickerig, das erinnert mich echt an deinen Vater ...«
Körperliche Merkmale des Partners kritisieren	»Hm, kann es sein, daß du zugenommen hast seit letztem Sommer?« oder »Früher ist mir nie aufgefallen, wie schmächtig du eigentlich von hinten wirkst ...«
Verflossene Abenteuer heraufbeschwören und ihnen nachtrauern	»Ach schau mal, dieses Foto. Ich erinnere mich noch gut; das war der Sohn eines italienischen Ministers. Er war sehr verliebt in mich und wollte mich heiraten! Ich habe lange Zeit Briefe von ihm bekommen, und dann ... Ich würde gerne mal wissen, was aus ihm geworden ist. Wo ich sowieso bald auf Dienstreise nach Rom muß ...«
Begeistert von einem gelungenen Abend erzählen, den man ohne seinen Partner zugebracht hat, aber dafür mit sehr unterhaltsamen Freunden	»Gestern abend, das war wirklich super! Es tut richtig gut, wenn man mal einen schönen Abend mit sympathischen Leuten verbringen kann. Ich habe mich schon lange nicht mehr so amüsiert. Schade, daß du nicht dabeisein konntest. Aber wer weiß, vielleicht hätte es dir sowieso nicht gefallen ...«

Strategie	*Beispiel*
Sich beklagen, um beim Partner damit Schuldgefühle auszulösen	»Wenn ich an all das denke, was ich für dich getan habe …«
Die Vorzüge eines potentiellen Rivalen rühmen	»Hast du gesehen, wie toll gestern abend die Nachbarin von Duponts ausgesehen hat? Ja, die, mit der ich getanzt habe … Außerdem ist sie auch viel intelligenter, als diese ganzen eifersüchtigen Weiber immer sagen …« oder »Er ist wirklich ein sehr attraktiver Mann … Die Frau, die sich den angelt, hat das große Los gezogen!«

Wie man die Selbstachtung seines Lebenspartners drücken kann

Bei anderen Paaren beobachtet man mitunter frappiert, wie einer der Partner oder auch beide die Selbstachtung des anderen auf subtile Weise innerhalb von Grenzen halten, die nicht überschritten werden dürfen, wenn die eigene Selbstachtung nicht bedroht werden soll. Hier ein Beispiel:

Sie ist eine in ihren Kreisen anerkannte Finanzdirektorin, er ein erfolgloser Maler. In Gesprächen mit Freunden und Verwandten streicht sie immer wieder heraus, wie sehr sie ihm seinen Erfolg wünschen würde, damit sie endlich zu Hause bleiben, sich um die Kinder kümmern und »das Leben genießen« könne. Aber im übrigen bombardiert sie ihn mit herabsetzenden Botschaften, vor allem, wenn Gäste dabei sind: »Zum Glück haben wir *mein* Gehalt, denn sonst, mit dem, was mein armer Schatz so nach Hause bringt …« Sie gesteht ihren Freundinnen, daß er wohl nicht das nötige Format habe, um Karriere zu machen; aber wer die beiden gut kennt, hat den Eindruck, daß sie seinen Erfolg gar nicht verkraften würde, denn das Kräfteverhältnis würde damit umgestoßen werden (und vielleicht würde er sie sogar verlassen). Er ist nämlich bei allen sehr beliebt, was man von ihr viel weniger behaupten kann. Manche mögen ihre verbale Aggressivität nicht, ihren Hang, die Leute von oben herab zu behandeln und Urteile abzugeben, wo sie gar nicht gefragt worden ist …

Sie selbst (hohe und instabile Selbstachtung) stammt aus einer Familie, in der die Eltern sich sehr früh scheiden ließen; ihr Vater war brillant, aber untreu, und ihre Mutter beschrieb den Kindern die Schändlichkeit des Gatten bis in alle Einzelheiten … Er (geringe und instabile Selbstachtung) hatte einen unscheinbaren Vater und eine aufdringliche und dominante Mutter gehabt.

Ihre Partnerschaft funktioniert auf folgender Grundlage: die materiellen und intellektuellen Kompetenzen liegen auf seiten der Frau, und ihr Mann akzeptiert das bereitwillig (er bewundert sie für ihre Intelligenz und ihren starken Charakter). Der Ehemann hat die Beziehungskompetenzen (um die sie ihn beneidet) und die künstlerische Kompetenz (die sie aufrichtig bewundert, aber ihm nicht neidet). Was würde passieren, wenn dieses Gleichgewicht zerbräche, wenn der Gatte materiellen Erfolg hätte oder wenn die Frau dank einer gelungenen Therapie ihre Aggressivität gegenüber den Mitmenschen ablegte und dadurch beliebter würde?

Weshalb wir uns streiten

Haben Sie sich schon einmal gefragt, welchen Zweck in der Ehe ein Streit erfüllt? Die Antwort ist einfach: Er soll jedesmal, wenn es nötig wird, die Selbstachtung des Ehepartners auf ein verträglicheres Maß zurückführen …

Streit gehört zum Leben eines jeden Paares. Bestimmte Konflikte können als »normal« angesehen werden; sie erlauben es den Partnern, Erwartungen und Unzufriedenheit auszudrücken, und bringen Bewegung in festgefahrene Situationen. Sind sie ausgestanden, fühlt sich niemand gedemütigt, denn die Selbstachtung beider Partner ist nicht auf direktem Wege angegriffen worden.

Andere Konflikte zeugen hingegen von einer »Ehepathologie«; sie brechen häufig aus, laufen auf keine Lösung hinaus und sind vor allem der Schauplatz erbitterter Attacken auf die Selbstachtung der Beteiligten. Ehetherapeuten wissen, daß solche »Tiefschläge« beim Ehestreit oft ein Vorzeichen dafür sind, daß es ein schlechtes Ende nehmen wird. Solche Tiefschläge haben die Gestalt von Vorwürfen oder Beleidigungen, die dem anderen nicht helfen können, sich zu entwickeln oder sich anzustrengen, um eine Veränderung zu erreichen. Das ist der Fall bei allen Vorhaltungen, die das körperliche Aussehen betreffen (»Und du findest dich auch noch schön, was?«), die Familie des Partners (»Wundert mich überhaupt nicht von dir – bei deinen Eltern ...«) oder Mißerfolge in der Vergangenheit (»Du hast in deinem Leben immer alles verpfuscht!«). Diese nicht wiedergutzumachenden Beleidigungen versetzen der Selbstachtung des Partners einen schweren Schlag und werden niemals vergessen. Sie zeugen von einem bewußten oder unbewußten Wunsch, die Selbstachtung des anderen zur Strecke zu bringen, um so die Oberhand zu gewinnen.

»Normale« Konflikte	*Pathologische Konflikte*
Sie haben zum Ziel, beim Partner eine Verhaltensänderung auszulösen.	Sie haben zum Ziel, die Selbstachtung des Partners hinabzudrücken.
Emotionen werden direkt und in der ersten Person ausgedrückt (»Ich bin wirklich wütend!«).	Die Schuld an den Emotionen wird auf den Partner abgewälzt (»Du machst mich ganz krank!«).
Sie sind von der Suche nach Lösungen bestimmt (»Was kann man tun?«).	Sie sind von der Suche nach der Verantwortlichkeit bestimmt (»Wer hat den Fehler begangen?«).
Die Kritik ist auf Verhaltensweisen des Partners gerichtet (»Ich kann es schwer akzeptieren, wenn du so etwas tust ...«).	Die Kritik ist auf die Person des Partners gerichtet (»Du bist wirklich eine Niete!«).
Der Konflikt hat auch wieder ein Ende (kein Eingeschnapptsein, kein Rachedurst).	Der Konflikt wird immer wieder durchgekaut und bricht bei jeder Gelegenheit aufs neue los (»Gestern hast du aber noch gesagt, daß ...«).

»Normale« Konflikte	*Pathologische Konflikte*
Der Konflikt erlaubt es, das Kräfteverhältnis zwischen den Partnern auszugleichen (am Ausgang des Konflikts gibt es Gewinn und Verlust auf beiden Seiten).	Der Konflikt bringt das Kräfteverhältnis zwischen den Partnern aus dem Lot: er bestätigt die Oberherrschaft des einen oder kehrt die Dominanz um (aber es gibt am Ende immer einen Überlegenen).

Normale und pathologische Ehekonflikte

Die Wonnen des Ehelebens

Ehekonflikte sind seit jeher eine Quelle der Inspiration für Romanciers und Filmemacher. So schildert Danny de Vitos Film *Der Rosenkrieg* (1989) die nicht enden wollenden Querelen zwischen Kathleen Turner und Michael Douglas. Am spektakulärsten bleibt wohl der Ehestreit, den der Dramatiker Edward Albee in seinem Stück *Wer hat Angst vor Virginia Woolf?* zu Papier gebracht hat:

MARTHA: Auf der Party hast du dich gebogen vor Lachen.

GEORGE: Ich hab' geschmunzelt, ich hab' mich nicht gebogen vor Lachen ... Ich hab' geschmunzelt, verstehst du? Es war ja auch ganz lustig ...

MARTHA *(starrt in ihr Glas)*: Du hast dich gebogen vor Lachen.

GEORGE: Es war ganz lustig ...

MARTHA *(hinterhältig)*: Es war irrsinnig komisch!

GEORGE *(geduldig)*: Ja, gut, es war sehr amüsant.

MARTHA *(überlegt eine Sekunde)*: Du kotzt mich an!

GEORGE: Was?

MARTHA: Du ... Du kotzt mich an.

GEORGE *(schaut sie an)*: Das war nicht sehr nett, Martha.

MARTHA: Das war nicht ... was?

GEORGE: ... nicht sehr nett.

MARTHA: Dein Zorn imponiert mir! Ich glaub', ich liebe ihn am meisten an dir ... Deinen Zorn! Mensch, bist

du ein ... Waschlappen! Du hast keinen Funken ... keinen Funken ... na, was denn schon ...?!
GEORGE: Mumm in den Knochen ...?
MARTHA: Quatschkopf![85]

Paß bloß auf, wenn ich dich liebe!

Eifersucht ist fast immer ein Zeichen von Verletzlichkeit. Zweifelt man am anderen, spiegelt das Zweifel an der eigenen Person wider: Ich schaffe es nicht, ihn/sie an mich zu binden, und ich schaffe es genausowenig, ohne ihn/ohne sie zu leben. Ich muß ihn/sie also pausenlos überwachen.

Von Eifersucht können Personen mit geringer Selbstachtung betroffen sein, so etwa Amélie (28; ohne Beruf): »Ich bin von meinem Vater nie geliebt worden; er hat mir immer meine Schwester vorgezogen, die ihm viel mehr ähnelte als ich. Ich war eher das Kind meiner Mutter, und er stritt sich ständig mit ihr herum. Ich habe mich nie gemocht, ich finde mich weder besonders hübsch noch sehr kultiviert. Aber ich habe sehr früh gemerkt, daß ich den Jungen gefiel. Solange es beim Flirten blieb, machte mir das keine großen Schwierigkeiten, und so eine Beziehung hielt nicht lange vor. Ich merkte zwar, daß ich eifersüchtig war, konnte mich aber gleich rächen, indem ich einen anderen Jungen umgarnte oder den verließ, der mich nicht genug zu lieben schien. Seit ich verheiratet bin, läuft es in dieser Beziehung aber sehr schlecht. Meine Eifersucht ist richtig verheerend geworden: sobald eine Frau meinen Mann ansieht, hakt es bei mir aus. Ich habe ihm schon mehrere Male in der Öffentlichkeit einen Skandal und schreckliche Szenen gemacht. Anfangs amüsierte ihn das; er beruhigte mich gern und war sehr aufmerksam. Aber heute kann er das nicht mehr ertragen; es macht ihn unglücklich und mich auch. Ich bin dabei, unsere Ehe zu zerstören, ganz als ob ich mich daran hindern wollte, mein Glück zu finden. Ich finde es abscheulich, daß ich so bin ...«

Amélies Eifersucht ist die einer Person, die an sich zweifelt und denkt, sie hätte nicht genügend Qualitäten, um ihren Partner bei sich halten zu können. Sie fühlt sich ganz unfähig, ihn zurückzuerobern, wenn sie merkt, daß eine andere Frau ihm gefallen hat; es sieht für sie dann wie der endgültige Beweis aus, daß es mit der Liebe ein Ende hat.

Manchmal sind aber auch Personen mit hoher Selbstachtung davon betroffen, zum Beispiel Franck (45), Unternehmensleiter, den seine Frau folgendermaßen beschreibt: »Er kann es nicht ertragen, wenn andere Männer das kleinste Signal in meine Richtung aussenden: ein Blick, ein Lächeln, ein Kompliment genügen, damit er ausrastet. Pausenlos überwacht er mich voller Unruhe. Zuerst sagte er mir, es käme davon, daß er mich zu sehr liebt. Aber heute bin ich überzeugt, daß es ganz im Gegenteil daran liegt, daß er mich nicht lieb genug hat. Es ist, als würde er mich als sein Eigentum betrachten, ungefähr so wie ein Haustier. Er möchte, daß ich nicht anders lebe als nur durch ihn ...«

Francks Eifersucht ist mit seinem Bedürfnis verknüpft, die Umgebung zu kontrollieren. Was ihm wahrscheinlich dabei genützt hat, Erfolg im Geschäft zu haben, erweist ihm in der Ehe aber einen schlechten Dienst. Seine Frau gibt zu verstehen, daß ihn vor allem solche Männer eifersüchtig machen, die Vorzüge mitbringen, von denen er (mit Recht oder zu Unrecht) glaubt, sie fehlten ihm. So zum Beispiel Männer, die jünger sind oder »intellektueller«: Franck ist ein Selfmademan, der trotz seiner Intelligenz Komplexe hat, weil er keinen Studienabschluß vorweisen kann.

Über den Liebeskummer

Die Traurigkeit über gescheiterte Partnerbeziehungen wirkt sich sehr stark auf die Selbstachtung aus, und Liebeskummer ist eine Art Minidepression auf Probe: der davon Betroffene wertet sich selbst ab (»Ich bin eine Flasche!«), kann sich keine sinnvolle Zukunft mehr vorstellen (»Ich werde nie wieder glücklich sein!«) und findet an seinen üblichen Interessengebieten keinen Geschmack mehr (»Ich habe auf nichts mehr Lust!«). Man weiß zum Beispiel, daß an Liebeskummer leidende Personen (*lovesick patients*), ohne gleich in eine Depression zu verfallen, doch einen verminderten Selbstachtungspegel aufweisen.[86]

»Ich erinnere mich an ein sehr hübsches Mädchen, mit dem ich einen Abend lang geflirtet habe«, erzählt ein Jurastudent. »Am nächsten Tag rief sie mich an, um mir zu sagen, daß sie mich nicht wiedersehen möchte. Das traf mich wie ein Elektroschock! Ich war so glücklich gewesen, daß ich es geschafft hatte, verführerisch auf sie zu wirken; jetzt kam mir alles wie ein Irrtum vor, ganz als hätte man mir einen Preis oder ein Diplom nach 24 Stunden wieder aberkannt und gesagt, nein, das war nicht für Sie bestimmt, Sie verdienen das nicht. Es wollte mir nicht gelingen, wütend auf sie zu sein, ich fühlte mich statt dessen gedemütigt und jämmerlich. Es war eine Schande für mich. Mehrere Tage lang stellte ich mir so meine Fragen über meine Persönlichkeit; ich sagte mir, daß ich im Grunde kein besonders interessanter Typ sei. Ich ließ alle meine früheren Probleme Revue passieren, alle meine Fehler, alle miesen Stellen in meinem Leben und alles an meinem Auftreten, was ihr mißfallen haben konnte. Es war ziemlich schmerzlich, und ich habe verstanden, was deprimierte Menschen fühlen mochten. Aber wenn ich heute zurückblicke, war es für mich eine heilsame Erfahrung ...«

Wie wirken sich Trennungen auf die Selbstachtung eines Individuums aus? Darüber kann uns noch einmal Françoise Chandernagor Auskunft geben. In ihrem Buch *Die erste Frau* beschreibt sie Qualen und die innerliche Rekonstruktion ihrer Heldin, die den Schock der Scheidung letztendlich überwindet. Diese Frau wendet mehrere Strategien an, um ihre Selbstachtung zu schützen:

- »Ich bin nicht von meinem Mann getäuscht worden, sondern ich habe mich in ihm getäuscht ...« Die Heldin nimmt hier lieber auf sich, einen schlechten Griff getan zu haben, als daß sie sich sagte, sie hätte ihrem Mann nicht genug gefallen oder nicht lange genug. Die Ehe sei von Anfang an zum Scheitern bestimmt gewesen. Auf diese Weise stellt sich die Frau persönlich nicht so sehr in Frage.
- »Ich sehe mich in Szenen, wo ich meine Rivalin bei mir zu Hause empfange, und alles ist christliche Nächsten-

liebe und Versöhnung ... Ich erdrücke die Dame nicht mit meiner ganzen Verachtung, ich erdrücke sie mit Großherzigkeit. Wichtig ist nur, daß ich sie erdrücke ...« Die Hauptfigur kalkuliert hier auf intelligente Weise: Langzeitschutz der Selbstachtung durch eine »großherzige« Haltung ist mehr wert als das kurzlebige Vergnügen, sich zu rächen.

- »So sehr ich meinen Mann auch geliebt habe, ich habe ihn doch nicht so geliebt wie meine Heimat und auch nicht seit so vielen Jahren: ich verstehe, daß er sich hintergangen gefühlt haben mußte. Vom ersten Augenblick an und die ganze Zeit über betrog ich ihn mit meiner Erinnerung an die Bachläufe und den Schatten der Haselnußsträucher.« Die von ihrem Mann verlassene Heldin gibt hier der Versuchung nach, ihre Vergangenheit umzudeuten und sich nachträglich selbst eine aktive Rolle zuzuschreiben (wo sie in Wirklichkeit nur das Spiel der anderen erlitten hat). Sie will sich auch wieder stärker auf ihre übrigen Interessengebiete konzentrieren.

Freunde für gute und schlechte Zeiten

Kann man ohne Freunde leben? Ja, aber nicht gut. Freundschaftsbeziehungen spielen eine wichtige Rolle für unsere Selbstachtung; sie nähren und festigen sie.

Wie man Freunde gewinnt

Soziologen wollten untersuchen, ob die Art und Weise, wie wir uns Gesprächspartnern vorstellen, deren Urteil über uns beeinflußt.[87] Zu diesem Zweck bildeten sie drei Kategorien: Personen der ersten sind sehr von sich überzeugt (»Ich bin wirklich gut und habe eine Menge Vorzüge!«), die der zweiten sind durch eine abwertende Haltung charakterisiert (»Ich tauge nicht groß was, ich habe eine Menge Schwächen!«). Eine dritte Gruppe liegt dazwischen (»Ich habe meine Fehler und meine Stärken!«). Nun wirkt jemand, der von sich selbst ein positives Bild zeichnet, sicher sympathischer als jemand, der sich selbst heruntermacht. Am besten kommt es dennoch an, wenn die Vorstellung der eigenen Person positive Elemente enthält, die durch das Eingeständnis einiger Schwächen nuanciert werden. Setzt man sich allzusehr in Szene, kann das manchmal einen Beigeschmack von Unehrlichkeit haben, und schätzt man sich allzu gering, scheint das auf einen Mangel an Selbsterkenntnis hinzudeuten.

In einem Buch, das bereits vor langer Zeit erschienen, aber noch immer ein Verkaufserfolg ist, erteilt uns der Amerikaner Dale Carnegie Ratschläge, wie wir uns Freunde machen können.[88] Seine »Sechs Wege, um die Sympathie der Leute zu gewinnen« sind eigentlich nichts anderes als sechs Mittel, mit denen man die Selbstachtung seiner Gesprächspartner erhöht: man soll den anderen zuhören, mit ihnen über Dinge sprechen, die sie mögen, man soll sie ihre Bedeutung spüren lassen etc. Obwohl diese Rezepte aus den dreißiger Jahren stammen, haben sie ihre Gültigkeit nicht verloren. Oft vermögen wir zu gefallen, weil wir der Selbstachtung der anderen etwas Gutes tun …

Ein Freund nach meinem Bilde

In seinen *Essais* feiert Montaigne die Freundschaft in klassisch gewordenen Worten: »Wir suchten uns, ehe wir uns gesehen hatten, und weil wir voneinander hatten reden hören; welches zu unserer Zuneigung mehr beytrug, als man hätte denken sollen; ich glaube, auf eine Verordnung des Himmels. Wir umarmten uns gleich das erste mal, als wir einander nennen hörten. Und als wir uns antrafen, welches bey einem großen Feste und bey einer Gesellschaft in der Stadt geschahe, wurden wir so eingenommen, so bekannt, so vertraut mit einander, daß von der Zeit einer dem andern beständig der liebste war.«

Je näher wir uns fühlen, desto stärker ähneln wir uns, und desto leichter werden wir Freunde und bleiben es auch. Dieses Phänomen tritt noch deutlicher zutage, wenn wir an uns selbst zweifeln: in diesem Fall stehen die Chancen noch besser, daß wir uns mit einer Person anfreunden, deren Meinung der unseren ähnelt.[89]

Dreizehn Freiwillige müssen zehn Tage in einem winzigen Atomschutzbunker zubringen und mit rationierten Lebensmitteln auskommen. Das wird sie wahrscheinlich nicht in die beste Stimmung versetzen ... Vorher hat man jedem einen Fragebogen gegeben, auf dem er seine Ansichten zu ganz unterschiedlichen Themen mitteilen sollte. Während des Aufenthalts im Bunker sowie zum Abschluß des Versuchs läßt man die Testpersonen Fragebögen darüber ausfüllen, wie sympathisch ihnen die anderen Gruppenmitglieder sind. Man kann konstatieren, daß sich die Personen am meisten schätzten, deren Antworten auf den Meinungsfragebögen einander am ähnlichsten waren.[90]

Die Moral von der Geschichte: Müssen Sie schwierigen Umständen die Stirn bieten (z.B. bei einer Ozeanüberquerung im Segelboot oder einer langen Wüstenexpedition), sollten Sie sich vorher vergewissern, daß Ihre potentiellen Gefährten die gleiche Sicht aufs Dasein haben wie Sie!

Die meisten Leute neigen dazu, sich ihre Freunde unter Personen auszuwählen, die ihnen nicht allzu fern stehen, zumindest nicht in jenen Bereichen, die für die Selbstachtung konstitutiv sind: körperliche Schönheit, sozialer Status etc. Je größer am Anfang die Kluft ist (indem man z.B. unterschiedlichen sozialen Gruppen angehört), desto zahlreicher und klarer ausgebildet müssen anderswo die gemeinsamen Punkte sein, damit eine Freundschaftsbeziehung entstehen kann.[91]

Diese Phänomene fallen bei Jugendlichen noch deutlicher ins Auge. Sie neigen nämlich dazu, sich zu »Banden« zu gruppieren, deren Mitglieder einander in ihren Merkmalen sehr ähnlich sind. Um einem für sie ungünstigen sozialen Vergleich zu entgehen, suchen sie sich gern Freunde mit ähnlicher sozialer Leistungsfähigkeit. Genauso läuft es in Gruppen sozial marginalisierter Personen: Individuen von geringer Selbstachtung können sich zusammenschließen, sich miteinander wohl fühlen und damit ihre Selbstachtung wieder erhöhen – und das, obgleich sie sich von der Gesellschaft ausgegrenzt fühlen.[92] Die Selbstachtung von Menschen, die in Ghettos aller Art leben, ist also nicht gezwungenermaßen geringer als jene von Personen außerhalb des Ghettos. Individuen, die zu solchen abgeschlossenen Gruppen gehören, vergleichen sich nicht mit der Außenwelt, sondern nur mit anderen Mitgliedern ihrer Gruppe.

In der Not erkennt man seine Freunde

Wann und zu welchem Zweck ruft man seine Freunde herbei? Hat man eine hohe Selbstachtung, möchte man sie im allgemeinen sehen, wenn man gerade einen Erfolg gelandet hat. Man ist dann nämlich auf Beifall aus. »Schau her, ich bin wieder mal genial gewesen!« scheint man ausdrücken zu wollen. Es ist logisch, daß eine solche Haltung auf die Dauer nervt ...

Personen mit geringer Selbstachtung neigen hingegen eher dazu, nach einem Fehlschlag auf die anderen zuzugehen: der Freund muß zur Stelle sein, um sich die Klagen anzuhören.[93] Auf diese Weise laufen wir aber Gefahr, von den anderen als »looser« oder Opfer angesehen zu werden. Der Trost und Zuspruch, den wir erhalten, wird im übrigen auch immer weniger überzeugend ausfallen, denn unsere Freunde werden es schließlich satt haben, ungefragt den Psychotherapeuten spielen zu müssen.[94]

Vom Leben im Büro

Zahlreiche Menschen mit geringer Selbstachtung haben hohe berufliche Qualitäten unter Beweis gestellt. Selbst wenn man heute den einen oder anderen Aspekt anficht, bleibt die Selbstverwirklichung am Arbeitsplatz doch für viele Menschen eine Tatsache. Sie verschafft ihnen ein Gefühl von persönlicher Effizienz, und – was häufig vergessen wird – sie erlaubt ihnen auch, sich selbst besser kennenzulernen. »Ich mag Arbeit nicht (wer tut das schon?)«, schrieb Joseph Conrad, »aber ich mag, was in der Arbeit steckt – die Chance, daß Sie sich selbst finden. Ihre eigene Wirklichkeit

[…] – etwas, das kein anderer Mensch je entdecken wird. Die anderen bekommen bloß den äußeren Schein zu Gesicht, aber niemals können sie sagen, was wirklich dahintersteckt.«[95] Man erreicht dies auf vielfältigen Wegen: über den sozialen Status (den die Arbeitslosen einbüßen), die Integration in eine Gruppe (die anderen schätzen uns und nehmen uns unter sich auf), das Verwirklichen von Zielen (wir fühlen uns effizient), über unser Gehalt (mit dem wir uns Krükken für unsere Selbstachtung kaufen können) etc.

Ein gefährliches Gespann

Berufliche Aktivitäten und Selbstachtung können aber auch problematische Verbindungen eingehen.

Die »Arbeitswütigen«

Jacques (58) ist Chef einer Firma. Sein ganzes Leben hat er nur seiner Arbeit gewidmet. Früh verheiratet, wurde er nach 15 Jahren gemeinsamen Ehelebens geschieden: seine Frau, die ihm zunächst geholfen hatte, das mittelständische Unternehmen in Schwung zu bringen, konnte am Ende die durchgearbeiteten Nächte nicht mehr ertragen, die Arbeitswochenenden, den ewig hinausgeschobenen Urlaub. Als sie Jacques bat, ein bißchen auf die Bremse zu treten und ein paar Verantwortlichkeiten an die Mitarbeiter zu delegieren, nahm er ihr das übel, als hätte sie ihn enttäuscht und etwas Unmögliches verlangt. Je mehr sich ihr Konflikt ausweitete, desto stärker hatte er das Gefühl, nur noch auf Arbeit glücklich zu sein. Leider stimmte das auch. Er ging also dazu über, abends immer später heimzukehren, und manchmal übernachtete er sogar im Büro. Er mochte die Atmosphäre des frühen Morgens in seinem Betrieb; er trank gern einen Kaffee mit den ersten Arbeitern, und es machte ihm Vergnügen, die jungen Mitarbeiter mit seiner Präsenz am Arbeitsplatz zu beeindrucken. Heute hindert Jacques kein familiärer Hemmschuh mehr daran, sich ganz seinem größten Stolz zu widmen: seiner Firma …

Marie-France (44) arbeitet als Sekretärin in der Firmenleitung und lebt allein. Ihr Chef verlangt ihr eine Menge ab, vertraut ihr aber auch völlig. Sie weigert sich niemals, zusätzliche Arbeit zu übernehmen, und hat, wie sie selbst sagt, »noch nie irgendwen in der Firma enttäuscht«. Darin liegt, fügt sie hinzu, ihr ganzer Stolz. Ihre Arbeit ist die einzige Leidenschaft, die man an ihr kennt. Kürzlich ist sie erkrankt und mußte ins Krankenhaus: ihre Kollegen haben ihr geholfen und sind zu Besuch gekommen. Aber bei diesem Anlaß ist ihr auch ihre Einsamkeit und Ungeschütztheit richtig bewußt geworden. Zum Erstaunen ihrer ganzen Umgebung machte sie eine depressive Phase durch. Als sie deswegen zu uns in die Sprechstunde kam, gestand sie unter Tränen: »Auf Arbeit fühle ich mich glücklich, aber die übrige Zeit nie.«

Wenn die berufliche Selbstachtung einen so großen Anteil an der globalen Selbstachtung einnimmt, daß sie deren einzige Quelle darstellt, riskiert man, völlig vom Beruf abhängig zu werden und nur noch durch und über das Büro zu leben. In einem solchen überzogenen beruflichen Engagement liegen große Gefahren für das psychische Gleichgewicht des Individuums.

Welchen Preis Brillanz hat

Lange Zeit ist in Firmen die Vorstellung kultiviert worden, daß die berufliche Selbstachtung direkt mit dem Pensum oder der Qualität geleisteter Arbeit zusammenhängen müßte. Diese Konfusion zwischen Persönlichkeitswert und Leistung (»Ich tauge etwas, denn ich habe Erfolg …«), die in den achtziger und neunziger Jahren ziemlich in Mode war, ist inzwischen zum Glück heftig kritisiert worden[96]: sie fördert nämlich die Herausbildung einer sehr instabilen Selbstachtung, die bei Mißerfolgen höchst empfindlich reagiert. Solche Personen sind besessen vom Wettbewerbsdenken und würden im Falle einer Entlassung völlig den Boden unter den Füßen verlieren.

Mobbing und sadistisches Management

Die wachsende Bedeutung, welche die Arbeit heute für den sozialen Status hat, die relative Knappheit dieser Arbeit und die Tatsache, daß Beschäftigte heute zu Recht nicht mehr alles schlucken wollen, was sie früher noch schweigend erlitten, haben dazu geführt, daß man sich in letzter Zeit verstärkt für ein Phänomen interessiert, welches im Englischen *mobbing* genannt wird.[97]

Die verschiedenen im Berufsmilieu möglichen Aggressionen zielen meist darauf ab, den Betroffenen zur Unterordnung oder zum Aufgeben seines Postens zu treiben. Sie haben alle die grundlegende Wirkung, daß sie die Selbstachtung des Opfers tiefgreifend und dauerhaft beschädigen. Die dabei angewandten Strategien sind im allgemeinen indirekt und selbstachtungszerstörend. Im Grunde geht es darum, die Person im ganzen und über ihre Funktion hinaus ins Visier zu nehmen und bei ihr schwere Selbstzweifel auszulösen.

Das charakteristischste Beispiel für eine solche Strategie ist wohl, daß ein Angestellter »aufs tote Gleis geschoben« wird. Hierbei isoliert man die Person innerhalb der Firma, indem man ihr keine ernst zu nehmenden Arbeiten mehr anvertraut, ihr keine Informationen mehr liefert, sie nicht mehr zu Versammlungen einlädt ... Diese Methode kann auf direkte Attacken verzichten und löst am Ende eine Art »versuchsweise Depression« aus. Nach und nach beginnt die Person, an sich selbst zu zweifeln, fühlt sich schuldig, setzt sich selbst herab.

In seinem berühmten Comic *Dilbert* hat Scott Adams uns eines der wildesten und zugleich amüsantesten Zeugnisse für ein solches »sadistisches Management« geliefert. Seine Titelfigur unterhält sich mit einem Kollegen:

»Noch mal meinen Glückwunsch, Ratbert. Ich habe gleich gewußt, daß *du* diesen Aushilfsposten kriegen wirst.« – »Wo steht denn mein Schreibtisch?« – »Da hinten, in diesem Schuhkarton in der Eingangshalle. Kein einziger Mitarbeiter wird dich angucken oder deinen Namen über die Lippen bringen. Was die Hierarchie angeht, stehst du ungefähr zwischen den Putzfrauen und dem Dreck hinterm Kühlschrank ...«[98]

Verhalten des Managers	*Folgen für die Selbstachtung der Beschäftigten*
Unberechenbar sein (Laune, Beurteilungskriterien etc.)	Hält sie auf einem hohen Unsicherheitsniveau, was mit einer guten Selbstachtung nicht vereinbar ist
Stets die Person kritisieren und nicht ihre Verhaltensweisen	Bringt sie dazu, sich als inkompetent zu betrachten und ihre Mißerfolge als persönliche Schwächen anzusehen
Die Fehler der anderen aufbauschen	Läßt sie jeden Mißerfolg als Katastrophe wahrnehmen
Die Erfolge der anderen für sich beanspruchen	Läßt sie daran zweifeln, ob Anstrengung sich überhaupt lohnt
Sich ab und zu von einer angenehmeren Seite zeigen (freundlich sein, die Mitarbeiter ermutigen, Gunstbeweise verteilen ...)	Löst Zweifel aus (»Und wenn die schlechte Meinung, die ich über ihn habe, doch nicht begründet ist?«)
Die Genres vermischen und ins Management eine Gefühlsmasche einbauen (»Ich bin von Ihren Ergebnissen sehr, sehr enttäuscht ...«)	Flößt ihnen Schuldgefühle ein (»Alles bloß meine Schuld!«)
Die Mitarbeiter unter Druck setzen (»Ich verlasse mich auf Sie ...«), ohne ihnen die Möglichkeit zu geben, den Erwartungen gerecht zu werden	Macht ihnen angst (»Ich bin meinen Aufgaben nicht gewachsen ...«)
Immerzu ein unbestimmtes Gefühl vermitteln, die Existenz des Postens, der Abteilung oder der ganzen Firma sei bedroht	Hält sie ständig in Unsicherheit (»Mein berufliches Überleben hängt von einem gnädigen Zufall ab ...«)

Verhalten des Managers	*Folgen für die Selbstachtung der Beschäftigten*
Den erfolgreichsten Mitarbeitern von Zeit zu Zeit unbedingt Fehlschläge organisieren, indem man sie mit hoffnungslos verfahrenen Angelegenheiten betraut	Hält ihre Selbstachtung in erträglichen Grenzen und treibt ihnen jeden Gedanken an eine Beförderung aus

Wie man die Selbstachtung seiner Mitarbeiter untergräbt

Eigentlich sollte sich jeder Teamchef zum Ziel setzen, die Selbstachtung seiner Mitarbeiter zu entwickeln. Es liegt auf der Hand, was das für ihr Wohlbefinden und ihre Leistungsfähigkeit bedeuten würde. Genau das erläutert uns im folgenden auch der Leiter einer Produktionsstrecke in einem Unternehmen: »Meine Sorge Nummer eins ist, daß sich die Leute, die mit mir arbeiten, wohl fühlen. Das heißt, daß sie mit ihren Arbeitsbedingungen zufrieden sind und den Eindruck haben, kompetent zu sein. Ich finde es schrecklich, wenn man den Leuten Mißerfolge einbrockt oder wenn man mit ansehen muß, wie sie sich runtermachen lassen, selbst wenn sie von Kunden zusammengestaucht werden, ›aus gutem Grund‹, wie man so sagt. Es gibt überhaupt keinen guten Grund, um jemanden herunterzumachen. Wahrscheinlich denke ich so, weil ich früher ein schlechter Schüler war! Ich jedenfalls lasse meine Mitarbeiter ihren Wert spüren; ich verzeihe ihnen alle Fehler, vorausgesetzt, sie ziehen ihre Lehren daraus. Sobald es ein Problem gegeben hat, frage ich sie, was sie daraus gelernt haben. Ich dränge sie dazu, sich fortzubilden: wer eine schwierige Weiterbildung schafft, wird auch den Alltagsaufgaben in der Firma gewachsen sein.

Hin und wieder werden Mitarbeiter so kompetent, daß sie mich verlassen, um in einer anderen Abteilung oder einer anderen Firma zu arbeiten. Das ist ganz normal. Das Gegenteil würde mich beunruhigen. Ich will nicht, daß man nur deshalb zu meinem Team gehört, weil man nicht imstande ist, anderswohin zu gehen. Ich möchte, daß die Leute bei mir bleiben, weil sie sich bewußt dafür entschieden haben. Im übrigen sind Fluktuationen auf lange Sicht sehr nützlich. Alle Angestellten, die früher in unserer Abteilung gearbeitet haben, erzählen auf ihrer neuen Stelle Gutes über uns. So sind wir ein Bereich, der bei jungen Mitarbeitern sehr gefragt ist. Ich verstehe manche meiner Kollegen nicht, die derart von Effizienz- oder Machtdenken besessen sind, daß sie ihre ganze Zeit damit zubringen, die anderen schuften zu lassen oder ihnen angst zu machen. Wir sind ja nicht Abteilungsleiter geworden, um unsere Neurosen abzureagieren!«

Wie Sie die Selbstachtung Ihrer Mitarbeiter entwickeln

- Fördern Sie den Teamgeist, vor allem durch informelle Begegnungen, unbedingten Beistand im Falle von Problemen etc.
- Steigern Sie die persönliche Kompetenz Ihrer Mitarbeiter, indem Sie ihnen Weiterbildung und Spezialisierung leichter machen.
- Geben Sie Ihnen durch anerkennende oder kritische Bemerkungen regelmäßig Auskunft über die Qualität ihrer Leistungen.
- Legen Sie eine Toleranzschwelle für Fehler fest: »Es ist normal, daß man hin und wieder Fehlschläge einsteckt; was haben wir aus diesem Mißerfolg gelernt?«
- Ermutigen Sie zur Eigeninitiative: nicht allein die Resultate zählen!
- Kritisieren Sie nicht die Person, sondern konkrete Verhaltensweisen!
- Befolgen Sie selbst die Regeln, die Sie den anderen auferlegen ...

Arbeitslosigkeit und Selbstachtung

Arbeitslosigkeit ist mit einer Reihe von Verlusten verbunden – Statusverluste, Einkommensverluste, Verluste von sozialen Kontakten –, die das innere Gleichgewicht des Betroffenen beeinträchtigen. Viele unserer arbeitslosen Patienten leiden unter einem tiefgehenden Gefühl der Entwertung.

Manche wagen nicht, ihrer Umgebung von der Arbeitslosigkeit zu erzählen. Andere vermeiden es, tagsüber aus dem Haus zu gehen, denn sie wollen nicht als Faulenzer ausgemacht werden. »Ich war anderthalb Jahre arbeitslos«, erzählte uns einer von ihnen. »Es war die schlimmste Zeit in meinem Leben. Zuerst mal, weil ich mich schuldig fühlte, arbeitslos zu sein, so als wäre ich selbst verantwortlich für diesen Status. Ich setzte mich selbst sehr herab: ich hatte den Glauben, mich ohne Arbeit wiederzufinden, weil ich nicht so clever gewesen war wie die anderen, die sich zu helfen gewußt hatten, um ihre Stellen zu behalten. Und dann schämte ich mich auch, ich fühlte mich allen Leuten gegenüber unbehaglich, ich fragte mich, was sie wohl von mir denken mochten, die Nachbarn, die Freunde, die Leute in den Läden. Ich fragte mich sogar, was meine Frau und meine Kinder *in Wahrheit* über mich dachten, besonders als ich schon länger arbeitslos war.«

»Weil sie die Zukunft unsicher macht«, schreibt der Soziologe Pierre Bourdieu zum Thema Arbeitslosigkeit, »zwingt sie zur Inventur der brauchbaren Ressourcen und macht in gewissen Fällen bis jetzt verdrängte oder vertuschte Defizite offenkundig.«[99] Arbeitslosigkeit würde also die Achillesferse der Betroffenen aufdecken. Die diesem Phänomen gewidmeten Untersuchungen erinnern übrigens auch an Studien zum Thema »schulisches Versagen«: das Ausgangsniveau der Selbstachtung gestattet es vorauszusagen, von welcher Qualität die Anpassungsstrategien sein werden, und damit auch, ob die Selbstachtung bewahrt bleibt oder in sich zusammenbricht. Wie groß der Schaden ist, den die Selbstachtung Arbeitsloser erleidet, hängt also vom Persönlichkeitsprofil der Personen ab.

Andere Elemente spielen ebenfalls eine Rolle, so etwa Dauer und Häufigkeit dieser schmerzlichen Erfahrung. Eine Studie aus dem Jahre 1994, in die 119 arbeitslose Frauen einbezogen wurden, hat gezeigt, daß die Selbstachtung derjenigen am niedrigsten lag, die seit weniger als sechs Monaten ohne Arbeit waren.[100] Die mit dem Verlust des Arbeitsplatzes einhergehende narzißtische Verletzung war dann also am tiefsten. Bei den seit sechs bis zwölf Monaten arbeitslosen Frauen lagen die Selbstachtungswerte hingegen am höchsten, weil es ihnen wahrscheinlich gelungen war, angesichts der Belastungsprobe die eigene Person und die Umgebung zu mobilisieren. Bei Frauen, die schon länger als ein Jahr arbeitslos waren, sank die Selbstachtung schließlich wieder, ohne jedoch die niedrigen Werte der Anfangsphase zu erreichen. Das zeugt davon, daß sich die Psyche stabilisiert hat: man besucht Umschulungen, investiert seine Energie neben der Arbeitssuche auch in andere Aktivitäten etc. Die gleiche Studie zeigte zudem, daß wiederholte Arbeitslosigkeit die Selbstachtung sehr deutlich beeinträchtigte.

Diese Blessuren der Selbstachtung verschlimmern das Problem der Arbeitslosigkeit leider nur noch. Je weniger man sich achtet, desto weniger wird man in der Lage sein, Energie in die Arbeitssuche zu stecken, dem potentiellen Arbeitgeber ein positives Bild zu vermitteln etc. Die Marginalisierung von Langzeitarbeitslosen rührt nicht nur daher, daß deren Kompetenz und die Erfordernisse der Arbeitswelt immer mehr auseinanderdriften. Diese Menschen sind nicht nur immer weniger befähigt, einer Arbeit *nachzugehen*, es fällt ihnen zudem immer schwerer, Arbeit zu *suchen*. Die Aufgabe der professionellen Stellenvermittler muß also auch darin bestehen, dem Arbeitslosen zu helfen, seine Selbstachtung zu schützen oder neu aufzubauen.

Die Entwertung, von der sich der Arbeitslose betroffen fühlt, verflüchtigt sich nicht an dem Tag, an dem er wieder Arbeit findet. Wir als Therapeuten haben Patienten kennengelernt, die nach einer Arbeitslosigkeit richtiggehende psychische »Narben« zurückbehielten. Für die Außenwelt unsichtbar, hatten letztere sich in Form einer Obsession ins Bewußtsein eingegraben: bloß nicht noch einmal dieselbe Erfahrung durchmachen! Hören wir den Bericht von Eric (34), der zweimal für jeweils ein Jahr arbeitslos war: »Ich fühle mich ein bißchen wie jene alten Frontkämpfer, die geschockt sind von dem, was sie gesehen haben, aber mit niemandem darüber sprechen können. In der Telekommunikationsbranche, wo ich heute arbeite, haben die meisten meiner Kollegen keine Erfahrungen mit Arbeitslosigkeit; es sind alles frischgebackene Absolventen aus guten Ingenieurhochschulen, und sie fühlen sich sicher. Ich dagegen komme aus dem Bankgewerbe, wo es in den letzten Jahren eine ganze Menge Entlassungen gegeben hat. Ich halte mich nicht für so stark wie sie, sondern für viel verwundbarer. Nicht nur wegen meines Studienabschlusses, sondern auch durch das, was in meinem Kopf passiert: ich habe Angst davor, Wagnisse einzugehen, mir Schnitzer zu leisten und meinen Chefs zu mißfallen. Und ich habe auch Angst, daß das den anderen auffallen könnte, daß sie mich für nicht so belastbar halten. Der Geist des Hauses geht sehr in Richtung ›junger dynamischer Kader, der nach vorn strebt‹. Ich glaube nicht, daß ich jemals wieder so werden kann. Hierarchische Distanz gibt es hier kaum, aber wenn meine Vorgesetzten mir sagen, daß ich sie mit dem Vornamen anreden soll, erinnere ich mich an jene, die mich vor zwei Jahren gefeuert und dadurch völlig aus dem Tritt gebracht hatten. Auch mit ihnen war es gut gelaufen – bis zu dem Tag, wo sie beschlossen hatten, ich sei nicht mehr unbedingt nötig ...«

So wie der Krieg die Generation unserer Eltern nachhaltig geprägt hat, könnte es künftig durchaus die Arbeitslosigkeit sein, die dem kollektiven Unbewußten unserer Generation ihren Stempel aufdrückt. Viele Kinder aus den Babyboom-Jahren haben ihre besorgten Eltern sagen hören: »Sei still und iß deine Suppe! Wenn eines Tages der Krieg wiederkommt, wirst du dich vielleicht freuen, überhaupt was zu essen zu haben!« Werden sie später zu ihren eigenen Kindern sagen: »Sei still und arbeite – denn wenn eines Tages die Arbeitslosigkeit wiederkommt ...«?

Die Machtmenschen

»Ich glaube an Gott und an mich selbst«, sagte im Jahre 1837 der junge Louis-Napoléon Bonaparte, der später als Napoleon III. zum Kaiser gekrönt wurde. Dennoch waren die Zeitgenossen nicht unbedingt überzeugt von seiner Befähigung zum Politiker. So sagte Thiers im Jahre 1848 über ihn: »Dieser Truthahn, der sich für einen Adler hält ...« Das hinderte den Truthahn nicht daran, die Republik zu stürzen und im Jahre 1852 sich zum letzten Kaiser der Franzosen krönen zu lassen. Die Selbstachtung Napoleons III. lag auf hohem Niveau – wie bei allen Machtmenschen.

Vier Schlüssel zur Eroberung der Macht

Vier allesamt mit der Selbstachtung verbundene Aspekte sind für Machtmenschen charakteristisch:

- *Sie glauben an ihr Schicksal,* das heißt, sie glauben, eins zu haben. Es ist nämlich ganz unmöglich, ein mächtiger Mann oder eine mächtige Frau zu werden, wenn man nicht überzeugt ist, zu großen Dingen berufen zu sein.
- *Sie blicken weit voraus.* Während Personen von geringer Selbstachtung sich häufig damit begnügen, in einem vertrauten oder eng abgesteckten Milieu Erfolg zu haben, denken Leute mit hoher Selbstachtung, wenn sie eine Stufe erklommen haben, bereits an die nächsthöhere.
- *Sie gehen systematisch zur Aktion über.* Wir alle vermögen uns auszumalen, daß uns etwas Großes gelingen wird, aber den Schritt zur Verwirklichung eines solchen Erfolges gehen nur Menschen, die über eine gute Portion Selbstachtung verfügen.
- *Sie können Niederlagen einstecken.* Die meisten großen Politiker verstehen es, sich nach Niederlagen wieder aufzurappeln. Ohne diese mit der Selbstachtung verknüpfte Fähigkeit gibt es keinen Sieg. François Mitterrand, der 1965 und 1974 bei den Präsidentschaftswahlen geschlagen wurde, und Jacques Chirac, der die Wahlen von 1981 und 1988 verlor, sind zwei gute Beispiele dafür.

Macht ausüben: das große Mißverständnis

Mächtig sein und geliebt werden …

»Ein Chef ist ein Mensch, der anderer bedarf«, schrieb Paul Valéry einmal.[101] Will jemand Macht ausüben, dann oft, weil er den Wunsch hat, geliebt zu werden. Politiker streben – mit wenigen Ausnahmen – nach Macht *und* Popularität. Geliebt, geschätzt und geachtet zu werden, ist nämlich das beste Futter für die Selbstachtung, auch wenn man auf der Stufenleiter ganz oben steht. Selbst Tyrannen lieben es, wenn das Volk an ihnen vorbei defiliert und Lobeshymnen anstimmt (sie brauchen es im übrigen sogar mehr als andere Politiker). Pech für sie: selbst in einer Demokratie wird Machtausübung selten mit Zuneigung beantwortet. Ganz im Gegenteil, man muß allen möglichen Attacken die Stirn bieten – denen der Opposition, der Medien, der Wähler und der Konkurrenz im eigenen politischen Lager.

Hat Selbstachtung eine politische Tragweite?

Man könnte meinen, Selbstachtung wäre bloß eine Angelegenheit für Psychologen. Dennoch haben auch Politiker verschiedener amerikanischer Bundesstaaten (z.B. Kalifornien) zu diesem Thema Stellung genommen. Eine »task force« des California State Department of Education notierte in einem diesbezüglichen Bericht zum Beispiel folgendes: »Ein Mangel an individueller oder kollektiver Selbstachtung spielt eine Rolle bei den meisten Übeln, die unseren Staat und unsere Nation heimsuchen.«[102] Und ein kalifornischer Abgeordneter, der sich um die finanziellen Aspekte dieses Problems ebenso sorgte wie um die psychologischen, bezog sogar folgende extreme Haltung: »Leute mit Selbstachtung produzieren Einkünfte und zahlen ihre Steuern. Leute, die keine Selbstachtung haben, verbrauchen staatliche Unterstützungen.«[103]

Der Abschied von der Macht

Bevor das antike Rom zum Weltreich wurde, war es nur eine kleine Republik, die häufig von ihren Nachbarn bedroht war. Wenn es die Umstände erforderten, also im allgemeinen zu Kriegszeiten, ernannten die Römer einen aus ihrer Mitte zum Diktator und überließen ihm alle Vollmachten. War wieder Frieden, sollte er auf seine Vorrechte verzichten und der Republik ihre Befugnisse zurückgeben. Sie können sich sicher vorstellen, wie groß die Versuchung war, nicht wieder in die Menge zurückzutreten. Julius Cäsar gehörte zu jenen Verführbaren und hat auf diese Weise das Römische Reich begründet: er war zum Diktator für ein Jahr ernannt worden und ließ sein Amt auf zehn Jahre »verlängern« ... Eine andere Persönlichkeit schätzten die alten Römer hingegen ob ihrer Tugendhaftigkeit: Der Landwirt Cincinnatus mußte von seinen Mitbürgern mit Gewalt vom Pflug gezerrt werden, damit er sie im Krieg gegen die Äquer, einen östlich von Rom lebenden Volksstamm, anführe. Als der Krieg gewonnen war, lehnte er es ab, an der Macht zu bleiben, und kehrte auf seinen Bauernhof zurück. Zwei Jahrtausende später gab es ein anderes berühmtes Beispiel für den Verzicht auf Macht – den Kaiser des Heiligen Römischen Reiches und spanischen König Karl V. Im Alter von 57 Jahren, auf dem Gipfel seiner Macht, beschloß er, sich ins spanische Kloster Yuste zurückzuziehen und den Rest seiner Tage dem Gebet zu weihen.

Macht ist gewiß eine Droge für die Selbstachtung. Vielleicht verführt sie Politiker sogar zu dem Gedanken, sie wären unersetzlich. So ließe sich das seltsame Ritual erklären, das man bei den beiden letzten französischen Präsidenten beobachten konnte: vor der Wahl wollten sie die Amtszeit auf fünf Jahre verkürzen, aber saßen sie erst einmal im Sattel, war nicht mehr die Rede davon, und schließlich kandidierten sie sogar für eine zweite Amtsperiode ...

Eine sehr positive Sicht auf die eigene Persönlichkeit ist es, welche den Abschied von der Macht so hart werden läßt. Seine Bestätigung findet dies in den »letzten Worten« berühmter Persönlichkeiten.[104] Der vom römischen Senat wegen Machtmißbrauchs zum Tode verurteilte Kaiser Nero wiederholte, während er seinen Selbstmord vorbereitete, unablässig: »*Qualis artifex pereo*« (»Was für ein Künstler geht mit mir zugrunde ...«). Und noch stolzer klang Danton, als er an der Guillotine dem Henker zurief: »Vor allem vergiß nicht, dem Volk meinen Kopf zu zeigen; solche Köpfe sieht es nicht alle Tage!«

In *Monsieur Teste* läßt Paul Valéry seinen Erzähler sagen: »Damals stellte ich mir vor, die stärksten Köpfe, die fähigsten Erfinder, die das Denken am genauesten Ergründenden müßten Unbekannte sein, Geizige, Männer, die sterben, ohne sich zu offenbaren. Ihr Dasein ward mir offenbar gerade durch jenes der auffallenden, etwas weniger *soliden* Individuen.«

Zahlreiche Schriftsteller haben den Gedanken entwickelt, daß man nach Erfolg, Macht und Anerkennung strebt, weil man an sich zweifelt. Jeder, dessen Selbstachtung wirklich stark ist, sollte demnach weder Macht noch Ruhm suchen, sondern ein glückliches Leben vorziehen ... So dachte jedenfalls vier Jahrhunderte vor unserer Zeitrechnung der griechische Autor Xenophon, der seinem Helden Cyrus folgende Worte in den Mund legte: »Aber wenn man sich, weil man große Dinge vollbracht hat, nicht mehr um sich selbst kümmern und mit einem Freunde erfreuen kann, dann ist das ein Glück, auf das ich gern verzichten möchte.«[105]

Selbstachtung spielt in vielen Bereichen unseres Lebens eine Rolle und kann uns zum besten oder zum schlimmsten gereichen. Man kann nicht alles aus ihr erklären, aber sie erhellt viele unserer Handlungsmotive. Auch auf gewisse Abirrungen läßt sie ein bezeichnendes Licht fallen.

Kapitel VII

Selbstachtung oder Image? Sind Sie ein Gefangener des äußeren Scheins?

»Ah, mir lacht das Herz, seh' ich mein schönes Spiegelbild ...«

Charles Gounod

»Es gibt Tage, da bringe ich es morgens nicht fertig, in den Spiegel zu schauen«, erzählt eine 29jährige Patientin. »An solchen Tagen steht mir kein einziges meiner Kleidungsstücke. Ich fühle mich häßlich und miserabel bis ins Mark hinein. Ein solcher Tag kann mir einfach nichts Gutes bringen. Selbst wenn sich mir ein Märchenprinz zu Füßen werfen würde, fühlte ich mich so häßlich und als eine solche Niete, daß ich ihn auf garstige Art abfahren lassen würde ...«

Unser Erscheinungsbild (in diesem Fall die körperlichen Merkmale) beeinflußt die Selbstachtung sehr. Wir fühlen uns dadurch in unserem Eigenwert bestärkt oder herabgesetzt. Wie kommt das? Und reagieren Männer dabei auf dieselbe Weise wie Frauen?

Weshalb Mädchen an sich selbst zweifeln

Flore und ihr Cousin Louis sitzen vor dem familieneigenen Computer. Flores Vater führt ihnen ein neues CD-Rom-Spiel vor und fragt: »Na, wer möchte anfangen?« Flores Augen leuchten, aber sie sagt nichts und stößt nur mit dem Ellenbogen ihren Cousin an. Der erklärt sich ohne Umstände bereit. Vom ersten Versuch an wird Louis vom Computer haushoch geschlagen. Dann ist Flore an der Reihe, aber Flore zögert und will nicht spielen. »Ich hatte Angst, daß ich es nicht schaffe«, gesteht sie ihrem Vater hinterher. »Ich möchte, daß du es mir erst noch mal vormachst.« Dennoch ist sie geistig weiter entwickelt als ihr Cousin und hätte es wahrscheinlich ebensogut hinbekommen wie er, wenn nicht besser ...

Flore hatte kein Selbstvertrauen, Louis hingegen war ein bißchen zu selbstsicher – zwei »normale« Verhaltensweisen, wenn man Forschern Glauben schenkt. Deren Studien zeigen mit bemerkenswerter Regelmäßigkeit, daß Jungen schon in der Kindheit im Durchschnitt über ein höheres Maß an Selbstachtung verfügen als Mädchen und daß sie dazu tendieren, ihre Fähigkeiten zu überschätzen.[106] Man kann das wahrscheinlich mit der Tatsache erklären, daß Jungen es gewohnt sind, größere physische Risiken einzugehen (»halsbrecherisches« Verhalten) und auch größere soziale Risiken (sie finden mehr Geschmack an Konfrontation und Wettkämpfen). Mädchen achten hingegen stärker auf Austausch, Respekt und die Weitergabe sozialer Regeln.[107] Doch weiß man bis heute nicht, ob Mädchen an sich selbst zweifeln, weil sie konformistischer sind als Jungen, oder ob sie sich nicht gerade wegen ihrer geringeren Selbstachtung zwingen, die Regeln zu befolgen. Wie dem auch sei, eins steht fest: die Unterschiede lassen sich nicht aus den wirklichen Qualitäten beider Geschlechter erklären, denn Mädchen sind nicht weniger intelligent und auch nicht weniger körperlich anziehend als Jungen.

Es ist indessen wahrscheinlich, daß dem sozialen Umfeld eine Rolle zukommt. Eltern neigen nämlich dazu, ihre Söhne stärker zu ermutigen als ihre Töchter, wenn es darum geht, die eigenen Interessen zu verteidigen und ihre Persönlichkeit in die Waagschale zu werfen. Schüchternheit dulden sie bei einem Mädchen eher als bei einem Jungen.[108] Die Töchter werden ermuntert, gehorsam, willig und kokett zu sein – Verhaltensweisen, die für die Ausbildung einer stabil hohen Selbstachtung nicht gerade förderlich sind ...

Sollte die Selbstachtung der Mädchen also der Widerschein sozialer Funktionsmechanismen einer bestimmten Epoche sein? Die Forschungsergebnisse, von denen wir gerade gesprochen haben, stammen aus Untersuchungen seit den fünfziger Jahren. Es ist möglich, daß die Resultate künftiger Studien zur Selbstachtung von einem Wandel zeugen. Erleben wir doch in unserer Epoche Umwälzungen, deren

Bedeutung für die Beziehungen zwischen Männern und Frauen wahrscheinlich unterschätzt wird. Die feministischen Bewegungen und das Vorrücken von Frauen auf verantwortungsvolle Positionen könnten den bei der Selbstachtung beobachteten Abstand zwischen den Geschlechtern tiefgreifend verändern. Und dann zeigt uns das Kino inzwischen Männer, die viel verletzlicher sind als zu früheren Zeiten: die jungen französischen Schauspieler, die heute »in« sind – Charles Berling, Mathieu Amalric, Melvil Poupaud etc. – verkörpern auf der Leinwand Figuren, die an sich selbst zweifeln, ständig auf der Suche nach ihrer Identität sind und eine offenkundig schwankende Selbstachtung haben.[109]

Nach Einschätzung von Soziologen könnten sich solche Verschiebungen künftig noch deutlicher zeigen: in einer Gesellschaft, in der große physische Stärke nach und nach ihre Nützlichkeit verliert, setzen die Archetypen von Männlichkeit Patina an. Wahrscheinlich ist es also möglich, daß die Karten der Selbstachtung zwischen den Geschlechtern neu verteilt werden und gerechter. Aber dazu werden auch die Frauen erst einmal gewisse Probleme in den Griff kriegen müssen …

Die Traumfigur der Frauen

»Ich selbst hatte nur Brüder, aber jetzt bin ich Familienvater und habe zwei Töchter. Wenn ich sie zur Schule bringe, entdecke ich Stück für Stück die Wurzeln eines weiblichen Universums, von dem ich bisher nur die volle Ausprägung bei Erwachsenen kannte. Am meisten hat mich beeindruckt, welche Bedeutung der ›look‹ schon bei vierjährigen Mädchen im Kindergarten hat. Manche sind bereits Miniaturausgaben ihrer Mütter: dieselben Plateauabsätze, dieselben fluoreszierenden Daunenjacken … Man hat den Eindruck, Mutter und Tochter sind beim ersten Hahnenschrei aufgestanden, um sich gemeinsam zurechtzumachen. Einmal habe ich sogar gesehen, wie ein Mädchen seinen kleinen ›Verlobten‹ anschnauzte, einen Jungen aus derselben Kindergartengruppe, weil er sie ein wenig zu stürmisch umarmt und dabei ihre Frisur durcheinandergebracht hatte. Ich frage mich, wie das mal aussehen soll, wenn diese Kinder 14 sind ...«

Arme Teenies ...

Heutzutage erklären 60 Prozent aller weiblichen Jugendlichen, sie wären zu dick, und nur 20 Prozent sind mit ihrer Figur zufrieden. Ein Drittel aller Vierzehnjährigen hat schon eine Diät hinter sich.[110] Zwischen 14 und 23 steigt die Selbstachtung bei jungen Männern mäßig an, bei jungen Frauen sinkt sie.[111] Wie kommt es zu solchen Werten? Aufschlußreich ist hierbei eine Studie über die Zufriedenheit Jugendlicher mit ihrer körperlichen Erscheinung[112]: bei Mädchen kann man von einem bestimmten Alter an (ca. 8 Jahre) konstatieren, wie diese Zufriedenheit buchstäblich in sich zusammenstürzt, während sie bei Jungen konstant bleibt. Da Mädchen nicht häßlicher sind als Jungen, kann die Erklärung nicht in den physischen Veränderungen liegen, sondern nur im Blick des Individuums auf sich selbst. Dieser Blick hängt wiederum stark vom Druck des sozialen Umfelds ab.

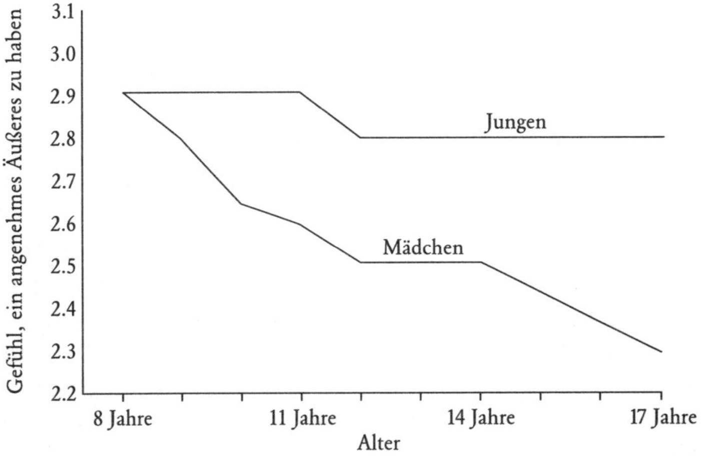

Die Entwicklung des Selbstbildes bei Mädchen und Jungen im Schulalter (nach S. Harter, in: R. F. Baumeister, op. cit.)

Wie nehmen Frauen ihren eigenen Körper wahr? Meistens nicht besonders positiv, wie wir bereits gesehen haben. Und dennoch täuschen sie sich dabei. Bittet man sie einmal, ihr persönliches Idealgewicht zu nennen, werden sie in den allermeisten Fällen ein Gewicht angeben, das deutlich unter ihrem derzeitigen liegt![113] Und fragt man sie, welche Idealvorstellung von weiblicher Schlankheit wohl die Männer haben mögen, wird man ebenfalls eine Abweichung konstatieren: das Idealbild in den Köpfen der Männer akzeptiert mehr Rundungen, als Frauen es sich träumen ließen …

Was nun die Männer selbst betrifft, so sind sie für solche Verzerrungen nicht anfällig. Bittet man sie, das eigene Gewicht mit dem Idealgewicht zu vergleichen oder mit dem Gewicht, welches Frauen bei ihnen für ideal halten würden, so gibt es wenig Abweichungen: sie finden sich gut, wie sie eben sind, und meinen, daß Frauen genauso denken. Aber wir werden gleich sehen, daß Männer dafür andere Probleme haben.

Models und Operndivas

Der Herzogin von Windsor wird folgender Ausspruch zugeschrieben: »Man kann gar nicht *zu* reich oder *zu* schlank sein.« Anders gesagt: Die Sorgen um Ihre Figur werden Sie niemals loslassen …

Frauen sind heute einem fürchterlichen kulturellen Druck ausgeliefert, was ihre äußere Erscheinung betrifft. Durch die hauptsächlich von der Mode- und der Werbeindustrie inszenierte Omnipräsenz weiblicher Models mit perfekten Formen ist Schlankheit zu einer Obsession und Selbstverständlichkeit geworden. Ein Indiz für diese schleichende Pression ist der allmähliche Wandel bei der Figur von Opernsängerinnen. Wer erinnert sich heute noch daran, daß die Operndivas vor gar nicht so langer Zeit oftmals ziemlich füllige Damen waren, die zwar gewiß für den Gesang begabt waren, aber weniger für eine Schlankheitskur? Seit Maria Callas

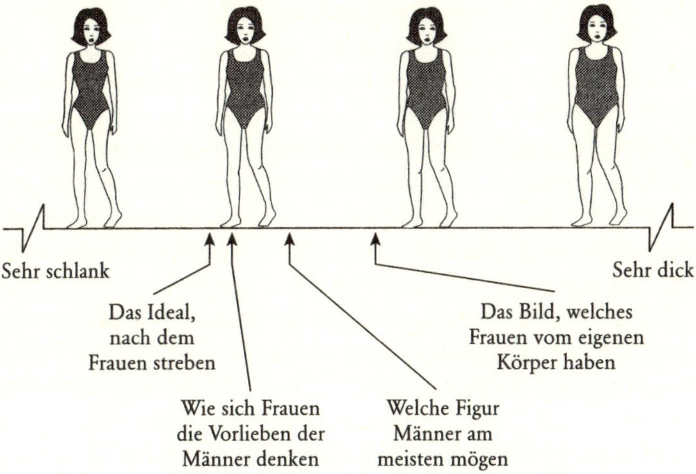

Welches Bild Frauen von ihrem Körper haben (nach D. G. Myers, Traité de psychologie)

fühlen sich die Sängerinnen verpflichtet, ihren Rollen ähnlich zu sein und also wie fragile junge Frauen auszusehen. Manche Melomanen meinen, daß die stimmlichen Qualitäten mit dieser »Verbesserung« des äußeren Erscheinungsbildes nicht Schritt gehalten haben …

Störungen des Ernährungsverhaltens

Der permanente kulturelle Druck äußert sich wohl auch darin, daß in unseren abendländischen Gesellschaften die Häufigkeit von Ernährungsstörungen beträchtlich zugenommen hat.[114] Diese Störungen hängen nämlich eng mit der Selbstachtung zusammen. Man hat zum Beispiel gezeigt, daß Personen mit niedriger Selbstachtung stärker dazu neigen, zwischen den Mahlzeiten zu naschen oder zuviel zu essen.[115] Es ist auch bekannt, daß Selbstzweifel solche Menschen in eine Bulimie treiben können.[116]

Das Tagebuch von Bridget Jones

Die Obsession, eine perfekte Linie zu erreichen, ist *der* Lieblingsgegenstand in Frauenzeitschriften geworden. Kaum hat der Frühling begonnen, findet man auf den Titelseiten solcher Magazine dicke Schlagzeilen zum Thema *Diät und schlanke Linie*. Bücher, die Frauen beim Abnehmen helfen sollen, erleben sehr hohe Auflagen. Auch in der Literatur gewinnt das Phänomen an Bedeutung. In ihrem höchst amüsanten Buch *Schokolade zum Frühstück* schildert Helen Fielding[117] die Qualen einer jungen Frau, deren Gedanken manisch um ihre Einsamkeit in Liebesdingen und ihren Körper kreisen:

»Dienstag, 3. Januar. 59 Kilo. Schreckliche Tendenz zur Fettleibigkeit. Warum, warum bloß?«

»Mittwoch, 4. Januar. 59,5 Kilo. Höchste Alarmstufe! Als hätte sich das ganze Fett über die Feiertage in einer Kapsel gespeichert und würde jetzt allmählich unter die Haut verteilt!«

»Sonntag, 8. Januar. 58 Kilo. Echt toll, aber was nützt es mir?«

»Montag, 6. Februar. 56,8 Kilo. Ich bin von innen geschmolzen, Wunder über Wunder!«

»Montag, 4. Dezember. 58,5 Kilo. Unbedingt abnehmen vor der Weihnachtsfresserei!«

Die Männer und ihre Nabelschau

Schauen Sie nicht zuviel auf sich selbst!

Widmet man seiner körperlichen Erscheinung übertriebene Aufmerksamkeit, kann dies die Selbstachtung beeinträchtigen. Wissen Sie noch, wie Ihnen letztens zumute war, als Sie sich auf Tonband oder Anrufbeantworter sprechen hörten? Hat Ihnen Ihre Stimme gefallen? Mit großer Wahrscheinlichkeit nicht! Man hat tatsächlich herausgefunden, daß bei freiwilligen Testpersonen, denen man eine Aufzeichnung ihrer eigenen Stimme vorspielte, die Selbstachtung sank. Das bescherte ihnen hinterher ein geringeres Selbstvertrauen, wenn sie einschätzen sollten, mit welcher Wahrscheinlichkeit sie eine bestimmte Aufgabe korrekt ausführen würden.[118]

Ein ähnliches Resultat hat man mit einer Videoaufzeichnung erzielt: Personen, deren Bild man live auf einen Fernsehbildschirm projizierte, wurden viel beeinflußbarer und empfänglicher für die Meinung anderer.[119] Diese Erfahrung hat jeder schon selbst machen können, wenn er sich in einem Videofilm erblickte. Die erste Reaktion ist dann meistens ein geheimes oder auch offen gezeigtes Gefühl von Enttäuschung: »So eine Visage habe ich also? So sehen mich die anderen die ganze Zeit? Und diese Fistelstimme, das soll meine sein?« Für die verletzlichsten und empfindlichsten Leute unter uns ist das ein ziemlicher Schock! Es kann sogar passieren, daß sie sich künftig weigern, fotografiert oder gefilmt zu werden ...

Narziß und Frankenstein

Zwar beschuldigt man häufig die Frauen, zu sehr auf ihr eigenes Bild zu achten, aber im Mittelpunkt der beiden schönsten Mythen, die sich mit dem Selbstbild befassen, stehen Männer.

Narziß war ein schöner junger Mann, in den alle Nymphen verliebt waren. Er ging jedoch nie auf ihre Avancen ein. Erzürnt beklagten sie sich darüber bei der Göttin Nemesis, welche den folgenden Fluch aussprach: »Auch er soll lieben, aber er soll das geliebte Wesen niemals besitzen.« Und so geschah es, daß sich Narziß sogleich in sein eigenes Spiegelbild verliebte, das ihm aus dem Wasser einer Quelle entgegenschimmerte. Mit nichts als der Betrachtung dieses Bildes beschäftigt, starb er schließlich vor Hunger und Entkräftung.[120] Die von diesem Mythos überbrachte Warnung liegt auf der Hand: Selbstliebe ist eine Sackgasse. Die mythologische Lektion ist von der Psychoanalyse bei ihrer Begriffsbestimmung des Narzißmus aufgegriffen worden. Sie definierte ihn nämlich als »die Liebe, die man auf das eigene Bild richtet«[121].

Das vom Doktor Frankenstein geschaffene namenlose Monster war hingegen Opfer des umgekehrten Schicksals. Anfangs gutmütig und weichherzig, wurde es verbittert und verzweifelt durch die Zurückweisung und die Attacken, die es von den Menschen erfuhr. Es verlangte dann von seinem Schöpfer eine Gefährtin nach seinem Bilde, die ihm sein hartes Los erträglicher machen sollte: »Ich verlange von dir ein weibliches Wesen, das ebenso abschreckend häßlich ist wie ich selbst! Dies ist wenig genug, doch kann ich nichts Beßres erwarten, und so will ich's zufrieden sein. Freilich, es ist wahr, wir werden ob unsrer Ungeheuerlichkeit vom Treiben der Welt ausgestoßen sein, doch soll uns dies nur um so stärker aneinander binden!«[122] Die Selbstachtung des Monsters, die durch die soziale Zurückweisung aufgrund seiner Häßlichkeit ernsthaft beeinträchtigt ist, kann seinen eigenen Worten zufolge nur durch eine eheliche Bindung repariert werden ...

Sag mir, auf welche Größe du's bringst, und ich sage dir, was du wert bist

Männer achten traditionell weniger auf ihre Schönheit oder ihre Linie als Frauen (aber das könnte sich bald ändern). Dennoch sind sie seit jeher mit ihrer körperlichen Erscheinung beschäftigt gewesen und ganz besonders mit Größenangelegenheiten.

Die Penisgröße, bei kleinen Jungen Gegenstand des Wetteiferns, ist für die Presse ein Tabuthema, doch allmählich beginnen sich solche Fragen den Weg auf die Titelseiten der Männermagazine zu bahnen.[123] Derartige Sorgen beschäftigen nicht nur die von ihrer sexuellen Leistungsfähigkeit besessenen Männer der westlichen Welt. Gut bekannt bei Ethnopsychiatern ist eine im Fernen Osten verbreitete Störung namens *kuru*. Hier befürchten Männer, ihre Geschlechtsorgane könnten schrumpfen und sich schließlich sogar ins Körperinnere zurückziehen.[124] In Augenblicken höchster Angst versucht der Patient, mit allen Mitteln dieser Einziehbewegung entgegenzuarbeiten ...

Besonders bereitet dem Mann die Körpergröße Sorgen. Es schmerzt ihn, wenn er es nur auf eine Größe bringt, die er für nicht ausreichend hält. Sind das Überbleibsel der Kinderzeit, als wir alle »groß werden« wollten? In der Vorstellungswelt der meisten Leute ist ein hochgewachsener Körper ein Zeichen von Macht und Stärke. So neigt man auch dazu, die Körpergröße von Menschen zu überschätzen, die bedeutende oder sozial angesehene Funktionen bekleiden.

Die Präsidenten der Vereinigten Staaten werden zum Beispiel von ihren Mitbürgern durchschnittlich um 7,6 Zentimeter größer geschätzt.[125] Und begegnet man auf der Straße oder im Flugzeug einer berühmten Persönlichkeit, wird man häufig erstaunt feststellen, daß sie kleiner ist, als man es sich immer vorgestellt hatte.

Sartres Selbstachtung

Im Roman *Die Wörter* erzählt Sartre von seinen ersten Lebensjahren: wie er als Kind verhätschelt wurde (man nannte ihn »Geschenk des Himmels« ...) und wie er sich beim Größerwerden zunehmend auf dem harten Boden der Realität wiederfand. Er war offensichtlich nicht gerade, was man ein »schönes Kind« nennt.

Er beschreibt zum Beispiel sein Leiden, als er merkte, daß er nicht der Nabel der Welt war: »Ich lernte die Ängste einer alternden Schauspielerin kennen. Ich machte die Erfahrung, daß auch andere zu gefallen vermochten.« Oder wie er sich seiner Häßlichkeit bewußt wurde, als ihm der Großvater ohne Wissen der Mutter die Haare kurz geschnitten hatte: »Es gab Geschrei, aber keine Küsse, und meine Mutter schloß sich weinend in ihrem Zimmer ein. [...] Solange die schönen Locken um meine Ohren schaukelten, war es ihr möglich gewesen, die Evidenz meiner Häßlichkeit zu leugnen.« Oder schließlich sein Verweilen vor dem Spiegel: »Der Spiegel war mir eine große Hilfe: ich zwang ihn, mich zu lehren, daß ich ein Monstrum war.«[126] Diese besondere Empfindlichkeit Sartres für Probleme, die in den meisten Fällen eher Frauen betreffen, rührt vielleicht daher, daß seine Mutter ihn ziemlich lange wie ein Mädchen kleidete (was in den Bürgerfamilien jener Zeit nicht außergewöhnlich war) und daß er bis ins achte Lebensjahr lange Locken trug.

Männer: Das Ende einer Ausnahme?

Andere Autoren, so etwa Robert Musil in *Der Mann ohne Eigenschaften*, sprechen von dem »Alter, wo man noch alle Schneider- und Barbierangelegenheiten wichtig nimmt und gerne in den Spiegel blickt«. Gehörte Sartre also zu den Vorläufern einer grundlegend neuen Bewegung, die sich heute anbahnt?

Der männliche Körper ist in der Werbung mehr und mehr präsent: Parfüme, Schönheitsmittel, Mode ... Wie Frauen schon seit drei Jahrzehnten, werden nun auch Männer mit Bildern vom idealen Körper bombardiert, der muskulös ist, sonnengebräunt, geschmeidig und unbehaart. So wird es in unserem ausgehenden Jahrhundert immer ungemütlicher für Bauchspeck ansetzende Familienväter, die keine Zeit oder Lust haben, mehrmals die Woche ins nächstgelegene Fitneßstudio zu gehen, um dort Gewichte zu stemmen und sich bräunen zu lassen.

Soziale Vorzüge und Nachteile von Schönheit

Für einen Psychotherapeuten ist es niemals einfach, einen Patienten über seine Häßlichkeit sprechen zu hören – vor allem, wenn diese Häßlichkeit kaum zu bestreiten ist. Was soll man auf die Schnelle antworten, wenn man keine heuchlerischen oder unnützen Dinge sagen möchte? Deshalb wahrscheinlich entgegnet man oft gar nichts und macht sich lieber daran, seinerseits Fragen zu stellen ... In einem Brief, den wir einmal von einer Patientin bekamen, lasen wir folgendes:

»Ich weiß, daß ich häßlich bin. Ich habe es schon immer gewußt. Schon als Kind hatte ich ein unschönes Aussehen. Das wurde mir sehr früh bewußt, denn die anderen Kinder genierten sich nicht, es mir ins Gesicht zu sagen. Ich tat so, als hätte ich es überhört. Meine Mutter verhielt sich genauso, wenn sie mich von der Schule abholte und die sarkastischen Kommentare in meine Richtung hörte. Sicher litt sie darunter, aber weil sie beschlossen hatte, das Thema nie zur Sprache zu bringen, hatte auch ich diese Haltung angenommen. So war ich total blockiert, was dieses Problem betraf. Eines Tages versuchte eine meiner Grundschullehrerinnen, die meine Leiden verstanden hatte, mit mir darüber zu sprechen. Ich konnte kein Wort herausbringen, obwohl ich mir sagte: ›Endlich mal jemand, der mich versteht.‹ Sie sah, wie verzweifelt ich war, aber später hat sie nie wieder gewagt, mit mir darüber zu reden. Das ist eine meiner schlimmsten Kindheitserinnerungen, schlimmer noch als die an das ewige Gespött: daß ich nicht fähig war, diese ausgestreckte Hand zu ergreifen ... Häßlichkeit hat eine Art chronisches Leiden zur Folge, an das man sich letztendlich gewöhnt, das aber bei der geringsten Erschütterung wieder aufflammt. Es genügt eine Bemerkung, ein zudringlicher Blick, ein Grinsen ... Schließlich wird es zu einem Gefängnis und einer Obsession: man belauert die anderen und fragt sich, ob sie nicht vielleicht gerade darüber reden, daß ... Und dann vor allem: niemals verliert man selbst ein Wort darüber. Aber es macht einen die ganze Zeit unglücklich. Man gewöhnt sich allmählich daran, im Abseits zu stehen, nicht ausgewählt zu werden, nie bevorzugt zu sein. Man gewöhnt sich an ein Leben als Opfer, als Statist ... Als Erwachsener ist man überzeugt, daß es zwecklos ist, davon zu sprechen und sich jemandem anzuvertrauen. Man fühlt nur zu gut, daß die Menschen in unserer Umgebung dann gleich lügen würden, daß sie sich mit ausgenudelten Gemeinplätzen über ›innere Schönheit‹ und ähnlichem unnützem Gerede von ihrer Verlegenheit befreien würden. Häßlichkeit ist der schrecklichste aller Makel. Man kann versuchen, etwas gegen seinen Egoismus zu tun, man kann gegen seine Ängste angehen. Aber wie soll man seinen Körper auswechseln? Ich habe schon oft davon geträumt, in einer von lauter Blinden bevölkerten Welt zu leben, wo der äußere Anschein keine Bedeutung mehr hätte ...«

Warum hat das körperliche Aussehen solch eine Bedeutung für die Selbstachtung? Vielleicht aus einem ganz simplen Grund: unter allen Qualitäten, aus denen sich unsere Selbstachtung nährt, fällt das körperliche Aussehen unmittelbar ins Auge; es hängt am wenigsten von den Umständen ab. Damit man seine schulische Begabung zeigen kann, muß man Prüfungen abwarten; um die sportlichen Leistungen unter Beweis zu stellen, braucht man einen Wettkampf; damit wir durch gehorsames Befolgen der Regeln glänzen können, ist ein Milieu vonnöten, in dem unser Verhalten bemerkt und geschätzt wird. Schönheit zeigt sich hingegen bei jeder Gelegenheit. Vielleicht ist sie deshalb auch seit jeher als ein Attribut der Götter betrachtet worden: noch ehe sie gut sind, sehen die Götter zunächst einmal gut aus – und ihre Engel auch.

Der Zwerg und die Infantin

Das mit dem Entdecken der eigenen Häßlichkeit verbundene Leiden ist schon oft von Dichtern und Romanciers beschrieben worden. In einem seiner Märchen erzählt Oscar Wilde die Geschichte eines Zwerges, der einer jungen spanischen Prinzessin als Hofnarr dienen soll. Als er zum erstenmal sein Spiegelbild erblickt (bis dahin war er sich über sein Aussehen nicht im klaren), wird ihm seine abstoßende Häßlichkeit sofort bewußt:

»Als ihm die Wahrheit aufdämmerte, stieß er einen lauten Schrei der Verzweiflung aus und fiel schluchzend zu Boden. Er also war ungestalt und bucklig, scheußlich anzusehen und grotesk. Er selbst war das Scheusal, und über ihn hatten die Kinder gelacht, und die kleine Prinzessin, die, wie er geglaubt hatte, ihn liebte – auch sie hatte nur über seine Häßlichkeit gespottet und sich über seine krummen Glieder lustig gemacht. Warum hatte man ihn nicht im Walde gelassen, wo es keinen Spiegel gab, um ihm zu sagen, wie ekelhaft er war? Warum hatte ihn nicht sein Vater getötet, anstatt ihn in seine Schande zu verkaufen?«[127]

Schön, reich und berühmt

Serge Gainsbourg, der von sich meinte, daß ihn dieses Problem persönlich beträfe, sprach einmal von der »versteckten Schönheit der Häßlichen«. Und Shakespeare fand, daß Schönheit in den Augen des Betrachters liege *(beauty lies in the eyes of the beholder)*. Trotz dieser Behauptungen ist Schönheit leider nicht nur eine Kopfgeburt. Zahlreiche Untersuchungen haben belegt, daß man bei anderen mehr Beachtung findet, wenn man gut aussieht.

Welche Vorteile haben schöne Menschen?

Allein aufgrund der Schönheit eines Kindes sind Erwachsene toleranter gegenüber seinen Streichen und eher geneigt, ihm Mut zuzusprechen![128] So läuft es in unserer Gesellschaft: »schönen« Kindern verzeiht man lieber, und »häßliche« Kinder werden schneller ungerecht behandelt. In *Muttersohn*, seinem stark autobiographisch geprägten Hauptwerk, beschreibt Jules Renard die nicht sehr glückliche Kindheit eines kleinen rothaarigen Jungen.[129] Seine Mutter findet nichts Schönes an ihm und zieht ihm unverhohlen die beiden älteren Brüder vor. »Nicht jeder kann das Glück haben, ein Waisenkind zu sein«, sagt Rotfuchs in einer Anwandlung von Trübsinn …

Nicht nur Erwachsene haben eine Vorliebe für die Schönen: schon in der Grundschule sind oft die Kinder am beliebtesten, die auf ihre Kameraden auch physisch am anziehendsten wirken.[130] Schnell werden in einer Kindergruppe diejenigen aufgespürt und von anderen bedrängt, die einen körperlichen Makel aufweisen oder ein anderes Merkmal, das von der Gemeinschaft negativ bewertet wird, sei es eine Brille, eine besondere Haarfarbe, der Akzent oder die Kleidung.

Im Märchen ist die Rollenverteilung seit jeher klar: die Helden sind schön und die Bösen häßlich. Ein paar Märchen nähren wenigstens die Hoffnung, daß eine Metamorphose immer noch möglich ist: *Die Schöne und das Biest*, *Das häßliche junge Entlein* … Am Ende wird der gutherzige Held stets mit der allerhöchsten Auszeichnung belohnt – mit Schönheit. Soweit wir wissen, gibt es kein einziges Märchen, das mit den Worten endet: »Und sie lebten glücklich und zufrieden, obwohl der Held (oder die Heldin) so häßlich war.« Die von solchen Geschichten vermittelte Moral ist somit mehr als zweifelhaft und bestärkt das Kind in seinem Glauben, daß es besser ist, schön zu sein als häßlich … Wir müssen allerdings zugeben, daß einige Geschichten neueren Entstehungsdatums für mehr Toleranz plädieren. So erzählt Tomi Ungerer in *Zeraldas Riese*, wie eine junge Frau am Ende einen Oger heiratet, der zwar sympathisch, aber nicht gerade von der Natur verwöhnt ist.[131] Immerhin hat sie vorher verlangt, daß er sich den Bart schert …

Wenden wir den Blick von den Pausenhöfen in die Welt der Erwachsenen. Hier stellt man dasselbe fest: gutaussehende Erwachsene sind in den Augen ihrer Mitmenschen glaubwürdiger als andere. Studien haben gezeigt, daß man Leuten eine Menge guter Charaktereigenschaften zuschrieb, nur weil sie ein vorteilhaftes Äußeres hatten! Man gab zum Beispiel Studentinnen eine Novelle zu lesen, die angeblich von einer jungen Frau verfaßt worden war, deren Foto man den Testpersonen zeigte.[132] Die Hälfte der Gruppe bekam das Foto einer hübschen jungen Frau vorgelegt, die andere Hälfte das einer weniger attraktiven Frau. War die Schriftstellerin hübsch, wurden ihre Texte bei weitem positiver beurteilt. Dieser Effekt fällt am deutlichsten aus, wenn das literarische Niveau des Werkes bescheiden ist. Sind die Texte gut, hat das Aussehen des Autors keine so große Bedeutung.

Schönheit kann sogar Geld anlocken. Untersuchungen an mehr als 7000 Probanden haben bestätigt, daß Personen von anziehendem Äußeren bei gleicher Kompetenz etwas besser bezahlt werden als durchschnittlich aussehende Personen. Letztere können sich aber trösten, verdienen doch sie wiederum ein bißchen mehr als Leute mit eindeutig unvorteilhaftem Äußeren.[133] Neben der Benachteiligung aufgrund des Geschlechts, des Alters oder der Hautfarbe also noch eine zusätzliche Diskriminierung!

Die Vorteile schöner Menschen sind dermaßen unverschämt, daß man sie nur mit einem gewissen Zögern eingesteht. Ob nun aus Verschämtheit oder Heuchelei – Topmodels und ihre Arbeitgeber erklären immer wieder, diese jungen Frauen würden enorm hart arbeiten; da die wahre Schönheit überhaupt von innen käme, hätten sie eine reiche und faszinierende Persönlichkeit aufzuweisen. Wahrscheinlich wäre es auch zu unpopulär, wenn man erklären würde, daß sie einfach nur aufgrund ihrer Schönheit in die Ränge der bestbezahlten Models aufgestiegen sind …

Was, Sie sind jetzt ganz demoralisiert? Beruhigen Sie sich, schöne Menschen haben nichtsdestotrotz auch Nachteile.

Zuviel Charme kann schädlich sein

Wußten Sie, daß man gutaussehenden Leuten eher unlautere Absichten unterstellt? Man nimmt zum Beispiel gern an, sie hätten mehr außereheliche Abenteuer und ließen sich schneller scheiden als weniger hübsche Personen.[134]

Kommen sie mit dem Gesetz in Konflikt, wird die einfache Tatsache, daß sie ein anziehendes Äußeres haben, zu einem härteren Strafmaß führen, wenn bei dem Verbrechen Betrügerei im Spiel war. Die Richter meinen dann wahrscheinlich – und mit Recht –, daß die Schönheit gewissermaßen die Tatwaffe war! Ist das Opfer hingegen nicht übers Ohr gehauen worden, also etwa bei einem Diebstahl oder einem Gewaltverbrechen, kann das Strafmaß geringer ausfallen.[135] Schönheit verleitet die Richter in diesem Fall zur Milde (»Jemand, der so schön ist, kann nicht durch und durch bösartig sein!«).

Hüten Sie sich auch davor, *allzu* schön zu sein! Will man aus seiner Schönheit Nutzen ziehen, ist es wichtig, daß man mit seinem Glanz nicht die ganze Umgebung überstrahlt. Die Vorzüge der Schönheit kommen vor allem den »erträglich schönen« Leuten zugute,[136] denn die Mitmenschen können sich ihnen noch nahe fühlen. Ist die Kluft zu groß, riskieren die anderen, sich an ihrer Seite häßlich zu fühlen, und das wird sich am Ende gegen die Schönen kehren.[137]

Menschen mit anziehendem Äußeren werden von Personen des anderen Geschlechts vorteilhaft beurteilt – bei Personen des gleichen Geschlechts kann das Urteil aber umgekehrt ausfallen![138]

Diese Form von Eifersucht tritt übrigens bei Männern genauso auf wie bei Frauen.

Und schließlich, Ihr Schönen dieser Welt, vergeßt nicht, daß die körperlichen Reize keinen ewigen Bestand haben! Schon nach einem Streit findet man sein Gegenüber im allgemeinen viel weniger schön als vorher.[139]

Und was fängt man mit seiner Schönheit an?

All diese Untersuchungen zeigen uns, daß wir über das Problem der körperlichen Erscheinung nicht einfach so hinweggehen dürfen. Ja, Schönheit ist unter den Individuen ungleich aufgeteilt. Ja, sie verschafft uns Vorteile, wenn sie uns in die Wiege gelegt ist. Nein, Schönheit steckt nicht nur im Kopf.

Fachleute auf dem Gebiet der Evolutionspsychologie gehen von dem Prinzip aus, daß ein physisches oder psychisches Merkmal die Jahrtausende überdauert hat, weil es für die Individuen oder die menschliche Gattung insgesamt nützlich war. Welchen Nutzen hat nun die Schönheit in der Evolution? Wahrscheinlich den, daß man durch sie leichter einen Sexualpartner findet. Daher auch ihre größere Bedeutung für Frauen, beruhen doch die Liebesrituale für sie auf dem Prinzip der Anziehung. Schönheit erlaubt es außerdem, bei den Mitmenschen eine größere Akzeptanz zu finden. Alles Gründe, weshalb sie die Selbstachtung günstig beeinflußt ...

Look, Mode und Selbstachtung

Sich mit fremden Federn schmücken

Der Kleiderschrank von Sophie (28) steckt voller Sachen, die sie nie getragen hat. Magali (5) baut sich jeden Morgen vor dem großen Spiegel auf und zögert, was sie anziehen soll. Wenn ihre Eltern mit ihr schimpfen, weil es höchste Zeit ist, in den Kindergarten zu fahren, sagt sie ganz besorgt: »Aber ich will doch nicht wie 'ne Hexe aussehen!«

Nicht erst seit gestern hat unsere Bekleidung noch andere Zwecke, als uns vor Kälte zu schützen und unsere Blöße zu bedecken. Sie ist auch Krücke und Schonbezug für unsere Selbstachtung geworden.

Wie fühlen Sie sich, nachdem Sie ein schönes Kleidungsstück gekauft haben, das Ihnen ganz entzückend steht? Wahrscheinlich fühlen Sie sich gut, denn Ihre Selbstachtung hat durch diesen Kauf Auftrieb bekommen. Das wird natürlich nicht allzu lange anhalten, aber das Bild, das Sie von sich selbst haben, ist für einige Stunden oder auch Tage aufpoliert. In den westlichen Ländern ist es oftmals die einfachste und schnellste Prozedur zur Verbesserung des Selbstbildes, wenn man sich etwas zum Anziehen kauft.

Würde es die Mode überhaupt geben, wenn die Menschen keine Probleme mit ihrer Selbstachtung hätten? Würden das einfache Bedürfnis nach dem Schönen oder das Vergnügen an Abwechslung ausreichen, um diese ganze Industrie in Gang zu halten? Wir bezweifeln das sehr. Alle Anstrengungen, nach den Erfordernissen des jeweiligen Milieus gekleidet zu sein, entspringen weithin dem Bedürfnis, die eigene Selbstachtung aufrechtzuerhalten oder auszubauen. Wie sonst läßt sich der Erfolg von Designer-Mode erklären, wo man für ein kleines Markenzeichen mehr Geld hinzublättern bereit ist? Mal war es schick, ein kleines Krokodil auf der Brust zu tragen, dann wurde es ratsamer, einen Polospieler zur Schau zu stellen, und nächstens wird es wieder etwas ganz anderes sein. Die Modebesessenen (*fashion victims*), deren einzige Sorge darin liegt, aktuelle Tendenzen zu verfolgen, um immer »in« zu sein, werden stets bestrebt sein, das anzuziehen, was morgen der Rest der Welt anziehen wird – und vor allem, es nicht mehr zu tragen, wenn alle Welt ihrem Beispiel gefolgt ist.

Warum folgen wir dem Hin und Her der Mode?

Nicht jeder richtet sich nach der Mode. Und man richtet sich nach ihr auch nicht auf beliebige Weise oder aus beliebigen Gründen.

Bei bestimmten Personen ist die Mode, vor allem, wenn man ihr voraus ist, ein Hilfsmittel zur Steigerung der Selbstachtung. Sie wollen sich von anderen absetzen, indem sie den neuesten Kleidungsstil als allererste übernehmen. Derart aufgewertet durch ihren Status als Avantgarde, nehmen sie die verwunderten oder abschätzigen Blicke der »Masse«, die noch nach der alten Mode gekleidet ist, gern in Kauf. Sie fühlen sich dadurch nicht herabgesetzt, sondern ihr Selbstwertgefühl steigt oft.

Andere richten sich nach der Mode, damit ihre Selbstachtung nicht leidet. Ihre Motivation ist also nicht ein Gewinn an Selbstachtung, sondern das Vermeiden eines Verlusts. Sie folgen einer Modewelle erst, wenn diese sich allgemein durchgesetzt hat, damit die anderen keine negativen Urteile über ihren altmodischen Aufzug abgeben können.

In der Phase, wo »alle Welt anfängt, sich so anzuziehen«, haben die Neuerer den bewußten Trend natürlich längst hinter sich gelassen – er bringt ihnen nichts mehr für ihre Selbstachtung.

Warum Ihre Selbstachtung Sie dazu bringt, topmodische Sachen zu kaufen und dann nicht zu tragen

Wie kann man die wiederholten unnützen Kaufhandlungen bestimmter Personen erklären, also das Problem, mit dem Sophie zu schaffen hat?

Die Geschichte spielt sich in zwei Akten ab!

Erster Akt: Im Geschäft, wo sie einem Umgebungsdruck ausgesetzt ist, entscheidet sich Sophie für das Kleidungsstück, welches ihr die Verkäuferin empfohlen hat. So wird sie den übrigen Figuren dieses künstlichen Universums ähnlich: den Verkäuferinnen, den anderen Kundinnen, den vorteilhaft ins Licht gerückten Mannequins auf den Werbepostern …

Zweiter Akt: Sophie ist wieder zu Hause, also in ihrer wirklichen Welt, und nicht mehr in einer Umgebung des schönen Scheins. Sie ist im Treppenhaus gerade dem Nachbarn von unten begegnet; sie weiß, ihr Wochenende wird übermorgen vorüber sein, und sie wird wieder zur Arbeit müssen. Mit dem sehr »angesagten« Kleid, welches sie im Laden den anderen bewundernswerten Frauen ähnlich gemacht hat, riskiert sie in ihrem angestammten Milieu, alle Blicke auf sich zu ziehen. Allein die Vorstellung, welches Gesicht Nachbarn und Kollegen wohl machen würden, bringt sie davon ab, das besagte Kleidungsstück zu tragen, und so beschließt es seine Tage im Schrank.

Die Kabine als Prüfstein für die Selbstachtung

Die Anprobekabine ist ein Ort, der »die kleinen Neurosen und die großen Ängste der Käuferin aufdeckt«[140]; sie ist der Schauplatz großer Manöver auf dem Feld der Selbstachtung.

Hier begegnen sich nämlich das *ideale Selbstbild* (das kurz aufblitzt, wenn man sich vorstellt, wie toll man in einem bestimmten Kleidungsstück aussehen würde) und das *reale Selbstbild* (wenn man sich im Spiegel erblickt und schlimmer noch – wenn die Verkäuferin auf einen schaut). Eine Radioreportage, bei der man Kundinnen beim Verlassen der Anprobekabinen eines großen Warenhauses interviewte, zeugte von der seelischen Verfassung dieser Frauen[141]: »Also, heute steht mir überhaupt nichts ... Der Rock gefällt mir eigentlich, aber an mir gefällt er mir gar nicht mehr ... Ich mag es nicht, wenn ich der Wahrheit so ins Gesicht blicken muß!« Dem folgt die scharfsichtige Bemerkung: »Na ja, das spielt sich alles im Kopf ab – bei den ganzen Spiegeln und so ...«

Wir träumen natürlich davon, eine Studie machen zu dürfen, bei der Frauen einen Selbstachtungs-Fragebogen ausfüllen, ehe sie die Anprobekabine betreten, und einen weiteren, wenn sie wieder herauskommen. Interessierte Kaufhaus- oder Boutique-Besitzer mögen sich bitte bei uns melden ...

Mode und Minderheiten

Bestimmte Randgruppen pflegen ihre eigenen Moden. Ein Beispiel dafür war das Phänomen des Punk in den siebziger Jahren. Das Ignorieren der sozialen Regeln des guten Geschmacks führte die Punker dazu, ein mehr als vernachlässigtes Äußeres anzunehmen. Aber in diesem Bestreben gerieten sie nach und nach in ebenso große Zwänge wie Leute, die der »offiziellen« Mode folgten. Einer der Autoren des vorliegenden Buches, der dieses Milieu während seiner Studentenzeit in Berlin gelegentlich frequentiert hat, kann bezeugen, daß das Herrichten eines Punker-Outfits mindestens so viel Zeit beansprucht wie bei den *Incroyables* und den *Merveilleuses*, den exzentrischen Modegecken der Konsulatszeit! Man formt sich sein Haar wie Igelstacheln, traktiert seinen Hahnenkamm mit Rasierschaum und Bier, damit er steht; die Sicherheitsnadeln werden wohlüberlegt angeordnet und die Hosen an scheinbar zufällig gewählten Stellen aufgeschlitzt ... Die Punker mit der niedrigsten Selbstachtung fühlten sich übrigens sehr unbehaglich, wenn sie von ihrem Domizil zu den Treffpunkten unterwegs waren. In einem Vorortbus kurz nach Ende der Bürozeit ist es nicht ganz leicht, Punker zu sein …

Gehört die schöne Bilderwelt der Werbung auf die Anklagebank?

Die ewige Suche nach Schönheit

Zu allen Zeiten machte man sich Gedanken über sein körperliches Aussehen. Manchmal ging das so weit, daß man die eigene Gesundheit gefährdete: so war das von den Frauen der Antike zum Aufhellen des Teints verwendete Bleiweiß ein fürchterliches Gift[142]. Denken wir auch daran, welche Deformationen man den Füßen der Chinesinnen von nobler Herkunft beibrachte – ein besonders kleiner Fuß war ein Zeichen von Schönheit – oder wie die Hälse der »Giraffenfrauen« bestimmter afrikanischer Völkerstämme aussahen. In beiden Fällen kam es zu Schädigungen, die für die Gesundheit der Frauen gefährlich waren und die ihre Autonomie beeinträchtigten.

Schaut man sich die von den kanonischen Vorstellungen weiblicher Schönheit geforderten Körperformen an, so stellt man fest, daß rundere Frauen in bestimmten Epochen viel mehr Nachsicht fanden. Um die Fülligen zu trösten, wird oft darauf verwiesen, welche Verehrung solche Frauen in prähistorischen oder afrikanischen Kulturen genossen und daß noch Rubens auf seinen Gemälden die runderen Formen bevorzugte. Aber all das liegt Jahrhunderte zurück, werden die Frauen entgegnen. Die Globalisierung des westlichen Modells jugendlicher Schlankheit scheint vorerst ein unumkehrbares Phänomen zu sein. Vor allem, weil die Drahtzieher des Marketings und der Werbung sich seiner bemächtigt haben …

Wie sich das Übel ausbreitet

In früheren Zeiten war der soziale Druck bezüglich der körperlichen Erscheinung tatsächlich begrenzter, und das aus mehreren Gründen:

- Man wurde seltener mit idealen Modellen konfrontiert. Vor Beginn des Medienzeitalters orientierte sich der Schönheitskanon eines Mannes an der hübschesten jungen Frau in seiner Nachbarschaft, und die war sicher nicht tausendmal schöner als die meisten anderen Mädchen der dörflichen Gemeinschaft, in der die Mehrzahl der Menschen lebte. Heute wird jeder Mann mehrmals täglich von den Bildern der schönsten Frauen der Welt bestürmt: auf Plakatwänden, in Magazinen und in der Fernsehwerbung. Dazu kommt, daß heute ein großer Teil der Menschheit in Großstädten lebt, wo man viel häufiger auf schöne Unbekannte stößt. (Schon Darwin empfahl übrigens, man solle sich aufs Land zurückziehen, um den Ehebund stabil zu halten …)
- Wenn man einen Ehepartner suchte, war das körperliche Aussehen weniger wichtig. Die meisten Ehen wurden früher zwischen benachbarten Familien oder aufgrund gemeinsamer Interessen arrangiert. Für die Betroffenen war das nicht unbedingt angenehm, aber es schränkte die Rolle der Schönheit ein: selbst Menschen mit wenig Anmut konnten eine Familie gründen.
- Es gab »soziale Schutzgeländer«, so die einheitliche Schulkleidung oder die Tabus, die für das Zurschaustellen des Körpers galten, der oft hinter weiten Gewändern verborgen war. Diese sozialen Maßnahmen zielten zwar ursprünglich nicht darauf, die Selbstachtung bewahren zu helfen, aber sie reduzierten jedenfalls die Unterschiede in der körperlichen Erscheinung der Individuen.
- Man gab sich einer (letztendlich vielleicht heilsamen?) Heuchelei zum Thema Schönheit hin: der offizielle Diskurs ging dahin, daß es höhere Werte gebe als den äußeren Schein …

Heutzutage sind die Dinge aber in Bewegung geraten. Wir leben in einer Epoche, in der wir der zudringlichen und erdrückenden Nähe von Bildern idealer Körper ausgesetzt sind. Unsere sozialen Gruppen sind immer weniger scheinheilig (zumindest, was dieses Thema betrifft) und rühmen immer ungenierter den Wert von Schönheit. Dabei ist erst einmal nichts Schlimmes am Wunsch des Menschen, immer schöner zu werden. Aber das Phänomen hat sich verselbständigt, denn es erlangte eine beträchtliche kommerzielle Tragweite. Anfangs beschränkten sich die Werbebotschaften auf das Gebiet der Mode, auf Kleider, die den Körper versteckten. Heute steuert die Werbung der kosmetischen Industrie und der Schönheitschirurgie direkt auf den Körper zu. Manche Botschaften wollen bei den Konsumenten immer unverhüllter Schuldgefühle auslösen. Eine Kette von Fitneßklubs scheute sich nicht, in ihrer Werbekampagne mit folgenden Slogans zu argumentieren: »Und tschüß, die Wabbeltussis!«, »Fette gehören verbrannt!«, »Weg mit dem Bauchschreck!« ... Welche Folgen für die Selbstachtung der weniger schlanken Frauen mag es gehabt haben, wenn sie sich auf Plakatwänden traktiert und herabgewürdigt sahen?

Ein anderes Symptom: Während die Titelseiten der Frauenmagazine früher regelmäßig um das Thema Schlankheit und Diät kreisten, ist dort heute immer öfter von Schönheitschirurgie die Rede ... Wann wird man das Klonen als neues Schönheitsrezept empfehlen?

Spieglein, Spieglein an der Wand ...

Spiegel sind in unserem Alltagsleben omnipräsent: man begegnet ihnen in Badezimmern und Fluren unserer Wohnungen, in Geschäften, Eingangshallen, Fitneßklubs und auch im Auto. Dutzendemal wird uns unser Bild täglich entgegengeworfen. Das war nicht immer so: bis zum 18. Jahrhundert hatte ein Spiegel Seltenheitswert. Der Spiegelsaal im Schloß von Versailles war damals ein außergewöhnliches Zeichen von Macht und Reichtum, perfekt geeignet zur Darstellung der beispiellosen Selbstachtung des Hausherrn, König Ludwigs XIV. Allgemein im Volk verbreitet sind Spiegel erst seit dem 19. Jahrhundert.[143] Seither ist uns der Spiegel vertraut und unverzichtbar geworden. Welche Rolle für den wachsenden sozialen Druck auf die körperliche Erscheinung spielt wohl diese aufdringliche Präsenz unseres Abbildes, zu der sich heute noch Fotografie und Videofilm gesellen? Wahrscheinlich keine ganz nebensächliche.

Im Jahre 1959 brachte der amerikanische Spielzeughersteller Mattel seine berühmte Barbie auf den Markt. Jahre später erinnerte sich Ruth Handler, die Designerin dieser Puppe, an den kommerziellen Start: »Nie zuvor hatte man einer Puppe solch eine feminine Silhouette gegeben.«[144]

Seit ihrer Erfindung sind weltweit mehr als eine Milliarde Barbiepuppen verkauft worden. Zwar handelt es sich nur um ein Spielzeug, aber ist dieser Erfolg wirklich so harmlos? Und vergiftet das von dieser Puppe übertragene Frauenideal nicht die Normvorstellungen der Kinder? Wenn man nämlich die Abmessungen dieser Schönen auf den Maßstab eines Erwachsenen überträgt, erreicht man für eine Körpergröße von 1,77 Meter die folgenden Maße: 85 – 46 – 73! Diese buchstäblich unmenschlichen Zahlen vermitteln eine Vorstellung davon, was für eine »ideale« Figur Generationen von kleinen Mädchen vorgeführt wird und welche Verwundungen der Selbstachtung die Folge sein können, wenn diese Mädchen in der Pubertät runder werden.

Die amerikanischen Feministinnen haben Barbie darum zur Zielscheibe ihres Kampfes gemacht. Vor einigen Jahren forderten sie, auf der Verpackung solle folgender Vermerk erscheinen: »Benutzungshinweis: Die meisten Frauen werden nicht wie Barbie. Jedes Versäumnis in der Weitergabe dieser Information an die kleinen Mädchen kann zu schweren physischen und psychischen Störungen führen.« Die Bewegung erreichte ihren Höhepunkt, als in den Läden eine sprechende Barbiepuppe erschien, die mit einem albernen Stimmchen erklärte: »Ach, Mathe ist schwer!« Damit war der Weg für die Mädchen vorgegeben: sie sollten nach einem unerreichbaren Idealkörper streben und zugleich so früh wie möglich überzeugt sein, daß sie wegen ihrer geistigen Grenzen keine »ernsthaften Studien« betreiben könnten ...

Das beunruhigendste an der ganzen Geschichte ist aber, daß Barbie inzwischen kein Spielzeug mehr ist für Mädchen, die an der Schwelle zur Pubertät stehen. Heute verlangen schon die Vierjährigen solche Puppen. Was wird aus den Generationen kleiner Mädchen, die so frühzeitig mit dem Barbie-Modell traktiert wurden?

Lara Croft und Barbie: dieselbe Stoßrichtung?

Selbst Heroinen, die offenbar »feministischer« sind als die berühmte Puppe, stellen das gleiche Modell eines perfekten Körpers zur Schau.

Lara Croft, die Abenteurerin aus dem Computerspiel *Tomb raider*, vereint in sich makellose Gesichtszüge, die langgliedrigen Körperformen einer Jugendlichen, Superbeine, die in den irgendwie militärisch anmutenden Shorts so richtig zur Geltung kommen, und schließlich voluminöse Brüste, die nicht den Gesetzen der Schwerkraft zu unterliegen scheinen bei allen Sprüngen und Sprints, die Lara ausführen muß, um sich aus Labyrinthen zu retten oder die virtuellen Gegner zu vernichten.

Man kann sich fragen, wie sich dieses Geschöpf auf die femininen Wunschbilder der Jungen auswirken wird, die in einer heiklen Entwicklungsphase ihrer Sexualität ungezählte Stunden mit diesem Computerspiel verbracht haben. Und welche Folgen mag es für das Körperbild der Mädchen haben, die sich von diesem Spiel ebenfalls angezogen fühlen?

Ist die Wendemarke endlich in Sicht?

All dies könnte sehr beunruhigend sein, aber wie so oft bauen sich auch hier mehr oder weniger spontan regulierende Mechanismen auf. Im Fall der Barbiepuppen ist es zum Beispiel so, daß zwar die kleinen Mädchen immer früher nach ihnen verlangen, sie aber auch immer früher zum alten Eisen werfen. Mütter berichten uns häufig, daß ihre sieben-, achtjährigen Töchter die Barbie freiwillig an die kleine Schwester abtreten. Der Barbiehersteller Mattel beschloß seinerseits im Jahre 1997, die äußere Gestalt der Puppe zu verändern, indem er ihre Proportionen denen einer wirklichen Frau annäherte (aber natürlich nicht der erstbesten). Das war sicher eine Anwandlung von schlechtem

Gewissen, nachdem man lange Zeit allzu erdrückende und unerreichbare Standards propagiert hatte.

Unternehmen aus der Mode- und Kosmetikbranche haben tatsächlich gespürt, daß man zu weit gegangen war beim Zelebrieren von Schönheit. Seit Mitte der achtziger Jahre beobachtet man das Hervortreten von Models, die nicht den traditionellen Kriterien für Schönheit entsprechen, aber die markanten Züge einer starken Persönlichkeit aufweisen. Ein Beispiel dafür ist das sehr ungewöhnliche Gesicht von Kate Moss, der Muse des Amerikaners Calvin Klein. Im Herbst 1998 schickte der englische Modeschöpfer Alexander McQueen eine junge, beinamputierte Frau auf den Laufsteg. Im selben Jahr ließ der italienische Konzern Benetton auf seinen Plakaten psychomotorisch gestörte Jugendliche abbilden. Der französische Couturier Jean-Paul Gaultier präsentierte 1996 elegante Großmütter auf der Modenschau. Ganz, als wäre die versteckte Botschaft dieser Bekleidungsverkäufer: »Ja, wir haben verstanden, daß wir es übertrieben haben mit dem Einsatz von makellosen Ikonen. Schaut nur, auch Leute, die alles andere sind als schön, können unsere Sachen kaufen – die Alten, die Versehrten, die Behinderten. Euch also, die Ihr zwischen diesen Extremen liegt, Euch wollen wir ansprechen …«

Andere Fabrikanten haben sich noch weiter vorgewagt. So baute der englische Konzern *The Body Shop*, der Kosmetika und Körperpflegeartikel verkauft, im Jahre 1998 seine internationale Werbekampagne um das Thema Selbstachtung auf.[145] Die Firma wollte sich vom Werbediskurs der Konkurrenten abheben und klagte deshalb die Industrie der schönen Körperbilder an: »Vor 23 Jahren wogen Models 8 Prozent weniger als Durchschnittsfrauen. Heute wiegen sie 23 Prozent weniger …« Auch die perverse Ausbeutung von Frustrationen wurde bloßgestellt: »Ich habe 40 Kilo verloren und die Liebe gefunden.« Die Firma ließ auf den Werbetafeln die Puppe Ruby plakatieren, eine Art Anti-Barbie mit rundlichen Formen, die das »durchschnittliche« Aussehen der Frauen auf unserem Planeten wiedergeben sollte: »Nur acht Frauen sind Top-Models, die anderen drei Milliarden sind keine.« Schließlich verspottete man die verhüllten Werbebotschaften der Kosmetikindustrie: »Kann man Selbstachtung in einer Creme finden?«

Ob nun ernsthaftes Anliegen oder geschickter Werbeschachzug, dieses Vorgehen ist bemerkenswert: zum erstenmal weigert sich ein Kosmetikhersteller, den üblichen Diskurs des »mehr und mehr« (immer schöner, immer schlanker ...) für sich zu akzeptieren und zu vervollkommnen. Anita Rodick, die Gründungsdirektorin dieser Marke, erklärte 1998 in einem Interview für die Frauenzeitschrift *Marie-Claire*: »Mir geht es darum, ein Konzept für *ehrliche Schönheit* zu finden ...« Aber wie kriegt man heraus, was »ehrliche Schönheit« ist? Sicherlich eine Schönheit, die toleranter ist gegenüber den unendlich vielfältigen Erscheinungsformen unseres Körpers. Viele Politiker haben sich sehr kritisch gegen das »Einheitsdenken« ausgesprochen – wird man eines Tages vielleicht auch dahin kommen, der »Einheitsschönheit« den Prozeß zu machen?

Werden diese ersten Anzeichen für den Rückzug einer immer diktatorischer auftretenden Mode ihre Fortsetzung finden? Oder stellen sie vielleicht nur ein kurzes Atemholen dar, das von kommerziellen Notwendigkeiten gefordert wird – man will dem Markt und den Konsumenten eine kleine Verschnaufpause gönnen? Um diese Frage beantworten zu können, werden wir noch einige Jahre warten müssen. Aber sollten wir nicht schon heute ein wenig wachsamer und anspruchsvoller auf jene Branchen schauen, deren kommerzielle Interessen auf unseren Körper gerichtet sind? Sollte unsere Gesellschaft sich nicht stärker bemühen, andere Wege zu innerer Befriedigung und Respekt vor den Mitmenschen bahnen zu helfen?

Kapitel VIII
Theorien

»So viel Entdeckungen man auch im Reich der Eigenliebe gemacht hat, immer bleibt noch viel unerforschtes Land zurück.«
François de La Rochefoucauld

Die Selbstachtung ist für Wissenschaftler eine riesige Baustelle; bisher ist noch keine umfassende Theorie entwickelt worden. Es wimmelt von unterschiedlichen Herangehensweisen, und man findet sich unter ihnen nicht leicht zurecht. Auf den folgenden Seiten möchten wir Ihnen bei der Orientierung helfen, indem wir vier der wichtigsten Theorien vorstellen, die bis heute in Fachkreisen Geltung haben.

Mit den eigenen Ansprüchen richtig umgehen

Die Jamessche Gleichung

William James (1842–1910), einer der Begründer der modernen Psychologie, gehörte auch zu den ersten Wissenschaftlern, die zum Thema Selbstachtung gearbeitet haben. Dieser amerikanische Mediziner und Philosoph war verblüfft, daß es keine direkte Beziehung gab zwischen den objektiven Fähigkeiten einer Person und dem Grad ihrer Zufriedenheit mit sich selbst. So schrieb er: »Ein Mensch mit sehr beschränkten Mitteln kann von Selbstgefälligkeit nur so strotzen, und jemand, dessen Erfolg im Leben außer Frage steht und der von allen geschätzt wird, kann sein Lebtag lang an seinen Kräften zweifeln.«[146] Ganz logisch gelangte James zu der Schlußfolgerung, daß die Zufriedenheit bzw. Unzufriedenheit mit der eigenen Person nicht nur von unseren Erfolgen abhängt, sondern auch von den Kriterien, nach denen wir diese Erfolge beurteilen. Das faßte er in folgender Gleichung zusammen:

$$\text{Selbstachtung} = \frac{\text{Erfolge}}{\text{Ambitionen}}$$

Mit anderen Worten gesagt: Je mehr Erfolge wir erzielen, desto stärker wird sich unsere Selbstachtung erhöhen – unter der Bedingung freilich, daß unsere Ambitionen nicht allzu hoch gesteckt sind. Nehmen wir ein Beispiel dafür: Sie schaffen Ihr Abitur mit dem Prädikat »befriedigend«. Es handelt sich also um einen »Erfolg«. Weil Sie vor allem darauf aus waren, nicht durchzurasseln, wird Sie dieser Erfolg vollauf zufriedenstellen. Dasselbe Ergebnis wäre aber eine bittere Enttäuschung für Sie gewesen, wenn Sie höhere Ambitionen gehabt und mit dem Prädikat »sehr gut« gerechnet hätten. Im ersten Fall wächst die Selbstachtung, im anderen geht sie zurück.

Hohe Ambitionen können also die Herausbildung einer guten Selbstachtung hemmen. So sagte Ernest Hemingway, Nobelpreispreisträger und auf dem Gipfel seines Ruhmes, kurz vor seinem Selbstmord: »Wichtig ist nicht, was ich geschrieben habe, sondern was ich hätte schreiben können.« Manche paradoxen Unzufriedenheiten von Personen, die begabt oder »vom Leben verwöhnt« sind, finden hierin ihre Erklärung. Aber auch die Leiden unserer Patienten: viele schüchterne Menschen haben zum Beispiel eine zu perfektionistische Vorstellung von dem, was sie in Sozialsituationen leisten müßten (»Ich muß allen Leuten gefallen, ich darf niemanden verärgern, ich muß auf alles eine Antwort geben können, schlagfertig sein ...«). Damit setzen sie ihre Selbstachtung permanent unter Druck.

Umgekehrt rührt das psychische Wohlbefinden mancher Personen, die in sehr ungünstigen Verhältnissen leben, wahrscheinlich aus ihrer Fähigkeit, sich mit dem zu bescheiden, was sie haben. Glück ist oft eine Frage der individuellen Perspektive. Und es ist immer mit Selbstachtung verknüpft: je mehr die letztere ausgeprägt ist, desto zufriedener wird das Individuum mit seinem Leben sein.[147]

Die Jamessche Gleichung erklärt aber nicht nur das jeweilige Niveau der Selbstachtung, sondern auch deren Entwicklung.

Von einem Erfolg zum anderen

Der fünfjährige Théo hat es gerade zum erstenmal geschafft, ohne Stützräder mit dem Fahrrad zu fahren. Darauf ist er sichtlich stolz, und die ganze Familie soll sich versammeln, um seine Meisterleistung zu bewundern. Ein paar Wochen später fährt Théo »wie die Großen«, aber sein Stolz hat sich verringert: jetzt liegt sein Ziel nicht mehr darin, ohne Stützräder zu fahren, sondern er möchte genauso schnell sein wie sein großer Bruder Rémi. Nach einiger Zeit wird er sich dann wahrscheinlich vornehmen, freihändig fahren zu können ...

Dieses Phänomen haben wir alle schon erlebt: ein erster Erfolg läßt unsere Selbstachtung stark ansteigen, und wir empfinden große Freude. Später gewöhnen wir uns an diesen Erfolg; wenn er sich wiederholt, spüren wir die Freude schon nicht mehr so deutlich wie beim erstenmal, und auch unsere Selbstachtung wird nicht mehr »gedopt«. Jetzt finden wir es beinahe normal, erfolgreich gewesen zu sein. Erfolge sind zwar eine wichtige Quelle unserer Selbstachtung, aber sie dienen eher dazu, sie auf gutem Niveau zu halten als sie anzuheben. Wollen wir, daß unsere Selbstachtung erneut einen Schritt nach vorn macht, werden wir logischerweise unsere Ambitionen erhöhen, indem wir durchschlagendere Erfolge anstreben oder welche auf anderen Gebieten ...

Verzichten will gelernt sein

Eine Änderung der eigenen Ambitionen ist auch ein wirksames Mittel, um damit zurechtzukommen, daß der Erfolg schwindet. Ein gutes Beispiel dafür ist das Altern. Um glücklich älter zu werden, müssen wir (genau andersherum als die Kinder) unsere Ambitionen zurückschrauben, zumindest in bestimmten Bereichen. Verstehen wir es mit zunehmendem Alter nicht, den Gedanken an sportliche Spitzenleistungen oder einen athletischen Traumkörper zu verabschieden, sind wir zu schmerzlichen Erfahrungen verdammt, denn der

Erfolg will sich nicht mehr einstellen. Schon William James hatte bemerkt: »Welch glücklicher Tag, an dem wir es aufgeben, jung oder schlank sein zu wollen!« Oscar Wilde konnte sich von diesen Ambitionen wahrscheinlich nicht freimachen, schrieb er doch: »Das Schlimme am Älterwerden ist, daß man jung bleibt.«

Die wichtigste Lehre dieses arithmetischen Selbstachtungsmodells richtet sich im Grunde auf die Kunst, mit den eigenen Ambitionen umzugehen. Wir müssen die goldene Mitte finden zwischen einem übertriebenen Ehrgeiz, der uns daran hindert, mit dem Erreichten zufrieden zu sein (»Ich will immer mehr!«), und einer allzu bequemen Haltung, die unsere Anstrengungen bei der Verwirklichung eines Ziels schon früh erlahmen läßt (»Ach, das genügt mir ...«).

Risiken eingehen – oder lieber doch nicht?

Kann man die Strategien, die wir beim Anlegen unseres Geldes verfolgen, mit denen vergleichen, die wir zur Entwicklung unserer Selbstachtung anwenden? Psychologen haben sich diese Frage gestellt.[148] Ihrer Meinung nach bildet das Maß der Liebe, das wir in unseren ersten Lebensjahren empfangen haben, eine Art Grundkapital, mit dem wir im folgenden wirtschaften müssen.

In der Finanzwelt gibt es »Großinvestoren«, die über ein bedeutendes Startkapital verfügen und sich für Anlagen entscheiden, die ein gewisses Risiko beinhalten, aber auch eine Menge Profit abwerfen können – Aktien an der Börse zum Beispiel. Sofern diese Leute realistisch denken, werden sie dabei letztendlich gewinnen und mehr und mehr Geld einfahren. Sie fürchten sich nicht davor, bei manchen Anlagen etwas zu verlieren, denn anderswo bleibt ihnen auf alle Fälle noch genug.

Die »kleinen Sparer« hingegen sind niemals richtig reich gewesen und haben Angst, ein unbedachtes Risiko einzugehen und dabei das bißchen, was sie besitzen, zu verlieren. Sie investieren also vorsichtig und eher in sichere Anlagen wie zum Beispiel Sparbücher. So entsprechen auch ihre Gewinne der Höhe des Risikos: sie sind bescheiden.

Auf die Selbstachtung angewendet, erlaubt dieses »Finanzmodell« vor allem zu verstehen, weshalb Personen mit hoher Selbstachtung andere Strategien verfolgen als jene mit niedriger. Erstere zeigen, wie wir schon gesehen haben, eine offensivere Haltung gegenüber ihrem Dasein. Sie gehen eher Wagnisse und Initiativen ein und ziehen daraus größeren Gewinn für ihre Selbstachtung. Die anderen sind hingegen behutsamer und vorsichtiger: sie scheuen das Risiko und nehmen es nur in Kauf, wenn der äußere Rahmen Sicherheit einflößt und Vorhersagen ermöglicht. Das bietet ihnen weniger Gelegenheiten, ihre Selbstachtung zu erhöhen.

Das Finanzmodell der Selbstachtung

- Selbstachtung muß regelmäßig neu eingesetzt werden, damit sie nicht an Wert verliert.
- Die Gewinne entsprechen der Höhe des eingegangenen Risikos.
- Je höher das Startkapital ist, desto leichter läßt man sich auf Risiken ein.

Dieses Modell werden Sie ungerecht finden: so wie die Reichen immer reicher werden, kämen auch die Personen, die mit einem komfortablen Narzißmus starten, leichter zu einer guten Portion Selbstachtung als die übrigen. Von Interesse ist der Ansatz aber vor allem aus einem anderen Grund. Er erinnert daran, daß jedes Kapital verschleißt und deshalb immer wieder in Umlauf gebracht werden muß: wird unsere Selbstachtung nicht durch persönliche Initiativen genährt, macht sie das auf die Dauer zerbrechlich.

Das »Spiegelbild-Ich«

»Man weiß niemals genau, wie einen die anderen sehen«, sagt uns eine junge Patientin. »Das ist schade, denn wir könnten eine Menge daraus lernen. Manchmal möchte ich wissen, was die Leute *wirklich* von mir denken. So könnte ich erfahren, ob die Vorstellung, die ich von mir selbst habe, begründet ist oder nicht. Zum Beispiel würde ich gern bei meinem Begräbnis zuschauen und hören, was die Leute am Friedhofsportal erzählen. Es stimmt schon, ich verbringe im allgemeinen viel Zeit damit, mich zu fragen, wie die Leute über mich reden. Das ist für mich sogar eine der Hauptquellen des Vergnügens (wenn ich weiß, daß ich einen guten Eindruck mache) oder Mißvergnügens (wenn ich merke, daß ich in der Achtung meines Gegenübers nicht gerade vorn plaziert bin).«

Dieser Bericht verweist darauf, daß man sich niemals *aus dem Nichts heraus* beurteilt. Selbstachtung ist nicht nur eine Bewertung der eigenen Person, sondern auch eine Vorwegnahme oder Abschätzung der Beurteilung durch die anderen. Manche Psychologen nennen das ein »Spiegelbild-Ich« *(looking-glass self)*.[149]

Zwischen Kritik und Anerkennung

Manchmal wollen wir uns einreden, die Meinung der anderen berühre uns nicht; aber mal ehrlich, läßt Kritik uns wirklich so kalt? Natürlich nicht. Egal aus welcher Ecke er kommt und ob er fundiert ist oder nicht – ein negativer Kommentar in unsere Richtung löst unverzüglich eine schmerzhafte emotionale Reaktion aus.[150] Wir empfinden dieses Urteil zunächst einmal als zutreffend. Erst nachträglich machen wir uns durch einen intellektuellen Prozeß von ihm frei, um es entweder zu kritisieren (»Nein, alles in allem bin ich da anderer Meinung!«) oder seine Bedeutung zu mindern, indem wir auf Distanz zu unserem Kritiker gehen (»Dieser Mensch ist mir schnuppe, und da pfeife ich auch auf seine Meinung!«). Diese Arbeit fällt den Menschen unterschiedlich leicht: für die einen, die meist eine recht hohe Selbstachtung besitzen, ist Kritik nur eine flüchtige Unannehmlichkeit; bei anderen bringt sie oft alles zum Einstürzen.

Kritik berührt uns immer, Anerkennung zum Glück aber auch. Um das zu beweisen, hat man mit einer Gruppe von Studentinnen im Grundstudium folgenden Versuch durchgeführt.[151] Unter dem Vorwand, eine persönliche Bilanz ziehen zu wollen, wurden sie von einer gutaussehenden Studentin im Hauptstudium (die somit in ihren Augen doppeltes Prestige hatte) aufgefordert, sich selbst mit allen Stärken und Schwächen zu beschreiben. Bei der Hälfte der Studentinnen gab die schöne Befragerin eine ermutigende Stellungnahme ab: ging es um die Stärken, stimmte sie zu (»Ja, einverstanden, das denke ich auch!«), und wurden die Schwächen angesprochen, stellte sie diese in Abrede (»Hm, ich finde, davon merkt man gar nichts!«). Bei den anderen Studentinnen gab sie überhaupt keinen Kommentar. Als man nach diesem Gespräch eine Bewertung des Selbstachtungsniveaus vornahm, bemerkte man, daß sich die Werte in der ersten Gruppe beträchtlich verbessert hatten und daß dieser Effekt mehrere Stunden anhielt. Ganz gleich, wo unser Selbstachtungspegel liegt – soziale Anerkennung tut gut. Nur ist ihre Wirkung von unterschiedlicher Dauer: der Gewinn, den man aus einer positiven Botschaft ziehen kann, ist wahrscheinlich instabiler, wenn man sich geringachtet, da man in diesem Falle wieder schneller an sich selbst zu zweifeln beginnt.

Die Selbstachtung als Soziometer

Ausgehend von diesen Feststellungen haben Forscher nicht mit der Behauptung gezögert, die Selbstachtung sei ein »Soziometer«.[152] So wie das Barometer den Luftdruck mißt, uns vor Gewittern warnt oder über das Fortdauern des schönen Wetters beruhigt, sei die Selbstachtung ein Ausdruck der instinktiven Wahrnehmung unserer Beliebtheit. Wir sind zufrieden mit uns selbst, weil wir uns auf die eine oder andere Art geliebt fühlen; unsere Selbstachtung sinkt jedoch, wenn wir meinen, daß wir keine soziale Wertschätzung mehr finden.

Leider weist das Soziometer Konstruktionsmängel auf: es vermeldet eine fallende Tendenz häufiger und heftiger als eine steigende, weil die Selbstachtung auf soziale Zurückweisung viel empfindlicher reagiert als auf Anerkennung. Ganz wie es einer unserer Patienten ausdrückte: »Meine Selbstachtung? Sie legt um einen Punkt zu, wenn man mir ein Kompliment macht, aber sie verliert zehn Punkte, wenn ich kritisiert werde.« Und ein anderer erzählte uns: »Wenn ich mich in einer Gruppe akzeptiert fühle, beruhigt mich das nur vorübergehend. Gar kein Vergleich damit, wie alles für mich zusammenbricht, sobald ich den Eindruck habe, ins Abseits geschoben zu werden. Es freut mich zum Beispiel, wenn man mich zum Abendessen einlädt. Aber diese Freude hält sich trotzdem in Grenzen und kann gar nicht verglichen werden mit meiner Betrübnis, wenn irgendwer ein Abendessen ausrichtet und ich nicht eingeladen bin. Wie kommt das bloß? Vielleicht brauche ich den Glauben, daß die anderen mich pausenlos lieben und daß es gar nicht ohne mich geht ...«

Ein Experiment bestätigt dieses Phänomen. Freiwilligen Versuchspersonen wird eine Arbeit zugeteilt, die sie entweder in der Gruppe oder aber für sich allein ausführen müssen. Den einen redet man ein, diese Entscheidung sei im Team gefallen (»Sie sind von den Mitgliedern der Gruppe für eine Zusammenarbeit ausgewählt worden!« beziehungsweise »Die Mitglieder der Gruppe wollten Sie nicht dabei haben; Sie werden also allein arbeiten!«). Den anderen verkündet man, die Auswahl sei nach dem Zufallsprinzip erfolgt (»Das Los hat entschieden: einige von Ihnen werden sich den Gruppen anschließen, und die anderen werden allein arbeiten!«). Das Ergebnis: Man konstatierte, daß die Selbstachtung der Testpersonen nicht berührt worden war, wenn man die positive oder negative Entscheidung als Frucht des Zufalls hingestellt hatte. Schien die Wahl aber von der Gruppe auszugehen, erhöhte es die Selbstachtung nur mäßig, wenn man zu den Auserwählten gehörte. Ernsthaft gemindert wurde sie hingegen durch den Bescheid, man wäre abgewiesen worden.[153]

Selbstachtung und Selbstbehauptung

Menschen mit geringer Selbstachtung haben häufig Probleme mit der Selbstbehauptung: es fällt ihnen z.B. schwer, nein zu sagen oder eine konträre Meinung zu äußern. Hören wir dazu Alain (40), Kaufmann: »Richtig schüchtern bin ich nicht; ich treffe zum Beispiel immer gern neue Leute, ich schließe schnell mit ihnen Bekanntschaft und versuche, sie wiederzusehen ... Probleme habe ich dort, wo man sich gegen etwas stellen muß oder wo es jedenfalls darauf hinauslaufen könnte. Ich kann zum Beispiel nur ganz schwer etwas ablehnen; wenn ich keine Lust habe, eine bestimmte Sache zu tun, brauche ich Stunden, bis ich das zu sagen wage. Man hat mich auch darauf aufmerksam gemacht, daß ich in Diskussionen immer mit allem einverstanden bin. Nie widerspreche ich jemandem. Daß ich mich so verhalte, war mir am Ende schon selbst nicht mehr bewußt. Auf jeden Fall hat mir meine Psychotherapie gezeigt, daß beiden Dingen dasselbe Problem zugrunde liegt: ich möchte niemals ein Konfliktrisiko eingehen. Ich weiß, ich könnte das nicht ertragen; die Meinung der anderen ist zu wichtig für mich. Ich bin soziodependent, wie mein Therapeut sagt!«

Jetzt versteht man vielleicht besser, worin der Nutzen der Selbstbehauptungs-Methoden liegt. Mit ihrer Hilfe wird man Personen wie Alain durch Übungen und Rollenspiele darin trainieren, den eigenen Standpunkt vorzubringen und gelassen zu verteidigen.

Wenn man es anderen nachmacht

Schauen Sie sich die folgende Zeichnung aufmerksam an. Welche von den Linien 1 bis 3 kommt in ihrer Länge der Ausgangslinie am nächsten?

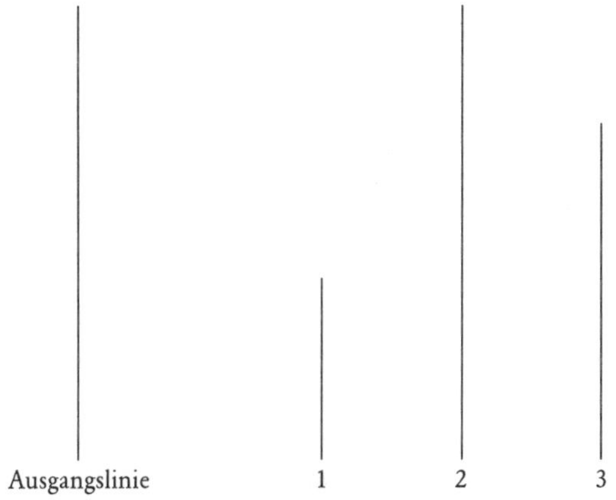

Sie haben sicher (und mit Recht) geantwortet, daß es sich um Linie Nr. 2 handelt. Das scheint Ihnen sonnenklar zu sein? Es steht jedenfalls nicht fest, daß Sie genauso geantwortet hätten, wenn Sie den gleichen Bedingungen unterworfen gewesen wären wie die Teilnehmer an jenem berühmten Experiment[154], das wir im folgenden beschreiben möchten.

Man hatte freiwillige Versuchspersonen gebeten, nach dem gleichen Prinzip wie in der obigen Abbildung die Länge von Linien einzuschätzen. Ließ man sie allein arbeiten, irrte sich nicht einmal jeder tausendste von ihnen; eine übergroße Mehrheit entschied sich also ganz korrekt für die Linie Nr. 2. Wurden die Testpersonen hingegen mit anderen Leuten zusammengebracht (die ins Experiment eingeweiht waren), verkomplizierten sich die Dinge. Während der ersten beiden Runden verhielten sich die Mitwisser ganz normal, sie gaben logische Antworten und zeigten auf die richtige Linie. Für die dritte Runde waren die Mitspieler jedoch angewiesen worden, *allesamt* auf die ungezwungenste und natürlichste Art der Welt zu sagen, die Linie Nr. 1 oder die Linie Nr. 3 komme der Referenzlinie am nächsten. Dabei richtete man es so ein, daß sie früher antworteten als die Testpersonen. Nun zeigten die Versuchsteilnehmer ziemlich deutliche Anzeichen von Anspannung und Verlegenheit, und schließlich beugte sich ein Drittel von ihnen der Meinung der Gruppe und entschied sich für die falsche Antwort.

Der Hauptgrund für diesen Konformismus ist wahrscheinlich die bereits erwähnte Angst vor sozialer Zurückweisung. Sie war es, die zahlreiche Versuchsteilnehmer dazu trieb, es »wie die anderen zu machen«. Diese Angst ist mit der Selbstachtung eng verbunden. Als man das Experiment später wiederholte, um einige Variablen besser untersuchen zu können,[155] konnte man übrigens auch nachweisen, daß unser sozialer Konformismus wächst, je ärger mit unserer Selbstachtung umgesprungen wird. Je mehr man die Testpersonen in einem Umfeld plazierte, in welchem sie sich unbehaglich oder inkompetent fühlten (etwa mit anderen Testpersonen, die sehr selbstsicher auftraten oder sich mit Psychologielaboren offensichtlich auskannten), oder je mehr sie den Status der Gruppe bewunderten (wenn man ihnen die anderen Personen zum Beispiel als Mitglieder eines Expertenteams vorstellte oder als Studenten aus höheren Studienjahren), desto häufiger entschieden sie sich für falsche Antworten.

Mißtrauen Sie Ihrer Wahl darum immer dann, wenn Sie sich im Rahmen einer Gruppe entscheiden mußten, und ganz besonders dann, wenn diese Gruppe Sie einschüchtert und Sie an sich selbst zweifeln läßt. Je geringer Ihre Selbstachtung ist, desto weniger Rückgrat werden Sie nämlich zeigen – bisweilen auf Kosten des gesunden Menschenverstandes ...

Über Toleranz und Rassismus

Vermindert man experimentell die Selbstachtung freiwilliger Versuchspersonen (indem man sie an Aufgaben scheitern läßt, die als ganz einfach dargestellt wurden, oder indem man sie an ihren Tod denken läßt), kann man konstatieren, daß sie sich danach eher dazu hinreißen lassen, andere Leute zu kritisieren. Auch gegenüber Gesetzesverstößen und Attacken gegen die eigene kulturelle Gruppe reagieren sie dann intolerant.[156] So sollen amerikanische Bürger, deren Selbstachtung man herabgesetzt hat, dazu neigen, strenger über Personen zu urteilen, die Schlechtes über die Vereinigten Staaten sagen ...

Dieselbe Art Experiment führt Versuchspersonen dazu, schneller mit rassistischen Vorurteilen aufzuwarten.

Eine Herabsetzung der Selbstachtung ist sicherlich nicht der einzige Grund für rassistisches oder intolerantes Verhalten, aber wenn ihm eine bestimmte Ideologie schon den Boden geebnet hat, kommt es unter diesen Umständen gewiß leichter zum Vorschein.

Soll man Modellen nacheifern?

Einen Tag vor Weihnachten trägt der siebenjährige Paul eine Krawatte: er begleitet seinen Vater ins Büro. Während der seine Akten sortiert, »arbeitet« Paul am Computer. Er ist enorm stolz, all den Erwachsenen zu ähneln, die er auf den Fluren gesehen und gegrüßt hat, und es »wie die Großen« zu machen. An diesem Winternachmittag fühlt er sich fast auf einer Stufe mit seinem Vater, den er sehr bewundert. Seine Selbstachtung wird gestärkt daraus hervorgehen: er hat sich seinem Ideal genähert (erwachsen werden), indem er seinem Vorbild ähnlich wurde (dem Vater).

William James erinnerte im Jahre 1892 daran, wie sehr Ideale den Blick prägen, den man auf sich selbst richtet. Der eine »schämt sich zu Tode, weil er nur der zweitbeste Boxer oder der zweitbeste Ruderer der Welt ist. Daß er imstande ist, die gesamte Bevölkerung des Erdballs minus eine einzige Person zu bezwingen, zählt gar nicht [...]. Für ihn selbst ist es, als würde er überhaupt nicht existieren [...] Dagegen empfindet der miese kleine Schwächling, den ein jeder schlagen könnte, deswegen überhaupt keinen Kummer, denn er hat es schon lange aufgegeben, ›in diesem Bereich zu investieren‹, wie die Kaufleute sagen. Wer erst gar nichts versucht, kann dabei nicht scheitern; und wer nicht scheitert, steckt keine Demütigungen ein. So hängt unser Selbstgefühl ganz und gar davon ab, was wir zu sein und zu tun anstreben.« Mit anderen Worten: die Selbstachtung ist abhängig von der Distanz, die wir zwischen unserem Verhalten und unserem Ideal ausmachen. Kommen wir dem Ideal nahe, haben wir eine gute Meinung von uns; entfernen wir uns davon, achten wir uns gering.

Herr Schmutzfink und Herr Saubermann

Der folgende Versuch ist mit Studenten durchgeführt worden, die auf der Suche nach einem Job für die Sommerferien waren.[157] Beim Vorstellungsbesuch im Betrieb läßt man jeden der Studenten in einem Raum Platz nehmen, wo er verschiedene Formulare ausfüllen soll (darunter einen Fragebogen zur Selbstachtung). Nach einer Weile betritt ein Mitspieler des Versuchsleiters den Raum, setzt sich an einen anderen Tisch und macht sich ans Ausfüllen derselben Fragebögen.

In der Hälfte der Fälle (die Auswahl erfolgte nach dem Zufallsprinzip) hat dieser Mitspieler ein gepflegtes Äußeres; er öffnet einen Aktenkoffer, in dem ein Laptop, ein Philosophiebuch und andere Attribute des Wissens zum Vorschein kommen. Er ist in diesem Experiment der »Herr Saubermann«. Bei der anderen Hälfte der Studenten gibt es das umgekehrte Szenario: ein »Herr Schmutzfink« tritt auf, schlecht angezogen und unrasiert; er fläzt sich auf den Tisch und holt einen billigen Sexroman hervor …

Nachdem der jeweilige Mitspieler erschienen ist, bringt man dem Studenten weitere Formulare zum Ausfüllen, darunter einen zweiten Fragebogen zur Selbstachtung. Dann vergleicht man die Selbstachtungswerte vor und nach dem Auftreten des Mitspielers. Das Resultat: Herr Saubermann, der einen daran erinnert, wie weit man noch entfernt ist von seinem sozialen Ideal, läßt die Werte einbrechen, während Herr Schmutzfink, der einem zeigt, daß man im Grunde gar nicht so übel ist, der Selbstachtung tüchtigen Auftrieb gibt …

Modelle und Antimodelle

Wir erreichen im Leben selten unsere Ideale, aber bestimmte Personen spielen für uns manchmal die Rolle eines Vorbilds. Der Umgang mit ihnen wird nutzbringend für uns sein, solange wir nicht in einen Wettbewerb mit ihnen treten. Indem wir ihre besonderen Fähigkeiten ganz oder teilweise imitieren (»Ich will versuchen, es ebensogut zu machen!«), werden wir sowohl unser Know-how als auch unsere Selbstachtung verbessern. Was wir erlernen, verdanken wir größtenteils diesem Nachahmungsprinzip.[158]

Aber auch »Antimodelle« können uns dabei helfen, daß wir uns wohl in unserer Haut fühlen. Sie zeigen uns, was wir unterlassen sollten. So berichtete eine Patientin: »Jahrelang habe ich mich immer aufgeregt über meine Mutter. Sie brachte mich zur Weißglut; ich fand, daß sie richtig unreif war. In Wahrheit war ich enttäuscht von ihr, denn sie entsprach nicht dem Vorbild, das ich mir gewünscht hätte und das sie in meiner Kindheit manchmal für mich gewesen war. Das eigentliche Problem bestand darin, daß mein Ressentiment egoistisch war; ich fühlte mich selbst abgewertet, wenn ich mir sagte: ›Ich bin ihre Tochter und ähnele ihr sicher mehr, als mir bewußt ist.‹ Später habe ich begriffen, daß sie sich nicht ändern würde und daß es vielmehr an mir war, mich weiterzuentwickeln. So habe ich versucht, mehr auf ihre Stärken zu sehen. Vor allem wollte ich aber ihren Schwächen gegenüber toleranter sein. Tat sie etwas, das mich ärgerte, dann regte ich mich nicht auf, sondern fragte mich lieber, ob ich es manchmal nicht genauso machte und wie ich ein solches Verhalten vermeiden könnte.«

In anderen Fällen dient die Beobachtung von Antimodellen einfach nur dazu, uns zu trösten! Wenn Personen aus unserer Umgebung auf einem oder mehreren Gebieten weniger gut abzuschneiden scheinen als wir selbst (egal ob unsere Einschätzung zutrifft oder nicht), dann ist das ein quasi experimentelles Mittel, unsere Selbstachtung anzuheben. Wie schon ein französisches Sprichwort sagt: »Wenn ich mich seh', betrübt mich das – seh' ich die andern, gibt sich das.«

Für die Selbstachtung wäre es sicher ideal, beide Varianten des vergleichenden Blicks zu pflegen: den Vergleich nach unten, durch den man sich beruhigt, und den nach oben, der einen anspornt. Deshalb gibt es im Sport übrigens auch verschiedene Klassen und Kategorien, die die Sportler nach ihrem Leistungsvermögen trennen: dadurch wird es jedem möglich, Siege auszukosten und ab und zu durch eine Niederlage die Wohltat einer kleinen Korrektur der Selbstachtung zu erfahren …

Wenn uns das Ideal ein Bein stellt

Unsere Ideale wirken wie ein Motor, aber in bestimmten Fällen bilden sie auch eine Falle. Psychiater sprechen dabei von »Idealopathie«. Wann erfolgt das Umschlagen vom Normalen ins Krankhafte? Immer dann, wenn unsere Ideale und Vorbilder zu starr und gebieterisch werden. Die Psychoanalytiker haben vom »Ideal-Ich«[159] gesprochen, um die tyrannische Vision zu charakterisieren, die wir manchmal von unseren Idealen haben, wenn wir willens sind, uns ihnen anzunähern.

»Normales« Ideal	*»Krankhaftes« Ideal*
»Ich möchte gern ...«	»Ich muß unbedingt ...«
Das Erreichen des Ideals wird nicht verklärt: »Es wäre schon gut, das zu schaffen, aber damit werden sich nicht alle Probleme in Luft auflösen!«	Das Erreichen des Ideals wird verklärt: »Wenn ich das geschafft habe, wird alles wunderbar sein!«
Man akzeptiert die Möglichkeit, das Ziel auch teilweise zu verwirklichen: »Ich kann ein Stück von dem erreichen, was ich mir erträume.«	Man funktioniert nach dem Ganz-oder-gar-nicht-Prinzip: »Ich muß *alles* schaffen, was ich mir erträume.«
Man ist enttäuscht, wenn das Ideal nicht erreicht wurde, aber die Selbstachtung erholt sich davon.	Man ist deprimiert, wenn das Ideal nicht erreicht wurde, und die Selbstachtung trägt bleibende Schäden davon.

Ideale und Selbstachtung

Alles hängt an dem kleinen Unterschied zwischen »ich möchte gern« und »ich muß unbedingt«. Wenn ich gern Tierarzt werden *möchte*, werde ich alles tun, um mein Ziel zu erreichen. Aber ich würde auch mit einem anderen Beruf vorliebnehmen, wenn ich zum Beispiel merke, daß das Studium zu schwer für mich ist, oder entdecke, daß mir dieser Beruf eigentlich gar nicht gefällt. *Muß* ich hingegen unbedingt Tierarzt werden, weil dieser Beruf in der Familie seit Generationen vom Vater auf den Sohn weitergereicht wird, und scheitere dann an dieser Zielsetzung, wird die Achtung, die ich vor mir selber empfinde, darunter leiden. Um diesem Leiden zu entgehen, würde ich mich in mein Vorhaben verbeißen, ich würde unnötige Opfer bringen.

In *Der große Gatsby* erzählt Francis Scott Fitzgerald die Geschichte von Jay Gatsby, einem geheimnisvollen und eleganten amerikanischen Millionär vom Beginn unseres Jahrhunderts. Sein Ideal materiellen Erfolgs hat Gatsby, den Sohn eines Farmers aus dem Mittleren Westen, zu einem sehr reichen Mann gemacht. Aber sein Ideal in Liebesdingen (er will Daisy heiraten, die reiche Erbin aus den Südstaaten, die schon mit einem arroganten Kerl aus gutem Hause getraut ist) wird ihn in den Ruin, in den Untergang treiben. Indem er sich darauf versteift, Daisy zu erobern, zieht sich Gatsby den Haß seiner vornehm geborenen Nachbarn zu. Er hat ja sein Geld »nur« selbst verdient, statt ein Familienvermögen zu erben …

Der beste Weg, um von einem übersteigerten Ideal zu »genesen«, ist nicht einmal, daß man es endlich erreicht. Schon Oscar Wilde bemerkte: »Im Leben eines Menschen gibt es zwei Tragödien: wenn er nicht bekommen kann, was er sich wünscht – und wenn er es bekommt.« Es ist nicht leicht, sich aus der Umklammerung von Idealen zu befreien, vor allem, da sie manchmal eine Kompensationsfunktion für eine in der Kindheit erlittene Verletzung der Selbstachtung haben: so wird etwa das Gefühl, vom Vater nicht respektiert worden zu sein, bei diesem oder jenem Geschäftsmann am Ursprung seiner Arbeitswut und seines verbissenen Erfolgsstrebens gestanden haben. Wenn wir uns die eigenen Ideale bewußt machen (denn manchmal sind sie unserem Blick verborgen), ist das oft ein erster Schritt, damit sie ihren herrischen Charakter verlieren. Darin liegt auch das Ziel zahlreicher Psychotherapien.

Dritter Teil

Instandhaltung und Reparatur der Selbstachtung

Kapitel IX

Die Erkrankungen der Selbstachtung

»Ich kenne niemanden, der nutzloser und unverwendbarer wäre als ich.«

Emile Cioran

»Mein Problem liegt darin, daß ich überhaupt keine Achtung vor mir selbst empfinde«, erzählte uns eine Patientin. »Ich kann mich nicht leiden, und das deprimiert mich. Ich habe kein Selbstvertrauen, und das blockiert mich. Ich respektiere mich nicht, ich setze keinen einzigen guten Ratschlag in die Tat um. Wenn es mir schlecht geht, habe ich keine Lust, irgend etwas zu unternehmen, um mich daraus zu befreien; im Gegenteil, manchmal habe ich den Eindruck, daß ich in meinen Problemen schwelge. Geht es mir gut (wenn man das so sagen kann), bin ich dermaßen überzeugt, daß es nicht lange vorhalten wird und sowieso bloß ein Versehen ist, daß ich gar nicht erst versuche, irgend etwas Solides aufzubauen. Ganz als würde ich ohnehin nicht daran glauben. Und so geht es mir im Leben ständig. Meine Niedergeschlagenheit, meine Ängste, mein Hang, zuviel zu trinken – das und alles übrige kommt bloß davon, daß ich mich nicht mag.«

Viele psychische Schwierigkeiten sind mit Selbstachtungsproblemen verbunden. Sie können am Ursprung der Störungen stehen (das ist bei Komplexen der Fall), sie können bei ihrem Fortdauern eine Rolle spielen (so bei Depressionen) oder auch mit dem Schamgefühl zu tun haben, welches Patienten empfinden, wenn sie sozialer Beurteilung ausgesetzt sind (etwa bei Alkoholismus).

Ich habe keine Achtung vor mir – bin ich depressiv?

Angesichts der Prüfungen, die das Leben für uns bereithält, laufen wir alle Gefahr, einmal eine Depression durchzumachen. Ist der Risikofaktor aber vom Grad der Selbstachtung abhängig? Wer wäre in diesem Fall am meisten gefährdet? Nun, einerseits Personen mit stabil niedriger Selbstachtung, die durch ihre konstant negative seelische Verfassung und ihre kraftlosen Versuche, sich davon freizumachen, der Gefahr einer Depression besonders ausgesetzt sind.[160] Andererseits Individuen mit hoher, aber instabiler Selbstachtung, die durch ihre beständige Anstrengung, Rang und Image aufrechtzuerhalten, sowie ihre große Verletzlichkeit im Falle von Fehlschlägen und Zurückweisungen am Ende manchmal innerlich ausgebrannt sind.

Gewiß, niedrige Selbstachtung liegt nicht meilenweit von Depression entfernt, vor allem dann nicht, wenn sie stabil und dauerhaft ist. Dennoch gibt es Unterschiede zwischen beiden. Zunächst einmal ist die Depression eine Krankheit, während Selbstachtung nur ein psychisches Merkmal darstellt.

Niedrige Selbstachtung	*Depression*
Dauerhafter Zustand	Veränderung gegenüber einem früheren Zustand
Persönlichkeitszug	Krankheit
Störanfällige, schwankende Stimmung	Krankhafte Traurigkeit (andauernd, intensiv und wenig berührt von angenehmen Ereignissen)
Probleme beim Handeln: Mangel an Selbstvertrauen, ständiges Herausschieben von Aufgaben, Unzufriedenheit	Enorme Mühe, überhaupt zu handeln: Lustlosigkeit, ausbleibendes Vergnügen, Niedergeschlagenheit
Keine typischen körperlichen Störungen	Körperliche Probleme: Appetit- und Schlafstörungen, Verlangsamung aller Aktivitäten, Kraftlosigkeit

Niedrige Selbstachtung	*Depression*
Schwierigkeiten, sich zur Geltung zu bringen; Neigung zu Resignation und Genügsamkeit	Selbstentwertung; unangemessene Schuldgefühle
Keine Todes- oder Selbstmordgedanken	Bisweilen Todes- oder Selbstmordgedanken
Keine intellektuellen Probleme (oder nur subjektiv hervorgerufene): Konzentration und Gedächtnis funktionieren normal	Objektive, meßbare intellektuelle Probleme: Störungen der Konzentrationsfähigkeit und des Gedächtnisses

Unterschiede zwischen Depression und niedriger Selbstachtung

Bei all ihren Unterschieden gehen Depression und niedrige Selbstachtung doch oft Hand in Hand. Niedrige Selbstachtung ist nämlich *ein gemeinsames Symptom* aller Depressionen. Der amerikanische Schriftsteller William Styron, der selbst von einer schweren Depression erfaßt wurde, hat das in seinem Buch *Sturz in die Nacht* treffend beschrieben: »Von den vielen schlimmen Symptomen der Krankheit, körperlichen wie psychischen, ist das Gefühl des Selbsthasses – oder um es weniger kategorisch auszudrücken, der Mangel an Selbstachtung – eines der am häufigsten erfahrenen Symptome, und mit dem Fortschreiten der Krankheit hatte ich mehr und mehr unter dem Gefühl der eigenen Wertlosigkeit gelitten.«[161]

Ein Risikofaktor

Man hat nachweisen können, daß geringe Selbstachtung in der Jugend beim Auftreten einer Depression im Erwachsenenalter eine Rolle spielen kann.[162] Es scheint auch so, als wären bei schwangeren Frauen die Risiken einer Depression nach der Entbindung wesentlich geringer, wenn sie über einen guten sozialen Rückhalt und ein gutes Maß an Selbstachtung verfügen.[163] Eine Untersuchung an 738 Schwangeren hat gezeigt, daß Personen deutlich gefährdeter waren, wenn deren Selbstachtung gering war![164]

In bestimmten Fällen kann sich die Anlage zur Depression von den Eltern aufs Kind übertragen. Mütter, die eine Depression durchgemacht haben, neigen zum Beispiel dazu, ihren Kindern mehr negative Botschaften zu übermitteln (Pessimismus oder Kritik). So haben diese Kinder eine niedrigere Selbstachtung als solche, deren Eltern nicht an Depressionen litten.[165] Umgekehrt scheint ein gesunder Selbstachtungspegel bei unerfreulichen Ereignissen, etwa bei der Scheidung der Eltern, als Schutzfaktor zu wirken.[166]

Ein Kriterium für die Intensität und den möglicherweise chronischen Verlauf einer Depression

Je mehr die Selbstachtung depressiver Menschen beeinträchtigt ist, desto schwerer ist die Depression und desto größer das Risiko, daß sie sich ohne eine angemessene Behandlung in die Länge zieht. Der Patient mag sich nicht; er handelt nicht; er denkt, daß er es niemals mehr schaffen werde, in besseres Fahrwasser zu kommen. Er grübelt über seine negativen Emotionen und hat wenig Gelegenheit, ermutigt zu werden und Botschaften zu empfangen, die ihn wieder aufmuntern.

Man hat umgekehrt auch zeigen können, daß Menschen, die an einer sogenannten leichten Depression leiden, noch nach positiven und aufwertenden sozialen Botschaften suchen – zumindest auf den Gebieten, auf denen sie normalerweise glänzen, denn in den übrigen Bereichen »bevorzugen« sie negative Signale. Wie dem auch sei, die Tatsache, daß ein depressiver Patient für positive Botschaften empfänglich bleibt, ist ein Indiz für eine günstige Prognose.[167]

Ein Rückfallfaktor

Man betrachtet die Depression heute als Krankheit, bei der es oft Rückfälle gibt. Hat jemand eine Depression durchgemacht, wird ihn das für einige Zeit schwächen. Wenn der niedrige Selbstachtungspegel nach einer ersten depressiven Phase fortdauert, gibt es trotz scheinbarer Besserung eine erhöhte Rückfallgefahr.[168]

Das Hinübergleiten in eine Depression

Von welchem Augenblick an wird aus einer Beeinträchtigung der Selbstachtung eine depressive Störung? Die Unterschiede sind sowohl quantitativ (Intensität des seelischen Schmerzes und der Unfähigkeit zum Handeln) als auch qualitativ (Ekel vor sich selbst und manchmal der Wunsch, sich etwas anzutun).

Mittels experimenteller Untersuchungen wurde erforscht, ob bestimmte Ereignisse stärker als andere diesen Übergang erleichtern. Je nach Individuum können es jedoch unterschiedliche Ereignisse sein, die eine Depression auslösen. Aaron T. Beck, ein renommierter Autor auf dem Gebiet der Psychotherapie depressiver Zustände, hat daher die Hypothese vorgelegt, daß es zwei Persönlichkeitsdimensionen gäbe, welche ein Individuum anfällig dafür machen, unter dem Einfluß bestimmter Ereignisse depressiv zu werden. Diese Dimensionen seien die Soziotropie und die Autonomie.[169]

	»Soziotrope« Person	*»Autonome« Person*
Definition	Individuum, das ein beträchtliches Bedürfnis nach Beachtung und Ermutigung durch die anderen verspürt	Individuum, das seine Ziele erreichen will, ohne dabei von den anderen kontrolliert oder behindert zu werden
Depressionsauslösende Ereignisse	Fühlt sich kritisiert oder ins Abseits geschoben	Erleidet Mißerfolge, ist von anderen Personen abhängig
Auswirkungen auf die Selbstachtung	Zweifelt an der sozialen Akzeptanz	Zweifelt an der Befähigung, die Ereignisse unter Kontrolle zu halten

Risikoprofile und Depression

Wenn Ereignisse in der persönlichen Biographie bei anfälligen Personen eine Depression auslösen, kann man sich vorstellen, daß der Weg dorthin zunächst über eine Beeinträchtigung der Selbstachtung führt. Wie wir gesehen haben, sind soziale Akzeptanz (das Gefühl, geliebt zu werden) und die Befähigung zu effizientem und selbständigem Handeln (das Gefühl, kompetent zu sein) zwei wichtige Bausteine, auf denen die Selbstachtung ruht.

Bei einer korrekten Behandlung entwickeln sich heute die meisten Depressionen zur Gesundung hin.[170] Mit richtig verordneten Antidepressiva kann man Kranke sehr wirkungsvoll von depressiven Schüben heilen. Mehrere Studien scheinen darauf hinzuweisen, daß Patienten, die eine auf sie abgestimmte Psychotherapie durchlaufen haben, seltener Rückfälle zeigen als rein medikamentös behandelte Personen.[171] Liegt das daran, daß Psychotherapien bei den Patienten das Gefühl persönlicher Wirkungsmöglichkeiten angesichts der Depression verstärken und gleichzeitig ihre Selbstachtung erhöhen? Man könnte es annehmen, aber wissenschaftlich erwiesen ist es nicht. Auf jeden Fall untersuchen immer mehr Forschungsteams in der Psychiatrie die Selbstachtung ihrer depressiven Patienten.[172]

Wenn die Selbstachtung außer Rand und Band gerät

Das übersteigerte Ego des Manisch-Depressiven

Wir haben von »*der*« Depression gesprochen, aber eigentlich hätten wir sagen sollen »die Depressionserkrankungen«, denn es gibt sie in zahlreichen Formen. Eine von ihnen, die manisch-depressive Erkrankung[173], wird als »bipolar« bezeichnet: sie trägt zwei »Pole« in sich. Mal macht der Patient klassische depressive Phasen durch, mal leidet er unter »manischen« Schüben, in denen er ein »Anschwellen des Ichs« präsentiert, das von Größenwahn nicht weit entfernt ist. Den Rest der Zeit verhält er sich normal.

Die amerikanische Psychiaterin Kay Redfield Jamison hat diese bipolare Störung, von der sie selbst betroffen war, in ihrer Autobiographie auf erstaunliche Weise beschrieben:

»Wenn es nach oben geht, ist es phantastisch. Ideen und Emotionen leuchten mit der Geschwindigkeit von Sternschnuppen auf. Man hält sie fest oder läßt sie fallen, sofort findet man bessere, die noch heller funkeln. Die Schüchternheit verfliegt; zum gewünschten Moment erscheinen genau die passenden Worte und Gesten. Unsere Macht, andere Leute in Bann zu schlagen, wird uns zur inneren Gewißheit [...] Ein Gefühl von Leichtigkeit, Intensität, Macht, Wohlbefinden, Überfluß und Euphorie durchströmt uns bis ins Mark hinein.«[174] Wie man bemerken kann, löst dieses außergewöhnliche Zwischenhoch der Selbstachtung bei Patienten ein Gefühl von Allmächtigkeit aus, das sie den Sinn für die Realität verlieren läßt. Doch leider sind diese Schübe nur kurz, und sie werden unweigerlich von einer Depression abgelöst, die desto schwerer ausfällt, je intensiver die manische Phase gewesen ist.

Einige Kriterien, anhand derer ein Psychiater manische Phasen diagnostiziert

- Erhöhung der Selbstachtung oder größenwahnsinnige Ideen
- Verkürzung der Schlafdauer
- Bedürfnis, unablässig zu reden
- Exzessive Hingabe an angenehme Aktivitäten, aber mit dem Risiko schädlicher Folgen (unüberlegte Kaufhandlungen, inkohärente sexuelle Abenteuer, unvernünftige geschäftliche Investitionen etc.)

Woher kommen diese manischen Anfälle? Man weiß es noch nicht so recht. Wenngleich inzwischen festzustehen scheint, daß dabei biologische Faktoren mit im Spiel sind, haben auch die Psychoanalytiker eine interessante Hypothese vorgebracht. Sie sehen im manischen Anfall einen unbewußten Kampf gegen depressive Neigungen; er wäre also ein verzweifelter Versuch, die Depression daran zu hindern, sich einzurichten.

Auf jeden Fall hat die Behandlung mit Lithium und stimmungsregulierenden Medikamenten diesen Patienten erlaubt, ihren Gesundheitszustand beträchtlich zu verbessern. Hingegen konstatiert man mit einiger Überraschung, daß viele von ihnen bestimmten Aspekten ihres manischen Höhenflugs, bei dem sie sich so gut gefühlt hatten, nachtrauern. »Ich habe mich schon oft gefragt«, erklärt etwa K. R. Jamison, »ob ich nicht freiwillig manisch-depressiv werden würde, wenn ich es mir aussuchen könnte. Wenn man sich kein Lithium beschaffen könnte oder wenn es bei mir nicht anschlagen würde, wäre die Antwort unter der Fuchtel des Schreckens ein kategorisches Nein. Aber Lithium wirkt bei mir gut, und so kann ich mir diese Frage erlauben. Seltsam, ich glaube, ich würde diese Krankheit freiwillig wählen ...«

Sind Lebensfülle und Vollkommenheit der Selbstachtung, welche solche Patienten in ihren manischen Schüben verspüren, eine der Erklärungen für dieses Paradoxon?

Die allzu hohe Selbstachtung des narzißtischen Individuums

Die narzißtische Persönlichkeit ist durch ihre Überzeugung gekennzeichnet, anderen überlegen zu sein. Die Selbstachtung narzißtischer Menschen ist offensichtlich sehr hoch und sogar zu hoch, denn ihr Mangel an Bescheidenheit wirkt auf die Mitmenschen oft unangenehm.

Einige Kriterien, anhand derer ein Psychiater die Diagnose »narzißtische Persönlichkeit« stellt

- Übersteigertes Empfinden der eigenen Wichtigkeit. Die narzißtische Persönlichkeit überschätzt ihre Leistungen und ihre Fähigkeiten. Sie erwartet, von den anderen als überlegen anerkannt zu werden, ohne jedoch bereits Dinge vollbracht zu haben, die zu einer solchen Sonderbehandlung berechtigen würden.
- Phantasmen von grenzenlosem Erfolg, von Macht und Glanz
- Die narzißtische Persönlichkeit hält sich für etwas ganz Besonderes und Einzigartiges. Nur elitäre Institutionen und hochgestellte Persönlichkeiten können ihrer Mei-

nung nach diese Ausnahmestellung richtig wahrnehmen oder verstehen.
- Übertriebenes Bedürfnis nach Bewunderung
- Die narzißtische Persönlichkeit meint, ihr stehe einfach alles zu.
- Arrogante und hochmütige Haltungen

Man hat sich oft gefragt, ob die Selbstachtung dieser narzißtischen Individuen nicht »zu schön ist, um wahr zu sein«. Bei vielen dieser Personen zeugt der ständige Drang nach Eigenwerbung tatsächlich von einer Weltsicht, die durch bestimmte Ängste geprägt wird: »Wenn man mich nicht bewundert, tauge ich nichts!« oder »Wenn ich mich nicht durchboxe, um Anerkennung zu finden, wird man niemals sehen, wie kompetent ich bin!« Es ist möglich, daß die narzißtischen Verhaltensweisen von einem Gefühl der Unsicherheit über den eigenen Wert künden. Es mangelt noch an Untersuchungen, um die Ursachen für Narzißmus klar definieren zu können. Es könnte dieser Persönlichkeitsstörung ein Erziehungsstil zugrunde liegen, der das Kind zu sehr in die Höhe hebt und gleichzeitig vernachlässigt. So schilderte es uns eine unserer Patientinnen. Ihre Eltern, die für den Film arbeiteten, waren selbst narzißtische Persönlichkeiten:

»Meine ganze Kindheit über habe ich Sätze gehört wie ›Du hast das Beste vom Besten verdient!‹ oder ›Du sollst dich doch nicht mit diesen mittelmäßigen Kindern abgeben!‹ Gleichzeitig waren meine Eltern so von ihrer Karriere in Beschlag genommen, daß sie sich um uns überhaupt nicht kümmerten. Wir bekamen sie nur zwischen Tür und Angel zu Gesicht und fühlten bald, daß wir für sie nur eine Beschäftigung neben vielen anderen waren.

Ich erinnere mich noch gut an meine Unsicherheiten. Wegen meiner Eltern: ›Habe ich sie wirklich verdient?‹ Wegen schulischer Dinge: ›Werde ich dieses Jahr versetzt werden?‹ Wegen meiner Freundschaften: ›Und wenn meine Freundinnen mich eines Tages alle sitzenlassen, weil ich so einen miesen Charakter habe?‹ Ich zweifelte an allem, aber meine Ängste wurden systematisch erstickt. Natürlich bekam ich

Ausschlag, Probleme mit dem Schlaf, Asthma ... Alles, um die Aufmerksamkeit meiner Eltern zu gewinnen, aber die begnügten sich damit, mich in Begleitung meiner Tagesmutter zu den besten Fachärzten zu schicken.

Ich war ein Kind, das vor Erwachsenen zu brillieren verstand, und ich hatte begriffen, daß meine Eltern stolz auf mich waren, wenn ich dick auftrug. Also spielte ich eben den kleinen Star. Ich sah auch, daß sie in solchen Augenblicken gerührt waren: wahrscheinlich erblickten sie sich selbst en miniature, und das gefiel ihnen.

Das Ärgerliche daran war, daß es mir allmählich gar nicht mehr auffiel. Und so brauchte ich erst meine Scheidung, bei der mein Mann mir letztes Jahr alles vor den Kopf geknallt hat, und diese Psychotherapie, damit ich endlich begriff.«

Will man narzißtischen Persönlichkeiten helfen, sich zu ändern, bedeutet das meist ein hartes Stück Arbeit für die Therapeuten und die Betroffenen selbst. Mehrere Etappen müssen dabei durchlaufen werden: das Bewußtmachen des Problems, der Wunsch nach Veränderung, der Verzicht auf Kontroll- und Eigenwerbungshaltungen. Hier haben wir wohl eine der raren Gelegenheiten, bei denen die Rolle des Therapeuten scheinbar darin besteht, die Selbstachtung seines Patienten nicht zu heben, sondern herabzusetzen. In Wirklichkeit ist das Ziel ein anderes: es geht darum, die Selbstachtung zu kräftigen, indem man sie stabiler macht, weniger gierig nach Respekts- und Statusbeweisen und weniger abhängig von ihnen.

Die Komplexe

»Wenn ich irgendwo zum Abendessen eingeladen bin«, erzählte uns eine Patientin, »dann beginne ich schon lange vorher, mich zurechtzumachen, und dabei ist mir angst und bange. Ich schminke mich sehr sorgfältig, um die Unebenheiten meiner Haut zu verdecken. Das nimmt meistens mehr als eine Stunde in Anspruch, und niemand darf mich dabei stören. Am Abend muß ich dann mehrmals auf die

Toilette, um nachzusehen, wie es um meine Schminke steht. Aber ich möchte nicht, daß die Leute das merken. Ich versuche, aus den Augen der anderen herauszulesen, was sie von meinem Gesicht denken und ob sie meine Pickel und Aknespuren ausfindig gemacht haben.

Ich bin sehr angespannt, wenn ein Mann mir Avancen zu machen beginnt. Ich habe Angst, daß er unter der Schminke meine Makel sieht. Natürlich werde ich dann richtig unangenehm und kann meistens nicht länger bei diesem Abendessen bleiben. Ich bin wirklich fix und fertig, und wenn ich wieder allein zu Hause sitze, verschafft mir das ein Gefühl von Erleichterung. Wird mir aber klar, daß ich den ganzen Abend immer nur an das eine Problem gedacht habe, fühle ich mich sehr deprimiert.

Nur wenn ich mich zwinge zu trinken, quält es mich nicht so sehr. Aber davon wird mir heiß, und ich habe das Gefühl, daß dadurch meine Probleme mit der Haut noch schlimmer werden. Und dann habe ich Angst, ich könnte eine Säufernase bekommen. Das hätte mir gerade noch gefehlt!«

Vom Komplex bis zur Dysmorphophobie

Der Begriff »Komplex« ist strenggenommen keine psychiatrische Diagnose. Wenn Patienten nämlich von ihren Komplexen erzählen, sind sie überzeugt, einen körperlichen Makel zu haben (Größe bzw. Form der Nase oder der Brüste; zu großer oder kleiner Körperwuchs; Gewichts- oder Hautprobleme etc.) oder einen andersgearteten Fehler (in Sprechweise, Akzent, Allgemeinbildung, Berufsabschluß etc.). Diesem Makel schreiben sie alle Schwierigkeiten zu, auf die sie in ihrem Dasein treffen (»Ich finde nie eine Frau, weil meine Nase so komisch aussieht!«, »Ich werde nicht befördert, weil ich so klein bin!« etc.). Vom Verschwinden dieses angeblichen Fehlers erwarten sie dann auch Wunderdinge (»Hätte ich nicht diese Nase, würde es gar keine Probleme geben!«). Sie sperren sich gegen die Botschaften ihrer Mitmenschen und lassen sich nicht beruhigen, selbst wenn sie mit ihrer Überzeugung, diesen Makel zu tragen, allein gegen alle stehen (»Sie irren sich; sie merken nicht, wie schlimm es wirklich ist!«). Sie verbringen unendlich viel Zeit damit, sich im Spiegel zu betrachten und ihren Makel oder eingebildeten Makel auszubessern oder zu verstecken. Ihre Selbstachtung ist schwer beeinträchtigt, und sie haben ein umfassendes Gefühl von Minderwertigkeit im Vergleich zu anderen Menschen.

Ziemlich häufig entzünden sich die Komplexe an einem relativ realen Phänomen: die Nase dieses Menschen ist tatsächlich ein bißchen lang, oder er ist wirklich kleiner, als es die meisten aus seiner Generation sind. Charakteristisch für einen Komplex sind die übertriebene Bedeutung, die diesem Makel zugeschrieben wird, und die Tatsache, daß man sich völlig auf ihn konzentriert. Das zeigt sich deutlich bei Patienten, die zum Erröten neigen. Wo liegt der Unterschied zwischen einer Person, die errötet, wenn bestimmte Gefühle sie überfluten, und einer ereuthophobischen Person, also jemandem, der eine Phobie vor dem Rotwerden zeigt (*ereuthos* ist das griechische Wort für »rot«)? Letztere bildet wegen ihres Errötens einen Komplex aus, während die andere ihr Rotwerden zwar ärgerlich findet, aber kein Drama daraus macht.

Bei den schlimmsten Komplexen spricht der Psychiater von Dysmorphophobie – der Phobie, körperlich mißgestaltet zu sein. Diese Mißgestalt ist meist der Einbildung entsprungen, das psychische Leiden daran ist allerdings um so realer. Die Dysmorphophobie ist eine Krankheit, die dem Betroffenen ein normales Leben unmöglich macht. Sie gehört vielleicht zur selben Familie wie die Zwangsstörungen, denn die Gedanken zum Thema »körperliches Aussehen« treten häufig auf, sind schwer aus dem Bewußtsein zu verbannen und führen bei den betroffenen Personen oft zu wahren Ritualen des Überprüfens ihrer äußeren Erscheinung.

So berichtete uns eine junge Frau von ihrer Überzeugung, daß sie abstoßend sei: »Mein größter Wunsch ist, unsichtbar zu werden, damit niemand mehr sehen kann, wie häßlich ich bin. Am meisten Angst habe ich davor, daß die Leute mich abscheulich finden und Witze über mich reißen.« Die junge Frau prüfte im Spiegel unablässig ihr Aussehen; sie litt unter einer extremen Verlegenheit, wenn jemand sie anschaute, und wich den meisten sozialen Situationen aus.[175]

Wie man sich seiner Komplexe entledigt

Komplexe bilden einen von Psychiatern und Psychologen noch relativ unerforschten Bereich, wahrscheinlich deshalb, weil die von ihnen Betroffenen im Verborgenen leiden. Solche Personen halten sich normalerweise im Hintergrund und sprechen nur sehr selten mit anderen Menschen über ihr Problem. Wenn sie sich in Behandlung begeben, dann bei Dermatologen, Schönheitschirurgen oder Kosmetikerinnen. Hängt ein solcher Schritt mit schwerwiegenden Komplexen zusammen, wird er leider oft fruchtlos sein: nach dem kosmetischen oder chirurgischen Eingriff sind die Probleme immer noch nicht gelöst. Die mit großen Kosten umgemodelte Nase ist nicht so geworden, wie man es sich gewünscht hatte, oder sie ist allzu offensichtlich das Ergebnis einer chirurgischen Intervention. Und die Komplexe bleiben bestehen, manchmal denselben Körperteil betreffend, manchmal einen anderen …

Es ist nicht leicht, eine Psychotherapie mit Personen durchzuführen, die ihre Überzeugungen für wohlbegründet halten und meinen, ihr Problem »stecke nicht nur im Kopf«. Während solcher Therapien stellt man manchmal fest, daß sich der Blick des Patienten selbst schneller ändert als seine Interpretation des Blickes der anderen: »Na gut, ich akzeptiere mich, wie ich bin, aber ich glaube weiterhin, daß mich die anderen häßlich finden.« So war ein Student überzeugt, zu kleine Hände zu haben. Das brachte seiner Ansicht nach die Frauen, denen er begegnete, gleich auf den Gedanken, er hätte auch einen zu kleinen Penis. Bei der elften verhaltenstherapeutischen Sitzung hatten sich seine persönlichen Überzeugungen zu diesem Thema bedeutend abgeschwächt, aber er fürchtete weiterhin, die anderen könnten solche Gedanken haben. Hier wird offenbar, welche Bedeutung bei Selbstachtungsproblemen dem sozialen Blick zukommt.[176]

Bei der Therapie von Dysmorphophobien ist es manchmal notwendig, auf Antidepressiva zurückzugreifen, selbst wenn komplexbeladene Personen keine Depression im eigentlichen Sinne haben. Diese Antidepressiva scheinen dem Patienten zu helfen, zu den exzessiven Überzeugungen, die ihm das Dasein vergällen, auf Distanz gehen zu können.

Die Alkoholabhängigkeit

Antoine de Saint-Exupéry erzählt in *Der kleine Prinz*, wie sein Held eines Tages einer gar unglücklichen Gestalt begegnete:

»Den nächsten Planeten bewohnte ein Säufer. Dieser Besuch war sehr kurz, aber er tauchte den kleinen Prinzen in eine tiefe Schwermut.

›Was machst du da?‹ fragte er den Säufer, den er stumm vor einer Reihe leerer und einer Reihe voller Flaschen sitzend antraf.

›Ich trinke‹, antwortete der Säufer mit düsterer Miene.

›Warum trinkst du?‹ fragte ihn der kleine Prinz.

›Um zu vergessen‹, antwortete der Säufer.

›Um was zu vergessen?‹ erkundigte sich der kleine Prinz, der ihn schon bedauerte.

›Um zu vergessen, daß ich mich schäme‹, gestand der Säufer und senkte den Kopf.

›Weshalb schämst du dich?‹ fragte der kleine Prinz, der den Wunsch hatte, ihm zu helfen.

›Weil ich saufe!‹ endete der Säufer und verschloß sich endgültig in sein Schweigen.«[177]

Für Personen mit fragiler Selbstachtung ist Alkohol oft eine Versuchung. Nach anfänglicher Euphorisierung ruft er ein Gefühl von Gelöstheit hervor und führt zu einer Enthemmung. Und das durch ihn hervorgerufene Wohlbefinden sowie die Leichtigkeit im Handeln sind doch genau die Dinge, an denen es einem Menschen mit schwacher Selbstachtung sonst mangelt ...

Alkohol hilft uns, der kritischen Sicht auf uns selbst zu entfliehen

Je negativer der Blick ist, den wir auf uns selbst richten, desto mehr versuchen wir, unsere Mißerfolge zu vergessen, und desto stärker neigen wir zum Trinken.[178] Wenn Nazi-Ärzte die für die Gaskammern bestimmten arbeitsunfähigen Opfer selektieren mußten, standen sie dabei häufig unter Alkoholeinfluß oder tranken hinterher, um ihren Schuldgefühlen zu entkommen.[179] Man hat auch nachgewiesen, daß zu Alkohol- oder Drogenkonsum neigende Jugendliche das Gefühl hatten, nutzlos zu sein und ihr Leben nicht im Griff zu haben.[180]

Alkohol ist ein machtvoller Enthemmer, der den Schritt zur Tat einfacher macht

Alkohol versetzt Personen mit geringer Selbstachtung in eine Art Antizipations-Kurzsichtigkeit[181]: er hindert sie daran, sich wie üblich schon vorab alle möglichen negativen Folgen ihrer Taten auszumalen. Eine Untersuchung über sexuelle Aggressionen auf einem amerikanischen Campus[182] hat zum Beispiel gezeigt, daß 80 Prozent der verantwortlichen Studenten und 70 Prozent der angegriffenen Studentinnen zum Zeitpunkt des Geschehens unter Alkoholeinfluß standen.[183]

Alkohol trinkt man oft unter sozialem Einfluß

Der Konsum von Alkohol ist mit vielen Anlässen des Lebens in der Gruppe verbunden (Feiern, Treffen im Familien- oder Freundeskreis). Personen mit geringer Selbstachtung sind besonders auf gruppenkonformes Verhalten bedacht und werden deshalb schneller dem Alkohol zusprechen. Studien haben erwiesen, daß Jugendliche bei gemeinsam verbrachten Abenden dazu neigen, den Alkoholkonsum ihrer Freunde zu überschätzen, und deshalb mehr trinken, als sie es von sich aus getan hätten.[184]

Alkoholismus führt zu Depressionen

98 Prozent aller Alkoholiker leiden früher oder später in ihrem Leben an Depressionen.[185] Lange Zeit dachte man, die Alkoholiker würden trinken, weil sie deprimiert seien. Doch ist diese Hypothese von der Mehrzahl der Untersuchungen nicht bestätigt worden, und heute geht man davon aus, daß sich eine Depression eher im Gefolge von Alkoholismus einstellt.[186]

Die Mechanismen dieser depressionsauslösenden Wirkung von Alkohol sind sicher von vielgestaltiger Natur: biologisch (eine mit der körperlichen Abhängigkeit verbundene Störung der Neurotransmitter), sozial (Schamgefühl und soziale Zurückweisung) und psychisch (Schädigung der Selbstachtung).

Alkoholismus beeinträchtigt die Selbstachtung

Die meisten chronisch Alkoholabhängigen weisen eine geringe Selbstachtung auf.[187] Eine Patientin hat uns einen Brief über ihre Krankheit geschrieben, aus dem wir eine Passage zitieren möchten: »Ich schäme mich für das, was ich geworden bin: morgens nach dem Aufwachen vermeide ich den Blick in den Spiegel. Aber ich vermag es nicht, den Gedanken zu unterdrücken, daß die anderen tagtäglich beobachten können, was ich selbst nicht sehen will: eine vor der Zeit gealterte Frau mit geplatzten Äderchen im Gesicht und zitternden Händen, die sich übertrieben schminkt und mit Parfüm einsprüht, um ihr Aussehen und ihren Atem zu verbergen. Sobald ich an mich denke, schäme ich mich. Also vermeide ich es, an mich zu denken, und zwar meistens, indem ich von neuem etwas trinke. Seit Jahren rücke ich von den Leuten, die ich mag, immer weiter weg, denn ich kann ihren Blick und, schlimmer noch, ihre Bemerkungen nicht mehr ertragen.«

Manche Studien haben ziemlich paradoxe Resultate erbracht, indem sie bei alkoholkranken Patienten hohe Selbstvertrauenswerte verzeichneten.[188] Das mag sich aus dem mit Alkoholismus verbundenen Schamgefühl erklären, welches die Patienten zu einer Haltung des Abstreitens und Überspielens treibt.

Die Selbstachtung alkoholabhängiger Patienten ist sehr instabil. Je nach der konkreten Situation und vor allem je nach dem Grad der Alkoholisierung pendeln deren Äußerungen zwischen Leugnen (»Alles nicht so wild!«) und Hoffnungslosigkeit (»Ich werde nie mehr davon loskommen!«). Leider ist keine dieser Haltungen hilfreich, wenn man sich wirklich von der Abhängigkeit befreien will.

	Typische Haltung, wenn die Selbstachtung einbricht	*Typische Haltung, um die Selbstachtung zu schützen*
Eingeständnis, ein Alkoholproblem zu haben	Verzweiflung: »Ich werde bis ans Ende meiner Tage vom Alkohol abhängig sein!«	Leugnen: »Ich kann damit aufhören, wann immer ich will!«
Sozialer Blick auf den Alkoholismus der betroffenen Person	Schamgefühl: »Ich trinke, und das ist eine Schande!«	Gegenattacke: »Ja, darf man nicht einmal mehr sein Leben genießen?«
Verantwortlichkeit für den Alkoholismus	Schuldgefühle: »Alles meine Schuld!«	Anklage: »Meine Eltern haben mir so viel Leid zugefügt, und heute stoßen mich alle von sich!«

Alkoholismus: Wie man depressiv wird oder sich selbst belügt

Wie kann der Alkoholkranke seine Selbstachtung zurückerobern?

Alkoholismus ist eine schwer zu behandelnde und für Patient und Arzt gleichermaßen entmutigende Krankheit, treten bei ihr doch häufig Rückfälle auf. Deshalb empfiehlt man Betroffenen außer Medikamenten und Psychotherapien auch, sich einer Gruppe anzuschließen, etwa den Anonymen Alkoholikern. Solche Vereinigungen haben es sich zum Ziel gesetzt, alkoholabhängigen Personen bei ihrem Kampf gegen die wichtigsten Manifestationen ihrer Störung zu helfen.

Untersucht man einmal aufmerksam die Methoden dieser Vereinigungen, wird man bemerken, daß ihre Wirksamkeit weithin auf einer guten Kenntnis der Psyche und der Bedürfnisse von Menschen mit geringer Selbstachtung beruht. So fühlt man sich durch den Rückhalt in der Gruppe in seinen Anstrengungen nicht alleingelassen. Indem man den Ratsuchenden bewußt macht, daß Alkoholismus eine Krankheit ist, beugt man einer Reihe von Selbstentwertungsgefühlen vor. Sehr wichtig ist, daß sich die Anforderungen an die Betroffenen erst allmählich erhöhen: man sagt den Teilnehmern an den Kursen der Anonymen Alkoholiker, daß sie ihre Anstrengungen immer nur auf die nächsten 24 Stunden richten und jeden Tag für sich nehmen sollen. Weiß man doch, daß es für Personen mit geringer Selbstachtung sehr schwierig ist, Aktionen langfristig zu planen, und daß ein Tag, an dem es schiefgegangen ist, auf diese Weise weniger entmutigend wirkt. Auch die Aufbesserung der Selbstachtung wird gefördert, und so steht im Programm der Anonymen Alkoholiker ausdrücklich: »Wir haben uns mutig an eine minutiöse Inventur unseres eigenen Innern gemacht.«[189]

Die psychischen Traumata

Aggressionen: vom Körperlichen zum Psychischen

Behandelt man Opfer von Aggressionen, so entdeckt man oft mit Erstaunen, wie sehr ihre Selbstachtung erschüttert ist.[190] In Psychotherapien stößt man fast immer auf Gefühle von Scham und Demütigung bei Opfern einer Vergewaltigung (»Ich bin für immer besudelt!«) oder einer Aggression (»Ich hätte mich besser verteidigen müssen!«). Bei Menschen, die einer Katastrophe entronnen sind, treten häufig Schuldgefühle auf (das sogenannte Überlebenden-Syndrom: »Warum bin ich noch am Leben, und andere sind tot?«). Diese Gefühle führen dazu, daß die Leiden solcher Personen chronisch werden: sie neigen dann zum Beispiel dazu, sich zu isolieren und nicht über ihre Probleme zu sprechen, oder sie vermitteln ihnen den Glauben, anders zu sein als die anderen, unverstanden zu bleiben etc.

Im allgemeinen bringt man die Stärke des psychischen Traumas mit der Intensität der erlittenen Bedrohung in Beziehung. Es kann aber geschehen, daß die Attacke auf die Selbstachtung heftiger ist als die physische Aggression. Als wir eine Untersuchung zu Aggressionen machten, deren Zielscheibe Busfahrer der Pariser Verkehrsbetriebe waren,[191] stellten wir erstaunt fest, daß diese Menschen manchmal mehr geschockt waren, wenn ein Halbwüchsiger sie vor anderen Fahrgästen angespuckt oder beschimpft, als wenn ein erwachsener Passagier sie tätlich angegriffen hatte. Ihre Selbstachtung litt stärker unter der Provokation des Jugendlichen als unter der heftigen Auseinandersetzung mit dem Erwachsenen.[192]

Achtung, Sekten!

Psychologie und Persönlichkeitsentwicklung stehen gerade im Begriff, zu Lieblingsthemen bestimmter Sekten zu werden.[193] Tatsächlich locken Sekten ihre künftigen Mitglieder mehr und mehr über den Umweg der Psychologie an, etwa unter dem Vorwand, eine sogenannte »detaillierte Persönlichkeitsbilanz« zu erstellen oder Lehrgänge in »geistiger Redynamisierung« durchzuführen. Berichte ehemaliger Sektenmitglieder zeigen, daß man dabei die Selbstachtungsprobleme jener Personen, welche sich der Sekte nähern, geschickt ausnutzt. Davon erzählt das Buch einer den Scientologen entronnenen Frau, das den Titel trägt *Der Krake Scientology*[194].

»Giftige« Eltern

Lange Zeit hat die Psychologie den Eltern von schizophrenen oder autistischen Kindern Schuldgefühle eingeflößt.

Heute weiß man, daß Erziehung oder gefühlsmäßige Zuwendung einen recht geringen Einfluß auf solche Krankheiten haben und daß diese vor allem durch verschiedenartige biologische Fehlfunktionen hervorgerufen werden.

Auf dem Gebiet der Selbstachtung spielen die Eltern hingegen eine wichtige Rolle. Ungeschicklichkeiten in der Erziehung können zwar Leiden und Schwierigkeiten nach sich ziehen, müssen jedoch nicht unbedingt schlimme Konsequenzen für das Gleichgewicht im Erwachsenenalter haben. Andererseits gibt es aber auch richtiggehend »giftige« Eltern. Ein amerikanischer Bestseller hat vor einigen Jahren eine ziemlich haarsträubende Porträtgalerie solcher Personen zusammengestellt.[195] Diese »Kindheitsdiebe« haben eines gemeinsam: sie beschädigen ernsthaft die Selbstachtung ihrer Opfer. Hier ihre wichtigsten Persönlichkeitsprofile:

Die »aufdringlichen Kontrolleure«

Besitzergreifende Eltern haben ein für allemal entschieden, daß nur sie allein wissen, was gut ist für ihr Kind, und sie gewähren diesem nicht die geringste Autonomie. Wenn das Kind dagegen aufbegehrt, flößen sie ihm Schuldgefühle ein oder schreiten zu gefühlsmäßiger Erpressung (»Es ist doch alles bloß zu deinem Besten!«). Selbst wenn das Kind erwachsen ist, werden die Eltern noch einen aufdringlichen Druck auf seine täglichen Verrichtungen und seine existentiellen Entscheidungen ausüben.

Das hat deutliche Auswirkungen auf die Selbstachtung: das Kind (und später der Erwachsene, zu dem es geworden ist) wird verinnerlichen, daß es ohne seine Eltern zu gar nichts fähig ist, und es läuft Gefahr, von der elterlichen Abhängigkeit in die eheliche Abhängigkeit hinüberzugleiten. François (42), Zeichenlehrer, berichtet:

»Ich habe 18 Jahre gebraucht, um erwachsen zu werden, aber 40 Jahre, um meine Mutter abzuschütteln! Das ging freilich nicht ohne ein paar Jahre mit Antidepressiva ab und nicht ohne eine Psychotherapie ... Ich frage mich, ob nicht mein größtes Unglück darin bestand, daß ich ein Einzelkind war: wenn man seine Mutter pausenlos nur für sich allein hat, ist das wirklich eine harte Prüfung.

Zum Beispiel kaufte sie immer meine Kleidung, und jeden Morgen suchte sie gemäß dem Wetterbericht aus, was ich anziehen sollte. Machte ich Anstalten, dagegen zu rebellieren (das kam nicht oft vor, aber als Jugendlicher begann ich ein paar eigene Vorstellungen über mein Äußeres zu entwickeln), dann erklärte sie mir, ich hätte überhaupt keinen Geschmack und ließe mich von den anderen zu leicht beeinflussen. Später wachte sie darüber, wo ich meine Abende verbrachte und mit wem; sie nahm sich das Recht heraus, zu jeder Tages- und Nachtzeit in mein Zimmer zu platzen oder auch meine Post zu öffnen.

Ich schaffte es nie, irgendeine Liebesbeziehung aufzubauen. Die Aussicht, von meiner Mutter nach allen Regeln der Kunst darüber verhört zu werden, lähmte mich. Als ich dann einen Beruf hatte, bestand sie darauf, daß ich trotz meines eigenen Gehalts das Elternhaus nicht verließ. Ich habe ihr gehorcht, ich war ohnehin seit Jahren überzeugt, daß ich allein nicht klarkommen würde. Das schärfste an allem war, daß sie mich die ganze Zeit erdrückte und mir gleichzeitig Vorhaltungen wegen meiner Unreife, Unentschlossenheit und Empfindlichkeit machte …

Als ich beschlossen hatte, das Haus zu verlassen, zog sie das ganze Register ab: Drohungen, Erpressungen, Selbstmordversuche, Einweisung in die Psychiatrie, schreckliche Auftritte am Telefon oder auf offener Straße. Aber ich habe durchgehalten, und ich bedaure es nicht.«

Die Alkoholiker

Diese Eltern lassen ihre Stimmungsumschwünge, ihr Schwanken zwischen Niedergeschlagenheit und Feindseligkeit, an ihrem Kind aus. Durch ihre Krankheit achten sie wenig auf dessen Bedürfnisse und seelische Verfassung. Das Bild, das sie anderen vermitteln, ist geprägt von großer Verletzlichkeit, manchmal sogar von körperlichem und geistigem Verfall. Das trägt dazu bei, die Selbstachtung ihres Kindes zu schwächen. Ganz, wie es eine unserer Patientinnen ausdrückte: »Wie soll ich einen Augenblick glauben, ich könnte etwas taugen, wenn ich sehe, was für eine Mutter ich habe?« Außerdem flößt der Zustand ihrer alkoholkranken Eltern den Kindern oft Schuldgefühle ein: »Wenn er wütend wird, ist das vielleicht meine Schuld!« oder »Vielleicht trinkt er, weil ich ihn unglücklich mache!«

Gefühlszuwendung und Erziehung laufen in Familien mit einem alkoholkranken Elternteil oftmals auf eine Weise ab, die den Kindern als chaotisch erscheint: sie können nicht vorhersehen, wie der kranke Vater oder die kranke Mutter auf ihr Benehmen reagieren werden. Manchmal werden Dummheiten toleriert, oder sie lösen wohlwollende Erheiterung aus. Ein andermal wird das Kind, obgleich es ganz still geblieben ist, dennoch den Zorn des kranken Elternteils auf sich ziehen (»An manchen Abenden wußten wir, daß es ganz egal war, was wir taten; allein die Tatsache, daß wir auf der Bildfläche erschienen, würde einen Streit vom Zaun brechen!«). Das Geheimnis, das die Familie um die Alkoholabhängigkeit veranstaltet, vergrößert die Schamgefühle und den Mangel an Vertrauen in die Welt der Erwachsenen …

Manche unter diesen Kindern schaffen es dennoch, einer solchen zerstörerischen Umgebung zu widerstehen. Untersuchungen haben ergeben, daß es einer beträchtlichen Zahl (ungefähr 20 Prozent) von ihnen gelingt, sich psychisch derart zu strukturieren, daß sie ihre Selbstachtung bewahren.[196] Dazu entwickeln sie Strategien einer Hyperkontrolle ihrer Umgebung; sie werden vorzeitig unabhängig und erwachsen, sind leistungsstark in der Schule, selbständig etc. Aber diese Rettung durch Hyperkontrolle kann ihnen auch Probleme bereiten, wenn sie erst einmal erwachsen sind. So erzählte uns eine junge Frau:

»Mein Schwiegervater war Alkoholiker. Ich glaube, daß mein Mann sich da herausgezogen hat, indem er sehr früh erwachsen wurde. Er war noch ganz jung, als er die Sorge für seine Eltern übernahm, denn seine Mutter war depressiv. Wenn er von der Schule heimkam, sah er sie oft im verdunkelten Zimmer auf dem Bett liegen; im Haus herrschte schreckliche Unordnung, und der Vater saß in der Kneipe. Der Junge kümmerte sich um seine kleine Schwester, um das Haus, um die Schulaufgaben … Und wenn der Vater nach Hause kam, mußte der Sohn den Schutz der übrigen Familie organisieren, denn es kam dauernd zu schlimmem Streit, und manchmal prasselten auch Schläge nieder …

Nachdem wir uns näher kennengelernt hatten, erzählte mir mein Mann einmal all diese Dinge, und seitdem hat er nie wieder darüber gesprochen. Ich merke aber, wie sehr sie ihn geprägt haben. Heute wacht er zwanghaft darüber, daß materiell alles klargeht, ganz als würde er seine verbliebenen Ängste mit dem Bedürfnis kurieren, alles unter Kontrolle zu haben. Sind die Rechnungen alle bezahlt? Haben die Kinder ihre Aufgaben erledigt? Gibt es im Haus irgend etwas zu reparieren?

Er ist ein guter Vater und ein guter Ehemann, aber es fehlt ihm an Phantasie, und er ist nie ganz gelöst, wenn er mit mir und den Kindern zusammen ist. Mache ich ihm deswegen Vorwürfe, dann habe ich den Eindruck, daß er mich gar nicht versteht. Also versuche ich, ihm ganz allmählich beizubringen, was Spontaneität und Unbekümmertheit ist. Das ist nicht gerade einfach!«

Verbale Mißhandlung

Eltern aus dieser Kategorie glänzen in der Kunst, Kinder durch grausame Bemerkungen über deren Fehler, Schwächen und manchmal sogar ihre körperlichen Merkmale herabzusetzen. Eine subtilere Spielart besteht darin, auf die Leistungen der Kinder mit Ironie oder sarkastischen Kommentaren zu reagieren. Diese verbalen Aggressionen werden ausgelöst durch alle Haltungen des Kindes, die sich von dem entfernen, was die Eltern wünschen. Auf die Selbstachtung wirkt sich das dergestalt aus, daß das Kind verinnerlicht, es sei besser, immer dem Willen der anderen zu folgen, und alles, was es an neuartigen Ideen oder persönlichen Wünschen in sich trägt, tauge nur für den Schrottplatz.

Noch gefährlicher ist es, werden die verbalen Angriffe durch Haltungen des Kindes hervorgerufen, welche die Eltern in ihrer Allmächtigkeit bedrohen. Das ist vor allem im Jugendalter der Fall. Da gibt es Mütter, die nicht mit ansehen können, wie ihre Tochter fraulich, hübsch und begehrenswert wird; und es gibt Väter, die sich von der Statur und den sportlichen Glanzleistungen ihres Sohnes bedroht fühlen oder ihm seine Erfolge bei Frauen neiden.

Die verbalen Aggressionen solcher Eltern können sich auf direkte Weise äußern (abwertende Bemerkungen), aber auch indirekt durch perfektionistische Anforderungen, welche man nie zufriedenstellen kann. Das führt bei ihren erwachsen gewordenen Kindern zu einer Selbstachtung, die gekennzeichnet ist von extremer Empfindlichkeit gegenüber den Bemerkungen anderer Menschen.

Körperliche Mißhandlung

Solche Eltern sind aus vielfältigen, im allgemeinen mit den eigenen affektiven Mangelerscheinungen verbundenen Gründen nicht imstande, ihre aggressiven Impulse gegenüber Kindern unter Kontrolle zu halten. Ein bißchen wie für die Kinder von Alkoholikern wird auch für Kinder in solchen Familien das häusliche Universum zu einem gefährlichen Ort. Das Kind verinnerlicht das Gefühl, nirgendwo in Sicherheit zu sein, egal was es auch tun mag. Und schlimmer noch, es wird überzeugt sein, an diesem Zustand eine Mitschuld zu tragen.

Einer unserer Patienten, der als Kind geprügelt worden war, erzählte uns: »Ich hatte das Gefühl, daß mein Vater mich schlug, weil ich ein mißratenes Kind war. Meine Schwester schlug er nie, und so dachte ich, es wäre alles meine Schuld, und die Schläge kämen als verdiente Strafe.« Die fehlende Reaktion des anderen Elternteils, der häufig als passiver Komplize fungiert, bestätigt dem Kind vollends, daß es ihm an innerem Wert fehle. Und mehr noch, es meint, die Aggressivität der anderen einfach nur durch seine Gegenwart zu entfesseln, durch die simple Tatsache, daß es auf der Welt ist.[197]

Die Störungen der Selbstachtung werden hier also von tiefen Zweifeln am persönlichen Wert geprägt sein und von Selbstherabsetzung: »Wenn meine Eltern meinen Körper nicht respektieren, dann deshalb, weil ich es einfach nicht wert bin.«

Sexuelle Mißhandlung

Eine letzte Stufe der Gewalttätigkeit innerhalb von Familien wird erreicht, wenn ein Elternteil inzestuöse Verhaltensweisen zeigt (im allgemeinen der Vater bezüglich seiner Tochter oder Stieftochter). Das Kind wird in seinem intimsten Bereich angegriffen, und kein Entweichen ist möglich. Im allgemeinen herrscht eine Atmosphäre verhüllter Gewalt, und die Jugendliche wird zur Zielscheibe von Botschaften, die ihr Schuldgefühle einflößen sollen: »Wenn du es nicht machst, wird dich niemand mehr liebhaben!«, »Sonst kriegst du Schläge und deine Mutter und dein kleiner Bruder auch!« ...

Ziemlich häufig sind die Mütter passive oder aktive Komplizen (»Wenn du nein sagst, werden wir alle dafür büßen müssen!«). Eine 16jährige Patientin, die von ihrem Stiefvater zum Inzest gezwungen worden war, erzählte uns folgendes: »Ich weiß nicht, was ich machen soll. Wenn ich ja sage, habe ich das Gefühl, schlecht und pervers zu sein. Weigere ich mich, dann sagt er, ich wäre gemein zu ihm und überhaupt eine verklemmte Person. Wenn ich hart bleibe, rächt er sich, indem er fies zu meiner Mutter ist oder zu meinem kleinen Bruder. So habe ich den Eindruck, daß meine Mutter es lieber sieht, wenn ich nachgebe ...«

Sexuell mißbrauchte Kinder leiden an sehr starken Beeinträchtigungen ihrer Selbstachtung[198] und häufig an verschiedenen psychischen Störungen wie etwa einer Borderline-Persönlichkeit.

Borderline-Persönlichkeit und Selbstachtung

Menschen mit diesem Persönlichkeitstyp leiden an einer ernsthaften Instabilität in ihren Gefühlsbeziehungen. Sie haben Mühe, normale Beziehungen mit anderen Menschen zu unterhalten, denn sie reagieren hypersensibel auf alle Situationen, in denen sie sich zurückgewiesen oder alleingelassen fühlen. Eine Bemerkung, eine Kritik, eine Trennung werden sie in extremes Leid stürzen und zu impulsiven Verhaltensweisen treiben, die sich oft gegen sie selbst richten. So kann es zu Selbstmordversuchen und zur Selbstverstümmelung kommen (sie drücken sich brennende Zigaretten auf die Haut, zerschlitzen sich die Beine mit einem Cuttermesser).

Psychiater haben es häufig mit solchen Patienten zu tun, die im allgemeinen zahlreiche mit Ängsten und Depressionen verbundene Probleme mit sich herumtragen. Man weiß, daß ihre therapeutische Betreuung schwierig und nervenaufreibend ist, denn sie sind sehr empfindlich und haben ein äußerst schlechtes Bild von sich selbst. Die Selbstachtung dieser Patienten ist ernstlich angegriffen, und oft berichten sie, wie sehr sie sich selbst hassen, ihren Körper verabscheuen, ihr Verhalten und ihre Gefühle.

Die schlecht entwickelte Selbstachtung ist eine Erklärung für ihre Probleme bei zwischenmenschlichen Beziehungen: die Borderline-Personen sehen hinter jeder Distanznahme, selbst hinter einer harmlosen oder vorübergehenden, ein Zurückgestoßenwerden. Ihre höchst fragile Selbstachtung hält das nicht aus. Mehrere Studien haben nachweisen können, daß solche Personen in ihrer Kindheit meist an einem starken Mangel an Gefühlszuwendung gelitten haben, der manchmal bis zu Mißhandlungen und sexuellem Mißbrauch reichte.[199]

Gesund werden heißt, die Selbstachtung wiederzugewinnen

In der Psychiatrie verläuft die Genesung häufig über eine wiedergefundene Selbstachtung. Aus drei Gründen ist es wichtig, die Selbstachtung der Patienten im Prozeß der Therapie stärker zu berücksichtigen.

Zunächst einmal bedeutet es schon eine erste Attacke auf die Selbstachtung, wenn man »Patient in der Psychiatrie« ist. Lange Zeit wagten diese Menschen nicht, über ihre psychiatrischen Probleme zu sprechen, denn das soziale Urteil über solche Krankheiten war ein sehr negatives. Dieser Faktor löste Isolierung und zusätzliches Leiden aus. Heute werden psychische Probleme eher anerkannt; Patienten zögern nicht mehr, sich zu Selbsthilfegruppen zusammenzuschließen[200] und ihre Interessen im Licht der Öffentlichkeit zu vertreten. Das ist ein bedeutsamer Fortschritt auf dem Wege zur wiedergewonnenen Selbstachtung.

Der zweite Grund ist, daß die meisten psychopathologischen Erkrankungen mit Selbstachtungsproblemen verbunden sind, ganz gleich, wie sich diese Beziehung konkret äußert. Die folgende Tabelle verdeutlicht das:

Rolle einer niedrigen Selbstachtung	*Krankheitsbeispiel*
Die niedrige Selbstachtung steht am Ursprung der Störung.	Depression
Die niedrige Selbstachtung verschlimmert die Störung.	Schüchternheit und soziale Phobie
Die niedrige Selbstachtung läßt die Störung chronisch werden.	Psychische Traumata
Die niedrige Selbstachtung ist verantwortlich für die Schwierigkeiten, die Störung zu behandeln.	Bulimie

Selbstachtung und psychische Störungen

Schließlich ist es notwendig, daß Therapeuten sich allmählich daran gewöhnen, eine Beziehung zu ihren Patienten aufzubauen, die noch stärker von Respekt und Gleichberechtigung gekennzeichnet ist. Allzuoft sind Wissen und Macht ganz auf der Seite des Therapeuten gewesen, und der Patient mußte es hinnehmen, daß man ihm seine Krankheit nicht erklärte und auf seine Fragen nicht antwortete.

Wenn man auf eine berühmt-berüchtigte Formel aus der Politik zurückgreifen darf, so könnte man sagen, daß die Patienten von heute »verantwortlich« sein wollen (und in der Behandlung eine aktive Rolle übernehmen möchten), aber nicht »schuldig« (denn sie nehmen es nicht mehr hin, wegen einer Krankheit, die sie sich nicht ausgesucht haben, stigmatisiert zu werden).

Kapitel X

Kleine Arrangements mit der Selbstachtung

Ohne daß es uns immer bewußt wäre, dienen viele alltägliche Verhaltensweisen dazu, unsere Selbstachtung zu erhöhen oder sie zu verteidigen, wenn sie in Gefahr ist.

Diese kleinen Arrangements haben indessen nur eine begrenzte Wirkung auf die Selbstachtung. Auf kurze Sicht mögen sie genügen, aber sie können nicht die tiefgreifenden Bemühungen ersetzen, die wir im nächsten Kapitel beschreiben werden.

Die Abwehrmechanismen der Selbstachtung

Der kleine Charles (8) hat gerade kategorisch erklärt, heute wolle er nicht zum Judokurs gehen. Sein Vater bohrt ein bißchen nach:

»Warum denn? Hast du Angst vor den Kämpfen?«

»Nein, nein, gar nicht. Davor hab ich überhaupt keine Angst, im Gegenteil.«

»Sicher?«

»Ja, wirklich, Ehrenwort!«

»Aber woran liegt es dann?«

»Ach, ich finde, da ist so eine schlechte Stimmung, und die Großen sind fies zu uns ...«

Der Vater weiß, daß Charles seit seiner Einschreibung im Judoklub ängstlich ist; er haßt nämlich die kleinen Trainingskämpfe am Ende jeder Übungsstunde. Aber aus Gründen der Eigenliebe will Charles das vor seinem Vater nicht zugeben. Und er traut sich auch nicht, es sich selbst einzugestehen: Judo ist seine Leidenschaft, die Eltern haben ihm alle Fachzeitschriften abonniert, und er selbst hatte Mitglied des Judoklubs werden wollen ... Was tut er in dieser Lage?

Charles hat gerade etwas in Gang gesetzt, das man als »Abwehrmechanismus« bezeichnet, also eine geistige Operation oder ein Verhalten mit dem Ziel, unsere Selbstachtung vor einer Wirklichkeit zu schützen, die wir nicht hinnehmen können oder wollen. Er hat seine Angst vor Wettkämpfen geleugnet, um vor seinem Vater und vor sich selbst nicht das Gesicht zu verlieren.

Welchen Zweck erfüllen Abwehrmechanismen?

Abwehrmechanismen dienen dazu, unserem Bewußtsein schmerzliche Gefühle oder unangenehme Gedanken zu ersparen. Es ist im übrigen normal, daß wir auf sie zurückgreifen, wenn wir mit Schwierigkeiten konfrontiert sind, denn sie wirken wie ein Stoßdämpfer. Wenn man eine peinliche Erinnerung ins Vergessen abdrängt oder sich in Augenblikken des Kummers in Träumereien flüchtet, sind das zwei Strategien, die es einem erlauben, nicht mehr über seine unangenehmen Erlebnisse nachdenken zu müssen.

Je anfälliger wir sind, desto mehr neigen wir dazu, auf Abwehrmechanismen zurückzugreifen, schützen sie doch unsere Selbstachtung. Sie verhindern, daß man sich allzu abrupt in Frage stellt, und sind ein Mittel, um die Realität umzumodeln und ihr auszuweichen.

Wie alle Vermeidungshaltungen verstärken sie allerdings unsere Fragilität nur noch. Sie funktionieren wie Höflinge, die einem in seinem Palast abgeschotteten König pausenlos beteuern: »Es läuft alles ausgezeichnet, Euer Gnaden«, während draußen die Revolution tobt. Der Souverän wird in diesem Falle keinerlei Anstrengungen zur Veränderung unternehmen, denn die einzigen Botschaften, die er an sein Ohr dringen läßt, sind die beruhigenden. Unsere Patienten gehen genauso vor; sie filtern buchstäblich die Informationen, um nur solche zurückzubehalten, die ihnen Sicherheit einflößen und keine Anpassungsbemühungen abverlangen.

Abwehrmechanismen sind also in gewisser Weise ein unbewußt vorgenommener Tauschhandel, bei dem das Individuum seine persönliche Entwicklung zugunsten eines (künstlichen) Gefühls von Sicherheit aufgibt.[201]

Abwehrmechanismus	*Funktion beim Aufrechterhalten der Selbstachtung*
Vermeiden, Rückzug	Der Gefahr eines Mißerfolgs ausweichen
Leugnen	Die Probleme nicht anerkennen wollen
Projektion	Die eigenen negativen Gefühle und Schwierigkeiten anderen in die Schuhe schieben
Phantasmen und Träumereien	Man gaukelt sich Erfolge vor, statt sie zu erarbeiten
Rationalisierung	Die Probleme eingestehen, aber ihnen Ursachen zuschreiben, die ein Infragestellen des eigenen Denkens und Handelns unnötig machen
Kompensierung	Einem Minderwertigkeitsgefühl entfliehen, indem man auf anderen Gebieten investiert

Die wichtigsten Abwehrmechanismen

Abwehrmechanismen haben ihre Vorzüge und ihre Nachteile. Wenn wir schmählich gescheitert sind, können wir uns zum Beispiel entscheiden, dieses Malheur unseren Nächsten in einer amüsanten Version zum besten zu geben. So vermeiden wir, uns zu beklagen oder ein abwertendes Bild von uns selbst zu vermitteln, und so kämpfen wir auch gegen das Gefühl von Verlorenheit an, welches uns überkommt, wenn die böse Erinnerung wieder aufsteigt. Die Kehrseite der Medaille ist jedoch, daß die humoristische Sicht auf einen persönlichen Schiffbruch auch ein Mittel sein kann, um dem Nachdenken darüber auszuweichen.

Eigentlich ist es nicht so problematisch, hin und wieder auf einen Abwehrmechanismus zurückzugreifen; ernst wird es nur, wenn man es übertrieben oft tut. Jemand, der sich ständig über sich selbst lustig macht und »niemals ernst« ist, läßt bei seinen Gesprächspartnern oft ein unbehagliches Gefühl aufkommen, denn sie nehmen durchaus den defensiven Aspekt systematischer Selbstverspottung wahr.

Wie man seine Selbstachtung nicht schützen sollte

Jérôme ist ein junger Mann (26), der bei seinen Eltern wohnt. Er hat sein Sprachenstudium schon im ersten Studienjahr abgebrochen, denn er fühlte sich an der Universität unwohl und strengte sich nicht an. Danach absolvierte er ein einjähriges Praktikum in Großbritannien und machte dort ein Handelsdiplom an einer privaten Universität. Aber bei seiner Rückkehr nach Frankreich fand er nicht die Arbeit, die er sich vorgestellt hatte, und seitdem lebt er von kleinen Gelegenheitsjobs.

Seine Eltern drängten ihn, zu bestimmten Freunden und Bekannten der Familie Kontakt aufzunehmen. Diese hätten ihm helfen können, eine interessantere Arbeit zu finden, aber Jérôme weigerte sich. Er vermeidet es auch, eine der spärlich eingehenden Einladungen anzunehmen. Durch dieses *Vermeiden* kann er Situationen entgehen, von denen er vielleicht fürchtet, er würde sich in ihnen wegen seiner prekären beruflichen Situation abgewertet fühlen.

Wenn seine Schwester ihn auf seine Einsamkeit in Liebesangelegenheiten hinweist, antwortet er, darunter leide er ganz und gar nicht. Machen seine Eltern die Bemerkung, er würde sich nicht genug rühren, entgegnet er ihnen, daß es vielen anderen jungen Leuten genauso gehe und daß das lange Verweilen im Elternhaus eine generelle Tendenz seiner Generation sei. Dieses *Leugnen* erspart ihm die Erkenntnis, daß sein Verhalten nicht normal ist.

Er fügt noch hinzu, daß junge Frauen in seinem Alter sowieso viel zu oberflächlich seien, daß er sich bei Einladungen ohnehin langweile und daß ihn jene Stellen, welche ihm die Freunde der Eltern anbieten könnten, ganz sicher nicht interessieren würden.

Durch derartige *Rationalisierungen* vermeidet es Jérôme,

den wirklichen Problemen und seinen Selbstzweifeln klar ins Auge zu sehen.

Manchmal beschuldigt er seine Eltern, sie würden ihn stressen und ganz krank machen, indem sie ihn derart »unter Druck setzen« und ihm auf übertriebene Weise Schuldgefühle einflößen: er *projiziert* seine eigene seelische Verfassung auf sie und macht sie für diese verantwortlich. So braucht er nicht einzusehen, daß er seine Gefühle von Angst und Wertlosigkeit größtenteils selber nährt.

Stundenlang kann er davon träumen, wie er eines Tages die Frau seines Lebens kennenlernen und schon auf den ersten Blick bezaubern wird. Diese *Phantasmen* tun ihm für den Augenblick gut, aber sie halten ihn in einer falschen Vorstellung von den wirklichen menschlichen Beziehungen gefangen. Sollte es ihm eines Tages glücken, ein Liebesabenteuer zu haben, würde er von diesem tief enttäuscht sein.

Jérôme kennt sich perfekt mit seinem Computer aus und weiß eine Menge übers Internet. Er hat alle Informatik-Zeitschriften abonniert und betrachtet sich als Experten auf diesem Gebiet. Diese Befähigung gestattet es ihm, das totale Fehlschlagen seines Privatlebens teilweise zu *kompensieren.* Er träumt übrigens auch davon, eine humanitäre Organisation mit dem Namen »Informatiker ohne Grenzen« zu gründen, die Kindern aus Entwicklungsländern den Umgang mit Computern beibringen soll ...

Jeder bedient sich solcher Abwehrmechanismen. Egal ob wir eine hohe oder eine geringe Selbstachtung haben – dieses kleine Gemauschel mit der Wirklichkeit gehört in jedem Fall zu unserem Alltag. Manchmal präsentieren sich die Abwehrmechanismen fast in Reingestalt und ähneln dann dem, was wir gerade beschrieben haben. In anderen Fällen kommen sie maskiert daher.

Wie schützt man eine niedrige Selbstachtung?

Personen mit geringer Selbstachtung fürchten Mißerfolge mehr als alles andere. Daher widmen sie sich lieber dem

Schutz ihrer Selbstachtung als deren Entwicklung; sie beschäftigen sich mehr mit der Verhütung von Fehlschlägen als mit der richtigen Handhabung von Risiken. So stößt man bei ihnen auch häufig auf Abwehrmechanismen wie das Vermeiden und den Rückzug (gar nicht erst handeln und damit auch kein Scheitern riskieren) oder das Leugnen (die eigenen Frustrationen und Vermeidungshaltungen nicht eingestehen).

Die Furcht zu scheitern wird ihren globalen Ausdruck in einer reservierten und vorsichtigen, ja manchmal ängstlich übervorsichtigen sozialen Haltung finden. Man wagt sich nicht zu weit aus der Deckung, um nicht Kritik und Zurückweisung ausgesetzt zu sein. Viele Personen mit bescheidener Selbstachtung bleiben auf diese Weise im Schatten; nicht etwa, weil sie sich nicht gern im Licht des Erfolges sonnen würden, sondern weil sie glauben, nicht den Preis dafür zahlen zu können. Denn um einen Erfolg zu erzielen, muß man meistens mit anderen in Wettbewerb treten und damit das Risiko auf sich nehmen, seine Mitmenschen zu verärgern, Widerstand hervorzurufen oder den kürzeren zu ziehen ... Viel zu destabilisierend für ein Individuum mit geringer Selbstachtung!

Aber natürlich brauchen auch solche Menschen Erfolge und Anerkennungen, damit ihre Selbstachtung auf einem akzeptablen Niveau bleibt. Wie gehen sie dabei vor? Hier einige Patentrezepte, nach denen sie häufig greifen ...

Wenn vom Glanz der anderen auch etwas auf uns fällt

Eine erste mögliche Strategie liegt darin, daß wir vom Erfolg einer anderen Person profitieren, in deren Triumphe wir uns einbezogen fühlen. Diese andere Person kann aus dem Kreise unserer nächsten Angehörigen kommen und etwa unser Kind oder unser Lebenspartner sein. So wird es für jemanden, der zu seinem Leidwesen keine hohe Schulbildung genießen konnte, gewiß eine Quelle uneigennütziger Freude sein, wenn seine Kinder Erfolg beim Lernen haben, aber es wird ihm auch zur Erhöhung der eigenen Selbstachtung dienen. Élodie (22), Französischstudentin, erzählte:

»Unsere Mutter kam aus bescheidenen Verhältnissen. Ihre Ehe mit meinem Vater, der aus einer bürgerlichen Familie stammte, war ein Fehlschlag. Weil die Scheidung nicht glimpflich abgegangen war, hatte sie die Brücken zu meinem Vater abgebrochen und bezog deshalb keine Unterhaltszahlungen. Sie hat sich wirklich aufgeopfert, um uns ein Hochschulstudium zu ermöglichen. Für uns war das eine schwere Bürde, vor den Prüfungen lastete ein starker Druck auf uns, wir sagten uns, wir dürften unsere Mutter keinesfalls enttäuschen. Noch heute habe ich bei jeder schlechten Note Schuldgefühle und glaube, ihr Vertrauen mißbraucht zu haben. Ich spüre, daß es furchtbar wichtig für sie ist, daß wir unsere Studien erfolgreich abschließen.«

Es kann sich auch um den Erfolg des Ehepartners handeln: früher opferten sich viele Frauen dafür auf, ihren Männern eine erfolgreiche Karriere zu ermöglichen. Hinterher konnten sie dann stolz sein auf ihre Gatten. Bei Arztfrauen war das bis in die sechziger Jahre so (es nützte der Selbstachtung, wenn man die »Frau vom Doktor« war).

Bei solchen Stellvertreter-Erfolgen kann die Beziehung zur eigentlich erfolgreichen Person auch indirekter sein, so etwa bei den Fans eines Sportklubs, die sich je nach Sieg oder Niederlage ihrer Lieblingsmannschaft stolz oder niedergeschlagen fühlen. Ausländische Beobachter haben bemerkt, wie auf nationaler Ebene die Selbstachtung der Franzosen stieg, als die französischen Fußballer im Jahre 1998 die Weltmeisterschaft gewannen. Die Freude war so immens, daß der Sieg zu einem der größten Volksfeste Anlaß gab, die das Land seit der Befreiung vom Faschismus erlebt hatte.

Das bedeutet nicht, daß jede Form von Rückhalt oder Vergnügen, die wir aus dem Erfolg einer mit uns verbundenen Person oder Gruppe ziehen, ein Beweis für unsere geringe Selbstachtung wäre! Es ist normal, sich in die Erfolge der anderen mit einzubeziehen. Aber man sollte wissen, daß mit solchen Verhaltensweisen oft der unbewußte Wille verknüpft ist, der eigenen Selbstachtung aufzuhelfen.

Woran erkennt man die Exzesse dieser Strategie? Erstens daran, daß in so einem Fall nichts als nur dieser Stellvertretungsmechanismus die betroffene Person aufzuwerten vermag. Zweitens ist es auch bedenklich, wenn man auf einen Mißerfolg jener Menschen, in welche man sich selbst investiert hat, gewalttätig reagiert. Dieses Phänomen kann man auf spektakuläre Weise bei Sportfans beobachten: es gibt Leute, die sich umbringen, wenn ihre Mannschaft verliert, oder die handgreiflich werden gegen die angeblichen Urheber der Niederlage (Schiedsrichter, Spieler, Klubvorsitzende). Sie erinnern sich gewiß noch an den kolumbianischen Fußballspieler Andres Escobar, der ermordet wurde, als er von der Weltmeisterschaft aus den USA zurückkehrte: er hatte dort ein Eigentor geschossen und damit seine Mannschaft aus der Qualifikation geworfen.

Ein letztes Anzeichen für einen Exzeß ist es schließlich, wenn wir auf Personen, denen wir die Aufwertung unserer Selbstachtung übertragen haben, Druck ausüben. Das ist der Fall bei Kindern, die von ihren Eltern »mit einer Mission betraut« worden sind. Solche Eltern haben (zumindest in ihren eigenen Augen) ihr Leben mehr oder weniger verpfuscht, und nun sollen ihre Sprößlinge das verwirklichen, was sie selber nicht erreichen konnten: einen brillanten Studienabschluß, den Aufstieg in eine andere soziale Schicht, sportliche Erfolge.

Auch Personen mit hoher Selbstachtung machen sich Stellvertreter-Erfolge zunutze. Im Mittelalter ließen sich die Souveräne bei Turnieren durch ihre »Vorreiter« vertreten – ein König konnte ja nicht riskieren, womöglich ins Gras zu beißen!

Im allgemeinen genießen Personen mit hoher Selbstachtung Stellvertreter-Erfolge genauso wie andere Leute auch, aber sie schlachten diese Triumphe unverfrorener aus: sie schrecken nicht davor zurück, sich bei der erstbesten Gelegenheit in den Vordergrund zu schieben und den ganzen Beifall für sich zu beanspruchen.

Es ist gut für die Selbstachtung, wenn man einer Gruppe angehört. Hierbei ist kaum von Belang, welcher sozialen Wertschätzung sich die Gruppe in den Augen der Außenwelt erfreut. In den meisten Fällen möchten Personen mit geringer Selbstachtung lieber ein sicheres Plätzchen in einer leistungsschwachen oder sozial wenig anerkannten Gruppe innehaben, als sich für einen Platz am Katzentisch einer Gruppe abzustrampeln, in der harter Wettbewerb herrscht. So wird sich ein kleiner Junge mit niedriger Selbstachtung eher in einer Fußballmannschaft wohl fühlen, die Niederlage auf Niederlage einsteckt, in der er aber sicher sein darf, daß er seinen Mannschaftskameraden das Wasser reichen kann und immer zum Einsatz kommt.

Die Gruppe macht vor allem ein Aufteilen möglich: so werden Erfolge aufgeteilt, aber auch Niederlagen. Man versteht nun besser, weshalb sich Personen mit geringer Selbstachtung besonders gern in ein Kollektiv einfügen wollen: sie sind bereit, ihre Erfolge mit anderen zu teilen, und genießen vor allem die Sicherheit, daß im Falle eines Fehlschlags die individuelle Verantwortlichkeit im Team verwässert wird. Kein Wunder, daß die Pubertät das Goldene Zeitalter der Bandenbildung ist. Wir haben schon gesehen, daß die Selbstachtung in diesem Lebensabschnitt ganz besonders störanfällig ist.

Personen mit hoher Selbstachtung schließen sich eher zu Gruppen zusammen, um sich von anderen abzusetzen (indem sie zum Beispiel einem vornehmen Klub angehören). Bei Individuen mit geringer Selbstachtung dient die Gruppenbildung hingegen dazu, sich weniger allein zu fühlen und besser geschützt zu sein.

Träumereien, vage Pläne und virtuelle Welten

Manche Menschen mit geringer Selbstachtung geben sich voll und ganz der Träumerei hin. »Ich verbrachte ganze Tage untätig in meinem Zimmer«, erklärte ein Patient. »Ich erträumte mir brillante Erfolge: mal wurde ich Vorstandschef eines Konzerns oder nobelpreisgekrönter Forscher, mal Formel-I-Weltmeister, und was weiß ich noch für Unsinn … Bei alledem machte ich natürlich nicht die geringsten Anstalten, zu Taten zu schreiten, indem ich mich etwa in eine Hochschule eingeschrieben oder Stunden in Autorennsport genommen hätte. Ich schwebte von einem Trugbild zum nächsten, wie ein Insekt von Blume zu Blume flattert; aber ich war wie ein Schmetterling, der nichts produziert, nicht einmal wie eine Biene, die bei ihrem Herumschwirren wenigstens Nektar zusammenträgt …«

Träumerei hat manchmal ihr Gutes. Für Menschen mit geringer Selbstachtung birgt sie jedoch Gefahren in sich, denn sie verschafft einem Befriedigungen, für die man keinen Handschlag getan haben muß. Und sie gewöhnt einen daran, Zwischenetappen auf dem Weg zum Erfolg zu vernachlässigen, die dazu nötigen Anstrengungen, die Fehlschläge, die mißratenen Anläufe und alle möglichen Schwierigkeiten, denen man die Stirn bieten muß.

Auch das Eintauchen in virtuelle Welten (Videospiele, Seifenopern, Romane) kann in diesen Bereich fallen. Bei Großverbrauchern solcher Hilfsmittel zur Wirklichkeitsflucht liegt der eigentliche Antrieb im Wunsch, der für die Selbstachtung allzu schmerzhaften Realität zu entgehen.

Träumereien dieser Art gibt es auch bei Personen mit hoher Selbstachtung, doch ist der Traum bei ihnen häufiger ein Vorspiel zur Aktion, als daß er eine Alternative zum Handeln bildet.

Wie schützt man eine hohe Selbstachtung?

A priori verhalten sich die Dinge für Individuen mit hoher Selbstachtung weniger kompliziert. Im allgemeinen erlaubt ihnen ihre Art zu handeln (Risiken auf sich zu nehmen, die eigenen Fähigkeiten zu entwickeln, die persönlichen Grenzen weiter hinauszuschieben), ihre Selbstachtung aufrechtzuerhalten oder stetig zu entwickeln. Personen mit geringer Selbstachtung handeln selten, bei Personen mit hoher

Selbstachtung ist das nicht so: sie handeln und erleben deshalb mehr Erfolge, wenngleich auch mehr Mißerfolge. Wie stellen diese Menschen es also an, daß sie mit Mißerfolgen zurechtkommen?

Die Winkelzüge der Attribution

Auf einen Fehlschlag kann man unterschiedlich reagieren. Entweder man akzeptiert ihn, wie er ist, und zieht seine Lehren daraus – das ist die nützlichste Haltung. Aber es ist auch die emotional kostspieligste, vor allem, wenn sich Mißerfolge wiederholen. Man kann die Dinge jedoch auch aus einem anderen Blickwinkel betrachten: »Das ist nicht meine Schuld; alles nicht so wild; es wird sich schon wieder ändern.« Psychologen nennen so etwas eine Attribution. Wir neigen nämlich dazu, einem Ereignis bestimmte Wesenszüge zuzuschreiben. So meinen wir, das Geschehene hänge von uns ab oder aber von der Umgebung, es werde sich wiederholen oder sei ein Einzelfall, es sei allgemein gültig oder nur von begrenzter Tragweite.

Indem man mit diesen Attributionen jongliert, kann man sich mit einer schönen Zahl existentieller Probleme einrichten. Personen mit hoher Selbstachtung haben zum Beispiel einen unbezwingbaren Hang, Erfolge sich selbst zuzuschreiben, die Verantwortung für Mißerfolge aber äußeren Umständen anzulasten – dem Schicksal oder ihren Mitmenschen.[202] Im Falle eines Fehlschlags sind sie zu einer spezifischeren Selbstkritik imstande.[203] Sie werden sagen »In diesem oder jenem Punkt bin ich schlecht gewesen«, aber nicht »Ich habe kläglich versagt«. Der französische König Franz I., der bei der Schlacht von Pavia im Jahre 1525 in die Flucht geschlagen und gefangengenommen wurde, schrieb seiner Mutter, der Herzogin von Angoulême, die berühmten Worte: »Alles ist verloren, nur die Ehre nicht.« Diese Botschaft ist ein schönes Beispiel für eine nicht verallgemeinerte Selbstkritik.

Strategie	*Beispiel*
Die Gründe für den Mißerfolg woanders suchen (statt sie bei sich selbst zu finden)	Ich habe getan, was zu tun war; eigentlich ist es wegen X. schiefgegangen …
Die Selbstkritik nicht verallgemeinern (sondern begrenzen und auf einen Punkt richten)	Ein Punkt in meinem Plan hat nicht wie vorgesehen funktioniert … (aber der Rest war perfekt)
Keine Verallgemeinerungen über die Dauer der Mißerfolgsphase vornehmen	Das stellt nichts an meinem Vorhaben in Frage; beim nächsten Mal klappt es bestimmt!

Attributionsstrategien von Personen mit hoher Selbstachtung, die sich mit einem Mißerfolg konfrontiert sehen

Am Operationstisch

Die oben erwähnten Strategien finden sich wieder in den Gedanken eines Chirurgen mit hoher Selbstachtung, der sich mit einem operativen Zwischenfall konfrontiert sieht: »Mein Eingriff ist perfekt geglückt. Der Kranke ist verstorben, weil die Anästhesisten das Problem nicht in den Griff bekommen haben. Überhaupt war das ein ganz besonderer Fall; ich war einverstanden, ihn zu operieren, weil sich sonst niemand an ihn herangetraut hat, und operiert werden mußte er ja schließlich …«

Auf die Fehler der anderen achten: der Vergleich nach unten

90 Prozent aller Geschäftsleute sind der Meinung, einem durchschnittlichen Geschäftsmann überlegen zu sein, und 70 Prozent der Absolventen von Elitehochschulen glauben, mit ihren Befähigungen über dem Durchschnitt der Kommilitonen zu liegen.[204] Wenn sie sich an ihresgleichen messen, fällen Personen mit hoher Selbstachtung gern ein günstiges Urteil über sich selbst! Man hat übrigens auch festgestellt, daß sie bei diesem Vergleich nur die Bereiche

heranziehen, in denen sie am besten abschneiden. Daraus erklärt sich wohl, daß sich die Neigung zum schmeichelhaften sozialen Vergleich in allen möglichen sozialen Kategorien wiederfindet. 90 Prozent aller Gymnasiallehrer meinen zum Beispiel, sie wären ihren Kollegen überlegen. Jeder vierte Student glaubt, er gehöre zu dem einen Prozent der besonders Begabten, die fähig und würdig sind, die anderen zu führen.[205] Es scheint hingegen, daß dieser soziale Vergleich nicht in allen Kulturkreisen auftritt (oder sich zumindest nicht in gleicher Weise manifestiert): eine Studie unter japanischen Oberschülern bestätigte die Tendenz, sich durch vorteilhaften Vergleich mit anderen aufzuwerten, überhaupt nicht. Eher war das Gegenteil der Fall![206]

Selbst große Männer blicken manchmal nach unten ...

Das Leben von Sigmund Freud ist eine unerschöpfliche Quelle von Anekdoten. Der große Mann erfreute sich einer florierenden Selbstachtung, die seinen Mitmenschen gegenüber oft grausam war, namentlich, wenn sich einer seiner Schüler zu weit hervorwagte. Freuds Biograph und Schüler Ernest Jones erzählt über Stekel, einen der Mitarbeiter des Begründers der Psychoanalyse: »Sein Erfolg auf dem Gebiet des Symbolismus gab ihm das Gefühl, er sei über Freud hinausgewachsen. Diese etwas anmaßende Selbsteinschätzung drückte er gern mit halber Bescheidenheit folgendermaßen aus: ›Ein Zwerg auf der Schulter eines Riesen könne weiter sehen als der Riese selbst.‹ Als Freud dies hörte, meinte er grimmig: ›Das mag wahr sein, aber nicht eine Laus auf dem Kopfe eines Astronomen.‹«[207]

Die Tendenz, sich an Schwächeren zu messen, verschärft sich, wenn man Personen mit hoher Selbstachtung Niederlagen organisiert. Sie werden sich dann mehr als je zuvor beruhigen wollen, indem sie sich mit Leuten vergleichen, die auf der Stufenleiter der Erfolge und Befähigungen weiter unten stehen. Dabei werden sie auch aufmerksamer auf Fehler oder Wissenslücken der anderen achten. Amüsante Studien haben dies untermauert.[208] Testpersonen mit hoher und solchen mit geringer Selbstachtung wurde ein Mißerfolg beim Lösen einfacher Aufgaben beschert. Nachdem sie derart gescheitert waren (was man ihnen lang und breit unter die Nase rieb), ließ man sie eine weitere Prüfung absolvieren, bei der sie sich eine Liste positiver und negativer Verhaltensweisen anderer Personen durchlesen mußten (»Jacques hat ein schwieriges Examen brillant bestanden«, »Aber er hat sich geweigert, einem Freund in Not Geld zu leihen ...«). Als man sie einige Zeit darauf fragte, an welche dieser Verhaltensweisen sie sich noch erinnern könnten, stellte man fest, daß Testpersonen mit hoher Selbstachtung sich nach ihrem Mißerfolg eher auf die Schwächen der anderen besannen. Passen Sie also auf, wenn Ihr Chef gerade eine Niederlage eingesteckt hat, die seine Selbstachtung angreift: er wird sich sogleich an alle Ihre verflossenen Mißgeschicke erinnern oder sich mit Ihnen anlegen – nur um sich zu überzeugen, daß er nicht die einzige inkompetente Person in der Firma ist.

Bei Kritik wird der Kritiker kritisiert

»Sag mir, was du von mir denkst, und ich werde dir sagen, ob du was taugst!« Eine solche Strategie wird von Individuen mit hoher Selbstachtung häufig eingesetzt. Hier ein Beispiel: Freiwillige Testpersonen absolvierten ein Gespräch mit einem Psychologen. Am Ende dieses Gesprächs gibt der Psychologe eine positive oder kritische Einschätzung ihrer Persönlichkeit. Hinterher bittet man die Freiwilligen, die Gültigkeit des abgegebenen Urteils sowie die Kompetenz des Psychologen einzuschätzen. Die Meinung der Personen mit geringer Selbstachtung wird nicht davon beeinflußt, ob der Psychologe ein positives oder negatives Porträt skizziert hatte. Bei Probanden mit hoher Selbstachtung ist das anders: Je positiver ihr Porträt ausgefallen ist, desto zutreffender scheint es ihnen – und desto kompetenter ist ihrer Ansicht nach der Psychologe![209]

Soll man sich Steine in den Weg legen, um die Selbstachtung zu verbessern?

Die kleine Bérangère (3½) spielt mit ihrer Schwester (5½) und deren Freundin ein Memory-Spiel. Ihr Vater, an dem sie sehr hängt, kommt vorbei und sagt (ungeschickterweise!): »Na, wer von euch Mädchen wird gewinnen?« Dann schaut er ihnen ein Weilchen beim Spielen zu. Von diesem Moment an spielt Bérangère schlecht, sie konzentriert sich nicht, schaut nicht mehr richtig auf die Karten und beginnt, wie ein Baby zu sprechen. Die beiden Großen werden ärgerlich und drohen, das Mädchen vom Spiel auszuschließen. Der Vater hat begriffen, daß ihm ein Fauxpas unterlaufen ist; er setzt sich mit an den Tisch, nimmt Bérangère auf den Schoß, beruhigt sie und bittet sie, sich zu konzentrieren. Nach und nach steigt sie wieder ins Spiel ein …

Was ist mit Bérangère geschehen? Warum hat sie von einem Augenblick zum anderen ihre Siegeschancen vergeben, obwohl sie eigentlich durchaus imstande war, in diesem Spiel mitzuhalten?

Man hat schon seit langem bemerkt, daß Personen mitunter ein paradoxes Verhalten annehmen, mit dem sie ihre Erfolgsaussichten offensichtlich ruinieren. Sie lassen plötzlich in ihren Anstrengungen nach, wenn das Schlimmste schon bewältigt und ein Erfolg in Reichweite ist; sie bereiten sich auf einen wichtigen Termin nicht vor (etwa der Student, der vor der Prüfung den Stoff nicht wiederholt); manchmal werfen sie sich richtiggehend selber Knüppel zwischen die Beine (zum Beispiel der Arbeitsuchende, der verspätet zum Vorstellungsgespräch erscheint) … Was geht in diesen Leuten vor?

Gibt es so etwas wie Mißerfolgsneurosen?

Psychoanalytiker haben sich sehr für eine Erscheinung interessiert, die sie »Mißerfolgsneurose«[210] nennen. Sie glauben, daß bestimmte Individuen Geschmack am Scheitern empfinden oder Angst vor dem Erfolg haben. Das Gefühl, seinen Erfolg nicht zu verdienen, und ein gewisses Schuldempfinden im Falle des Gelingens erklären nach Ansicht der Psychologen diese Phänomene des absichtlich herbeigeführten Scheiterns. Die Theorie ist sehr populär geworden, vor allem in der Welt des Sports, wo man oft davon spricht, daß der eine oder andere Champion »Angst vor dem Gewinnen« habe.

Es gibt für dieses Phänomen noch andere Erklärungen, von denen manche mit der Selbstachtung zusammenhängen. Wir haben zum Beispiel schon gesehen, daß Menschen mit niedriger Selbstachtung sich im Scheitern stärker »wiederfinden« als im Erfolg, ohne daß sie deshalb so weit gehen würden, in Niederlagen zu schwelgen.

Davon berichtete auch eine Patientin: »Manchmal habe ich den Eindruck, daß mir ein Mißerfolg mehr Sicherheit gibt; ihn bin ich wenigstens gewohnt, er ist keine Überraschung, er beruhigt mich beinahe.« Die interessanteste Theorie zur Erklärung solcher Erscheinungen ist die des Selbst-Handicapings.[211] Sie besagt ganz einfach, daß jemand, der sich auf einen wichtigen Termin nicht vorbereitet oder sich systematisch allzu schwierige Ziele steckt, sich damit nicht bestrafen will, sondern im Gegenteil etwas für seine Selbstachtung tun möchte!

Nehmen wir das Beispiel des Studenten, der seine Prüfung nicht vorbereitet. Indem er den Unterrichtsstoff nicht wiederholt, zieht er ein schönes Manöver in Sachen Selbst-Handicaping ab. Mit welchem Ziel? Nun, im Falle eines Mißerfolgs kann er immer noch sagen: »Stimmt, ich bin durchgefallen, aber das kam, weil ich nicht genug gelernt habe.« Damit steht nicht seine globale persönliche Kompetenz zur Debatte (von der seine Selbstachtung abhängt), sondern nur seine mangelhafte Zeiteinteilung ... Dieser Student könnte sich auch folgendes sagen (obgleich solche Strategien meistens unbewußt ablaufen): »Wenn ich mich mit ganzer Kraft vorbereite und trotzdem durchrausche, wäre das ein Beweis dafür, daß ich's nicht drauf habe. Rausche ich aber durch, ohne mich wirklich bemüht zu haben, kann man meinen Mißerfolg eher diesem Mangel an Anstrengung anlasten als einem Mangel an Kompetenz.«

Jetzt werden Sie schlußfolgern, daß eine Person, die derart argumentiert, eine niedrige Selbstachtung haben muß, denn sie nimmt gedanklich eher ein Scheitern vorweg als einen Erfolg. Und Sie haben recht: Selbst-Handicaping ist eine Strategie, die im Falle einer niedrigen Selbstachtung oft zur Anwendung kommt.

Und was machen Personen mit hoher Selbstachtung? Sie nehmen in Gedanken eher den Erfolg vorweg, und dem Selbst-Handicaping widmen sie sich nicht, um sich vor dem Scheitern zu schützen, sondern um im Erfolgsfall noch besser dazustehen. Kommen wir auf unseren Studenten zurück, aber bescheinigen wir ihm diesmal ein hohes Maß an Selbstachtung. Was würde passieren, wenn er nicht für die Prüfung lernt und trotzdem durchkommt (wovon er dank seiner hohen Selbstachtung ja sowieso überzeugt ist)? Nun, sein Prestige würde daraus gestärkt hervorgehen: »Ich habe es geschafft, obwohl ich mich gar nicht vorbereitet habe.«

Hohe Selbstachtung	*Geringe Selbstachtung*
Um die Selbstachtung im Falle eines Erfolges zu erhöhen (den Gewinn zu maximieren)	Um die Selbstachtung im Falle eines Mißerfolgs zu schützen (den Verlust in Grenzen zu halten)
Wird in Situationen eingesetzt, bei denen man den Erfolg im Geiste schon vorwegnimmt	Wird in Situationen eingesetzt, bei denen man das Scheitern im Geiste schon vorwegnimmt
Ist mit Stimulation verbunden	Ist mit Befürchtungen verbunden

Wann man zum Selbst-Handicaping greift

Der erklärte Rückgriff auf die Strategie des Selbst-Handicapings kann also auch eine Form von Snobismus sein. Man macht die anderen glauben, man habe sich auf einen wichtigen Termin überhaupt nicht vorbereitet, damit man hinterher um so größere Anerkennung einheimsen kann. Das ist bei manchen Personen mit hoher Selbstachtung eine sehr beliebte Stilübung. Übrigens scheint diese Strategie in Frankreich und anderen romanischen Ländern überdurchschnittlich entwickelt zu sein. Dort genießt ein Erfolg, den man dank seiner Begabung oder Inspiration errungen hat, höheren Stellenwert als einer, der aus fleißiger Arbeit hervorgegangen ist. Der soziale Status des begabten Schülers ist für die Selbstachtung günstiger als der des arbeitsamen Schülers. Englische und nordamerikanische Studenten versuchen demgegenüber weniger, die Realität zu verfälschen: wenn sie eine Menge arbeiten, schämen sie sich nicht, das auch zuzugeben.

Szenen aus dem Alltagsleben

Schaut man genau hin, ist bei vielen unserer täglichen Verrichtungen die Selbstachtung mit im Spiel. Kaufen wir etwas oder reden wir schlecht über unseren Nachbarn, dann ist das, oftmals ohne daß es uns bewußt wäre, ein Verhalten, mit dem wir unserer Selbstachtung etwas Gutes tun wollen, gleich ob diese nun hoch oder gering ist. Unternehmen wir gemeinsam einen kleinen Streifzug durch diese alltäglichen Verhaltensweisen …

Konsumieren, um sich zu akzeptieren

Einkaufen

Man hat über die Konsumgesellschaft oft den Stab gebrochen, weil sie uns dazu treibt, mehr zu kaufen und zu besitzen, als wir eigentlich brauchten. Kommerzielle Zwänge und das Know-how von Marketingspezialisten spielen dabei gewiß eine Rolle, aber es funktioniert sicher auch deshalb so gut, weil der Akt des Kaufens grundlegendere Bedürfnisse berührt, als es den Anschein hat. Durch eine Kaufhandlung wertet man sich auf, selbst wenn es sich dabei um einen Kunstgriff mit labiler und flüchtiger Wirkung handelt. Händler und Werbefachleute haben das gut begriffen, besonders auf dem Gebiet der Luxusartikel. Man will Sie zu dem Gedanken verführen, daß Sie durch den Kauf eines Luxusgegenstands in die soziale Kategorie der Kenner und Privilegierten eintreten.

Ist das Samstags-Shopping eine Droge für die Selbstachtung? Auf jeden Fall werden es gute Verkäufer immer hinbekommen, dem Ego ihrer Kunden so zu schmeicheln, daß es »Klick« macht in deren Selbstachtung …

»Bei mir ist es krankhaft«, erzählte uns eines Tages ein Rechtsanwalt (36). »Meine Frau nennt das meine ›neurotischen Einkäufe‹. Manchmal kaufe ich Dinge nicht aus materiellem, sondern aus psychischem Bedürfnis. Einen sehr schönen Aktenkoffer zum Beispiel oder eine wahnsinnig teure Lampe für meinen Schreibtisch. Meistens mache ich solch einen Einkauf nicht, wenn der alte Aktenkoffer abgenutzt oder die vorige Lampe kaputt ist. Es geschieht eher, wenn ich ein bißchen unglücklich bin, wenn etwas nicht so richtig gelaufen ist. Wenn ich mein Prestige wieder aufwerten muß. Ich kaufe nicht voller Freude, sondern um mich zu behandeln, um das Loch in meiner Seele zu stopfen, um in meinen eigenen Augen wieder besser dazustehen. Ein neues Objekt in mein Leben treten zu lassen, etwas Schönes, Funktionelles, einfach so – nach den 30 Sekunden, die man zum Bezahlen braucht –, das tut mir wirklich gut.«

Eine scharfsichtige Selbstanalyse

»Was nervt Sie auf dieser Welt am meisten?« Als ihr das Frauenmagazin *Elle* im Jahre 1998 diese Frage stellte, antwortete die Humoristin Muriel Robin: »Ich mich selbst. Ich und wie ich mit dem Hintern zwischen zwei Stühlen hänge, meine Widersprüche. Wenn ich mir einreden will, daß alles besser gehen würde, wenn ich mir den neuesten Camcorder kaufe, der gerade auf den Markt gekommen ist und wirklich toll aussieht. Weil alle um mich herum dieses Ding haben, packe ich es mir auch in die Wohnung, hopp, und dann? Ich fühle mich bekloppt, ich sage mir: ›Aber was bringt dir das, du Nappsülze?‹ Ich schufte wie eine Blöde, um 15 000 Francs zu verdienen, nur damit ich sie für den Camcorder ausgebe, und danach brauche ich wieder 15 000 für irgendwas anderes – und danach?«

Psychiater treffen manchmal auf »zwanghafte Käufer«, die häufige, unnötige und ihre Ressourcen übersteigende Kaufhandlungen vollziehen. Bei diesen Patienten treten systematisch Selbstachtungsprobleme auf, ein wenig wie bei bulimischen oder kleptomanischen Personen. Diese drei Störungen sind übrigens häufig miteinander verbunden.

Besitzen

Dem Kaufvergnügen folgt oft das des Besitzens. Letzteres ist jedoch dauerhafter. Der Besitz prestigeträchtiger Dinge wirkt wie eine Krücke für die Selbstachtung: schöne Möbel, ein schönes Haus etc. Auch (und vor allem) Autos gehören hierher: sie sollen besonders schön, groß oder sauber sein und nicht von irgendeiner beliebigen Marke. Muß man nicht sofort an ein wichtigtuerisches Bedürfnis nach Zurschaustellung des eigenen Wertes denken, wenn man sieht, wie sich die dicken, chromglänzenden und für den Großstadtverkehr unpraktischen Geländewagen überall verbreiten? Sollten diese Wagen für die Selbstachtung die gleiche Funktion haben wie Silikon für den Busen?

Vorzeigen

Kaufen und besitzen – schön und gut. Aber welch ein Kummer, es nicht auch zur Schau stellen zu können und damit seine Selbstachtung noch mehr aufzupäppeln! Es hebt das Selbstwertgefühl wirklich prächtig, wenn man das Autoradio vor einem Straßencafé voll aufdreht und nicht etwa auf verlassenen Landstraßen. Und wir parken unseren dikken Schlitten besser direkt vor dem Restaurant, auf dessen Terrasse wir dinieren wollen, als in einem anonymen unterirdischen Parkhaus, wo niemand uns aussteigen sieht. Großtuerisches Zurschaustellen steht meistens im Dienst der Selbstachtung. So wurde im Jahre 1998 mit folgendem Spruch um Kunden für eine Kreditkarte geworben: der Besitz dieser – kostspieligen – Karte sei »das äußere Zeichen Ihrer inneren Reichtümer« …

Andere neidisch machen

Im Grunde erinnert das alles an das kindische Vergnügen, für das bewundert zu werden, was man hat, und weniger für das, was man ist. Manche Versandhauskataloge nutzen diesen Mechanismus geschickt aus. In einem Katalog (Mai

1998) wurde für eine Luftmatratze geworben: »Fern der überfüllten Strände und Schwimmbäder, sanft umspielt von der milden Luft oder in die Lektüre eines Romans vertieft, werden Sie die ganze Nachbarschaft neidisch machen.« Das Ziel ist eindeutig. Es geht nicht nur darum, vom Komfort eines läppischen Gerätes zu profitieren – vor allem sollen die Nachbarn sehen, wie wir es uns wohl sein lassen! Wie zufällig zeigt die Abbildung dann auch, wie sich auf besagter Luftmatratze eine hübsche Blondine rekelt (und nicht etwa der männliche Käufer, an welchen sich der Katalog wendet). Die versteckte Botschaft lautet also: Sie werden nicht bloß die anderen neidisch machen, sondern alle schönen Frauen aus Ihrer näheren Umgebung werden nur noch eins im Kopf haben – in Ihren Garten zu kommen, um sich auf der Luftmatratze wälzen zu können!

Verführen und angeben: ein Sport, so alt wie die Welt

Den Frauen werfen sie oftmals vor, oberflächlich und schwatzhaft zu sein, aber ihrerseits rühmen sich Männer gern ihrer Eroberungen. Angeberei stärkt die Achtung, die man vor sich selbst hat.

Während der Dreharbeiten zu Mankiewicz' Film *Die barfüßige Gräfin* hatte Ava Gardner eine Liaison mit dem Torero Luis Miguel Dominguin. Vom ersten Abend ihrer Beziehung wird berichtet: »Dominguin steht auf, kleidet sich an und will aus dem Fenster klettern. ›Darf man wissen, wo du hingehst?‹ erkundigt sich die schöne Ava. ›Meinen Kumpels davon erzählen‹, antwortet der Matador treuherzig.«[212]

Die kleinen Freuden des Daseins

Auf Randgebieten brillieren

Sicher haben Sie sich schon einmal gefragt, was man eigentlich davon hat, wenn man zum Beispiel Weltmeister im Kirschkernweitspucken ist oder Sanskrit aus dem Effeff beherrscht ... Abgesehen davon, daß es manchen Leuten wahre Befriedigung verschafft, kann es auch mit der Selbstachtung zu tun haben. Ist sie gering, wird man zwei Vorzüge darin finden, in einer sehr selten praktizierten Betätigung zu glänzen. Zunächst einmal gibt es wenig Konkurrenten, und so hat man es leichter, auf diesem Gebiet zu brillieren. Außerdem steht man niemandem im Wege und riskiert nicht, bei anderen Eifersucht oder Aggressivität auszulösen. Ist die Selbstachtung hoch, wird man es vor allem schätzen, einzigartig zu sein oder Pionierleistungen zu vollbringen. Dabei ist es aber nötig, daß die besondere Befähigung in dem sozialen Milieu, nach dessen Anerkennung man strebt, geschätzt wird.

Kontrollieren und beherrschen

Je höher die Selbstachtung eines Individuums ist, desto stärker wird auch dessen Bedürfnis sein, eine Situation zu kontrollieren. Je mehr Kontrolle es ausübt, desto stärker wird dies wiederum seine Selbstachtung steigern.[213] Wie kommt diese Wechselbeziehung im Alltag zum Ausdruck? Natürlich, indem man Macht erobert und ausübt! Die einen stürzen sich in die Politik. Andere wählen simplere Lösungen. Warum sind zum Beispiel so viele Städter darauf versessen, große kräftige Hunde zu besitzen? Weshalb sind bei Halbstarken aus den Vorstädten die Pitbulls so beliebt? Abgesehen von gefühlsmäßigen Gründen (wenn man als Kind zuviel *Lassie* geguckt hat) oder ganz handfesten Erwägungen (man kann seine Feinde einschüchtern) gibt es noch eine einfache Antwort: so etwas tut der Selbstachtung gut. Je größer der Hund und je aggressiver, desto berechtigter ist der Verdacht, Herrchen habe Probleme mit seiner Selbstachtung. Das i-Tüpfelchen ist, wenn man doziert, es handle sich um eine ganz ungefährliche Rasse, »unter der Bedingung, daß man ihnen richtig klarmacht, wer der Chef ist« ... Auf Besitzer kleinerer Hunde trifft das ebenso zu, falls sie in die Kategorie »Zuchtmeister« fallen. »Sitz! Platz! Bei Fuß! Still! Zu mir!« – wenn hienieden sonst niemand auf mich hören will, habe ich wenigstens ein Geschöpf gefunden, über das ich herrschen kann ... Beachten Sie, daß es hierbei Varianten gibt: es funktioniert manchmal auch mit dem Ehepartner, mit den Kindern oder den Untergebenen.

Beim Monopoly die Nummer eins sein

Das Gesellschaftsspiel ist ein Derivat sozialen Kräftemessens. So zeigen mittelalterliche Miniaturen, wie Saladin und Richard Löwenherz beim Schachspiel miteinander rivalisieren. Bei manchen Leuten kann man diese Abkunft des Spiels aus der Konfrontation noch gut bemerken, denn sie vergessen das Vergnügen und den normalerweise freundschaftlichen Charakter des Spielens. Zwei Dinge weisen darauf hin, daß jemand seine Selbstachtung zu sehr ins Spiel gebracht hat: er ist dann ein schlechter Verlierer (»Na schön, wenn das so ist, gehe ich!«) und schreckt nicht vor ernstem Streit mit seinen Spielpartnern zurück. Oder aber er ist zum Schummeln bereit, weil er die Freuden des Gewinnens auskosten will und eine Niederlage nicht verkraften kann.

Regelverstöße und Vordrängelei

Gesetze übertreten, die für den gemeinen Sterblichen gemacht sind, schneller fahren als die anderen, seine Strafzettel nicht bezahlen, das Finanzamt hintergehen – für manche Persönlichkeitstypen (die Narzißtiker zum Beispiel) sind das Mittel, mit deren Hilfe sie ihre Selbstachtung spürbar dopen. Anderen Leuten wird es genügen, wenn sie sich einfach nur vordrängeln. Welch unvergleichliches Vergnügen, sich in einer Warteschlange an den anderen vorbeizuschummeln!

Ich und die anderen

Miesmacherei, Verleumdung und Spott

»Dieser Typ ist 'ne echte Niete«, »Die Kleine ist zwar hübsch, aber dämlich ...« Was haben wir davon, schlecht über die anderen zu reden? Warum »tut uns das gut«?

Durch üble Nachrede verringern wir die Kluft zwischen uns und den anderen. Wenn wir Schlechtes über Stars sagen (»Sehr intelligent ist dieser Schauspieler anscheinend nicht ...«) oder uns vorstellen, daß die Mächtigen dieser Erde in Wahrheit tief unglücklich sind, holen wir sie damit ein bißchen zu uns herab.

Personen mit hoher Selbstachtung, die gerade einen Fehlschlag erlitten haben, reden gern schlecht über Leute, die es weniger gut getroffen haben als sie oder die von der Natur nicht so gut bedacht worden sind. Der Snobismus liegt darin, daß man sich über verletzlichere Menschen lustig macht, um für die eigene Selbstachtung zu punkten. Gewisse Humoristen ziehen mit Vorliebe die sprachlichen Unzulänglichkeiten von Sportlern, die oft aus einem sozial benachteiligten Milieu stammen, ins Lächerliche. Diese Strategie des Starken, der den Schwachen angreift, ist immer unschön und ärgerlich, denn es geht hier darum, den anderen herabzusetzen, um selbst (psychisch oder finanziell) Gewinn daraus zu ziehen.

Hebt üble Nachrede unsere Stimmung?

Dieser Frage sind Forscher nachgegangen, indem sie deprimierte Personen und solche ohne Depressionen baten, ein Urteil über bestimmte berühmte Persönlichkeiten abzugeben.[214]

Dabei fanden sie heraus, daß die Versuchsteilnehmer dazu tendierten, die Berühmtheit auf solchen Gebieten herabzusetzen, auf denen sie sich mit ihr »in Konkurrenz« fühlten. Frauen, die sich für attraktiv hielten, neigten zum Beispiel dazu, über ein Topmodel zu sagen: »Na ja, sooo toll sieht sie auch wieder nicht aus!« Und Männer, die sich intelligent fanden, sagten über einen Intellektuellen, der gerade in war, häufig: »Er sagt auch nicht bloß geniale Dinge.«

Da Wissenschaftler vor und nach der Übung die Stimmung der Probanden analysierten, fanden sie auch heraus, daß eine derartige Kritik nur deprimierten Personen etwas brachte. Die Stimmung der übrigen verfinsterte sich eher. Vielleicht betätigen sich manche Menschen mit unbehandelter Depression oft als griesgrämige Nörgler, weil ihnen üble Nachrede (zumindest kurzfristig) Erleichterung verschafft?

Beachten Sie: Wenn Sie nicht depressiv sind, bringt es Ihnen gar nichts, andere schlechtzumachen!

»Unsere Ferien in der Bretagne? Die waren super!« – »Aber es hat doch pausenlos geregnet, oder?« – »Ach, gar nicht, das sah bloß im Wetterbericht immer so aus. Nein, nein, und überhaupt, uns stört das gar nicht, wir mögen Regen ...«

Wer die eigenen Niederlagen, Flops oder Schwächen nicht eingesteht, schützt damit auch seine Selbstachtung. So kann man auf individueller Ebene vorgehen, doch mitunter betrifft es sogar den ganzen Staat. Kommunistische Regime haben diese Strategien wohl am weitesten getrieben, zum Beispiel das kommunistische China, wo während des »Großen Sprunges« ein Viertel der Bevölkerung verhungerte, gleichzeitig aber vorgebliche Lebensmittelüberschüsse an »Bruderländer« verteilt wurden, um das Gesicht zu wahren.

Eine offensive Variante zum Schutz der Selbstachtung besteht darin, gleich beim Einstieg in eine Diskussion den Standpunkt des anderen herunterzumachen: »Das ist doch Blödsinn, wie du die Dinge siehst; laß mich es mal erklären ...«

Die Kunst, immer recht zu haben

Im Nachlaß des deutschen Philosophen Schopenhauer fand sich eine beeindruckende Liste von Tricks und Kniffen, mit deren Hilfe man niemals zuzugeben braucht, daß man im Unrecht ist. Hier einige Kostproben:

»*Kunstgriff 32.* Eine uns entgegenstehende Behauptung des Gegners können wir auf eine kurze Weise dadurch beseitigen oder wenigstens verdächtig machen, daß wir sie unter eine verhaßte Kategorie bringen, wenn sie auch nur durch eine Aehnlichkeit oder sonst lose mit ihr zusammenhängt: z.B. ›das ist Manichäismus, das ist Arianismus; das ist Pelagianismus; das ist Idealismus; das ist Spinozismus [...]‹«

»*Kunstgriff 36.* Den Gegner durch sinnlosen Wortschwall verdutzen, verblüffen. [...]

Wenn er nun sich seiner eignen Schwäche im Stillen bewußt ist, wenn er gewohnt ist mancherlei zu hören, was er nicht versteht, und doch dabei zu thun als verstände er es; so kann man ihm dadurch imponiren, daß man ihm einen gelehrt oder tiefsinnig klingenden Unsinn, bei dem ihm Hören, Sehn und Denken vergeht, mit ernsthafter Miene vorschwatzt, und solches für den unbestreitbarsten Beweis seiner eignen Thesis ausgiebt. [...]«[215]

Für die Selbstachtung mag das vielleicht gut sein, für die sozialen Beziehungen sicher weniger.

Werbung in eigener Sache

Wie können wir uns zur Geltung bringen, ohne daß unsere Absichten gleich allen auffallen? Hier drei klassische Strategien:

- Das *name-dropping* ist eine Vorgehensweise, bei der man zu verstehen gibt, daß man mit den Großen dieser Erde Umgang pflegt: »Ach, gestern abend, da waren wir bei Claudia eingeladen ... Was bitte? Claudia Schiffer natürlich ... oh, Pardon, ich hatte es nicht dazugesagt. Sie ist ein-fach Spit-ze!«
- *Über-Scharfsichtigkeit* ist dadurch gekennzeichnet, daß man über Informationen verfügt, an denen es anderen mangelt, oder daß man Probleme an einer Stelle entdeckt, wo sie niemand vermutet hätte: »Wenn du daran glaubst, bist du ganz schön naiv; es ist alles viel komplizierter, als du denkst ...« Die Psycho-Variante davon wären spekulative Ausdeutungen des Verhaltens Ihrer Tischnachbarn oder Familienmitglieder.
- Beim *fishing for compliments* wetteifert man in falscher Bescheidenheit, um seine Gesprächspartner zu anerkennenden Worten und Glückwünschen anzustacheln.

Selbstachtung ist nicht alles im Leben

Jetzt werden Sie vielleicht den Eindruck haben, daß Selbstachtung hinter allem und jedem steckt. Das stimmt schon, aber es gibt auch noch anderes im Leben! Wenn wir uns an den schulischen Erfolgen unserer Kinder erfreuen oder an ihrem gesunden Aussehen, dann nicht unbedingt, weil wir es für nötig hielten, uns selbst aufzuwerten. Ist dies dennoch der Fall, muß darin noch nichts Kritikwürdiges liegen.

Wir haben diesen kleinen Streifzug einfach nur unternommen, weil wir Ihre Aufmerksamkeit auf jene Strategien lenken wollten, die wir täglich in den Dienst unserer Selbstachtung stellen: Kaufhandlungen, Großtuerei, Kritisieren, üble Nachrede etc. Man darf von ihnen nämlich nicht mehr verlangen, als sie einbringen können. Sie gestatten lediglich ein begrenztes Justieren. Um die Selbstachtung aber dauerhaft zu schützen oder zu erhöhen, sind andere Strategien vonnöten. Mit ihnen wollen wir uns jetzt befassen.

Kapitel XI

Wie man seine Selbstachtung entwickelt

An bestimmten Punkten des Lebens verspüren wir das Bedürfnis, uns mit unserer Selbstachtung genauer zu befassen. Kleine Wartungsarbeiten, Renovierung oder kompletter Neuaufbau: wie stellen wir es an?

Veränderung ist möglich!

Kann man den Grad seiner Selbstachtung überhaupt noch ändern, wenn man das Erwachsenenalter erreicht hat? Viele glauben, es ginge nicht. Für sie gehört Selbstachtung zu jenen psychischen Merkmalen, die uns ein für allemal gegeben sind.

Dem ist nicht so. Im Laufe unseres Lebens kann es tatsächlich zu Veränderungen kommen. Gewiß, wenn Sie eine hohe Selbstachtung haben, ist die Gefahr gering, daß Sie in die Kategorie jener Personen mit niedriger Selbstachtung überwechseln; der umgekehrte Weg ist jedoch durchaus möglich. Das hat eine Studie gezeigt, bei der kürzlich 102 Frauen über mehrere Jahre hin begleitet wurden. Bei der Hälfte der Frauen, deren Selbstachtung anfangs gering war, hatte sich diese nach sieben Jahren deutlich erhöht.[216]

Worauf ist diese Wandlung zurückzuführen? In der gerade erwähnten Studie hat man eine Beziehung herstellen können zwischen gewachsener Selbstachtung und einer Verbesserung der interpersonellen Kontakte und des beruflichen Status. Aber war es eine gewachsene Selbstachtung, welche diese günstigen Ereignisse herbeigeführt hat, oder lief es umgekehrt ab? Die Studie gibt darüber keine Auskunft … Mit der folgenden Anekdote läßt sich gut illustrieren, wie schwer es ist, die genaue Ursache für eine solche Veränderung auszumachen.

Eine Patientin möchte eine Psychotherapie absolvieren. Sie leidet an schweren Selbstachtungsproblemen sowie einer Bulimie und ist ihren eigenen Worten zufolge mit ihrem Liebes- und Berufsleben sehr unzufrieden. Anderthalb Jahre später hat sie einen neuen Freund gefunden, mit dem sie sich endlich versteht, dazu eine neue Arbeit, und bulimisch ist sie auch nicht mehr; kurz und gut, sie fühlt sich besser.

Der Therapeut ist begeistert und stolz auf seine Arbeit, zumal er anfangs ziemlich beunruhigt war; er ist überzeugt, daß diese wohltuenden Veränderungen eine direkte Folge seiner Therapie sind. Das scheint ihm um so einleuchtender, als die Dinge ganz in der logischen Reihenfolge abgelaufen sind: die Selbstachtung der Patientin hat sich gebessert, und allmählich haben sich dann auch ihre Lebensumstände verändert.

Zum Ende der Therapie faßt der Therapeut noch einmal zusammen, welche Arbeit geleistet worden ist, und er fragt seine Patientin, was ihr während der letzten Monate ihrer Meinung nach am meisten geholfen hat. Die Patientin antwortet mit leichter Verlegenheit: »Na ja, Ihre Therapie hat mir schon sehr geholfen, aber ich glaube, ich hätte nicht solche Fortschritte gemacht, wenn ich meinen Freund nicht kennengelernt hätte!«

Es ist unbestreitbar, daß bestimmte Lebensumstände für die Selbstachtung von Bedeutung sind.

Aber solche Ereignisse genügen nicht immer. Manche Menschen, egal ob mit hoher oder geringer Selbstachtung, haben es sich scheinbar zur persönlichen Spezialität gemacht, »Gelegenheiten zu verpassen«. In aller Schärfe kann man das im Bereich des Liebeslebens studieren. Die einen werden aus Stolz sündigen, wie etwa jene hübsche und in ihrer Partnerwahl anspruchsvolle junge Frau, die ihren Verehrern regelmäßig einen Korb gegeben hat und nun, wo sie auf die Vierzig zugeht, feststellen muß, daß die potentiellen Liebhaber immer rarer werden. Andere sündigen aus übermäßiger Gehemmtheit wie jener junge Mann, der überzeugt war, sowieso keine Chance zu haben, und die Frau seines Lebens deshalb in den Armen eines anderen davoneilen sah.

Wenn also Veränderungen möglich sind – muß man dann irgend etwas Bestimmtes unternehmen, damit sie auch eintreten? Wie viele psychische Erscheinungen, zum Beispiel Angst oder Depression, ist auch die Selbstachtung ein Phänomen, das sich selbst am Leben erhält.

Wir sagten bereits, daß ein Individuum mit hoher Selbstachtung häufiger handeln wird und also auch mehr Erfolge verzeichnet, die es wiederum aufwerten. Steckt es Fehlschläge ein, wird seine Selbstachtung verhindern, daß es völlig zusammenbricht, und es nicht davon abhalten, ein wenig später noch einmal sein Glück zu versuchen. Ein Individuum mit geringer Selbstachtung wird hingegen lange zögern, ehe es zur Aktion übergeht. Es kann also auch seltener Erfolge ernten. Weil es daran zweifelt, den Erfolg wirklich verdient zu haben und ihn wiederholen zu können, wird seine Selbstachtung durch solche Erlebnisse kaum erhöht.

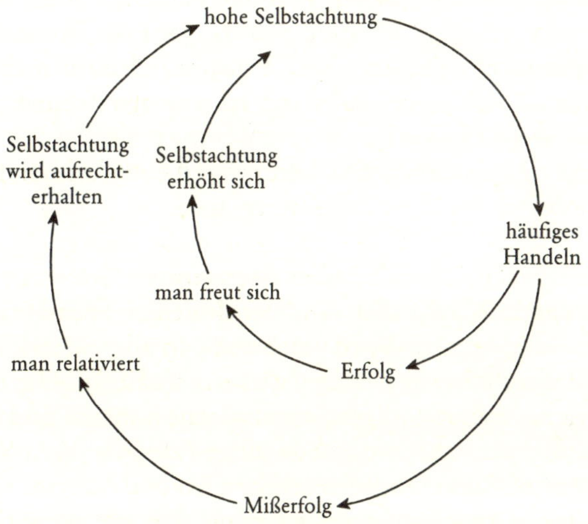

Der Kreislauf hoher Selbstachtung

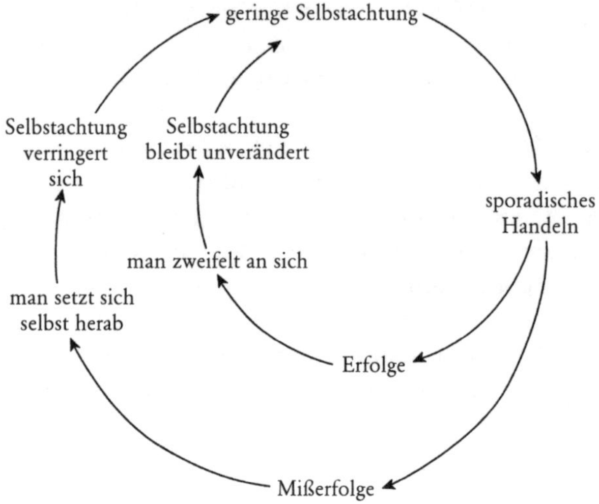

Der Kreislauf geringer Selbstachtung

Im Falle eines Mißerfolgs wird der Blick aufs eigene Ich negativ, und das Individuum wird abgeschreckt, sein Glück von neuem zu versuchen oder in seinen Bemühungen fortzufahren.

Die natürliche Tendenz der Selbstachtung liegt darin, trotz kleiner alltäglicher Schwankungen auf ihrem Ausgangsniveau zu verharren. Sie kann sich jedoch merklich verändern, wenn existentiell wichtige Ereignisse eintreten (man soll die Hoffnung nie aufgeben!) oder wenn man den persönlichen Entschluß zu einer Veränderung faßt (was wiederum existentiell wichtige Ereignisse nach sich ziehen wird).

In seinem Roman *Die neuen Bekenntnisse* erzählt der englische Autor William Boyd, wie er sich zu mobilisieren versucht, wenn er sich »übellaunig und resigniert« fühlt (zwei Anzeichen für beeinträchtigte Selbstachtung): »Ich gab mir alle Mühe, meinen angeborenen Optimismus wiederzubeleben, ich versuchte, in mir wieder ein Gefühl für meinen Wert aufzubauen. Ohne Selbstachtung kann man gar nichts erreichen.« Von diesen persönlichen Anstrengungen soll nun die Rede sein.

Wir schlagen Ihnen vor, Anstrengungen in drei Bereichen, die in untenstehender Tabelle benannt werden, zu unternehmen. Jeder Bereich ist aus drei spezifischen Dimensionen zusammengesetzt, die wir »Schlüssel« nennen wollen.

Jeder Bereich – und jeder Schlüssel – hat seine eigene Wichtigkeit, aber es ist auch möglich, daß der eine oder andere Sie nicht betrifft.

Andererseits sollten Sie auf das Gleichgewicht zwischen den drei Bereichen achten. Wir sind oft Personen begegnet, die ihre Bemühungen auf einen der Bereiche konzentriert hatten. Das führte zu einem Exzeß an Introspektion (indem sie etwa zu allen möglichen Kursen in Persönlichkeitsentwicklung rannten), zu überzogener Geselligkeit (Jagd nach sozialen Kontakten) oder auch zu übertriebenem Tatendrang (so bei manchen Leuten, die von ihrer Arbeit besessen sind).

Es gibt natürlich kein Wundermittel, mit dem man seine Selbstachtung schnell und schmerzlos verändern könnte. (Sowas würde sich längst herumgesprochen haben ...) Wir empfehlen Ihnen deshalb, immer nur ein Ziel zu wählen und energisch an seine Umsetzung zu gehen. Verändern Sie

Bereich	*Schlüssel*
Das Verhältnis zum eigenen Ich	1) Sich selbst erkennen 2) Sich akzeptieren 3) Ehrlich zu sich selbst sein
Das Verhältnis zum Handeln	4) Handeln 5) Den »inneren Kritiker« zum Schweigen bringen 6) Die Möglichkeit eines Mißerfolgs einkalkulieren
Das Verhältnis zu den anderen	7) Sich selbst behaupten 8) Aufgeschlossen und mitfühlend sein 9) Den sozialen Rückhalt nutzen

Die neun Schlüssel der Selbstachtung

einen Bestandteil Ihres Problems, wird das eine Kettenreaktion auslösen und Ihnen gleichzeitig eine Handlungsstrategie vermitteln, die Sie an anderer Stelle von neuem anwenden können.

Das Verhältnis zum eigenen Ich ändern

Schlüssel Nr. 1: Sich selbst erkennen
»Erkenne dich selbst!« mahnte Sokrates häufig. Auf dem Gebiet der Selbstachtung ist dies die allererste Regel. Sie betrifft den Blick, den Sie auf sich selbst richten, aber gleichermaßen die Art und Weise, wie Sie sich den anderen präsentieren. Doch aufgepaßt: Es geht hier nicht darum, sich ganz in Selbstbeobachtung zu verlieren. Man soll sich vielmehr der eigenen Fähigkeiten und Grenzen bewußt werden.

Ein in der Psychotherapie eingesetztes Hilfsmittel zur Selbstreflexion, »Joharis Fenster«, kann uns dabei von Nutzen sein.[217] Es geht davon aus, daß es vier große Bereiche gibt, welche die Selbsterkenntnis berühren:

- Der »öffentliche Bereich«: Hierher gehört all das, was sowohl Ihnen selbst als auch den Menschen aus Ihrer Umgebung bekannt ist. Zum Beispiel: »Man sagt von mir, ich sei ein treuer und hilfsbereiter Freund. Das stimmt, ich glaube es auch.«
- Der »blinde Fleck«: Hierbei handelt es sich um das, was die anderen von Ihnen wissen, was ihnen selbst aber nicht bewußt ist. Man kann zum Beispiel von Ihnen sagen: »Sie ist intelligent, aber zu empfindlich«, während Sie sich selbst als liebenswürdige, aber nicht allzu begabte Person sehen.
- Der »versteckte Bereich«: Dazu gehört alles, was Sie über sich selbst wissen und was den anderen unbekannt ist. Beispiel: »Ich bin schrecklich eifersüchtig. Und überhaupt nicht selbstsicher: hinter meiner lockeren und entspannten Fassade zweifle ich permanent an mir. Vor den anderen verberge ich das aber sorgfältig.«
- Der »unbekannte Bereich«: Hier stoßen wir auf alles, was die Person an sich selbst noch nicht erkannt hat und was

die Umgebung ebensowenig spürt. So können sich Individuen in bestimmten neuartigen Situationen »selbst entdecken«. Beispiel: »Nachdem man mir größere Verantwortung übertragen hatte, merkte ich, daß mir so etwas gefiel und daß ich imstande war, eine Führungskraft zu werden.«

	Was man von sich weiß	*Was man nicht von sich weiß*
Was die anderen von einem wissen	Öffentlicher Bereich	Blinder Fleck
Was die anderen von einem nicht wissen	Versteckter Bereich	Unbekannter Bereich

Joharis Fenster

Man geht davon aus, daß alles, was den »öffentlichen Bereich« erweitert, auch die Selbstachtung verbessert. Was muß man dafür tun?

- Den »blinden Fleck« zum »öffentlichen Bereich« machen: Um dies zu erreichen, müssen Sie sich systematisch die Meinung von Personen aus Ihrer Umgebung anhören und sie sogar ausdrücklich um ihre Meinung bitten. Selbst im Falle einer kritischen Botschaft sollten Sie der betreffenden Person dafür danken, Ihnen die Augen geöffnet zu haben: »Weißt du, solche Sachen hört man nicht gerade gern, aber ich danke dir trotzdem für deine Offenheit. Für mich ist es wichtig, daß ich jetzt darüber Bescheid weiß.«
- Den »versteckten Bereich« zum »öffentlichen Bereich« machen: Das wichtigste Werkzeug hierfür ist die *Selbstoffenbarung*. Wir dürfen nicht zögern, unsere Gedanken und Gefühle zum Ausdruck zu bringen, selbst wenn wir nicht sicher sind, ob sie mit denen unseres Gegenübers harmonieren oder ob sie unseren Gesprächspartnern gefallen werden: »Ich muß dir sagen, daß ich da eine ganz andere Meinung habe als du!« Ein weiterer Vorteil dieser Haltung: Mit ihrer Hilfe kann man das, was man denkt

und fühlt, an der Realität messen und oftmals bestimmte Irrtümer ausräumen. Natürlich sollte man die Selbstoffenbarung mit der gebotenen Vorsicht praktizieren. Ohne ein gewisses Maß an Verheimlichung wäre soziales Leben unmöglich. Fühlen Sie sich also nicht verpflichtet, laut auszurufen: »O je, bist du aber alt geworden, seit wir uns das letzte Mal gesehen haben!« oder »Also ich finde, der Chef hat in seiner Rede total das Thema verfehlt!«

- Den »unbekannten Bereich« zum »öffentlichen Bereich« machen: Dazu sollten wir uns in Situationen begeben, mit denen wir nicht vertraut sind, und neuartige Erfahrungen sammeln.

Ein paar Fragen, mit denen Sie sich besser kennenlernen

Hier eine (sicher nicht vollständige) Liste von Fragen, die Sie sich stellen sollten. Überlegen Sie aber auch, wie Sie Personen aus Ihrer Umgebung diese Punkte klarmachen können. Wenn Ihre Selbstachtung eher gering ist, werden Sie dazu neigen, wenig über sich selbst zu sprechen, und dabei allzu neutrale und »gemäßigte« Worte wählen. Denken Sie also daran, ein etwas schärferes und farbigeres Selbstbildnis zu zeichnen!

- Was ich mag/nicht mag.
  Können Sie klar definieren, was Sie mögen und was Sie nicht mögen? Wie zeigen Sie das anderen? Und wie sehr akzeptieren Sie Standpunkte, die sich von Ihrem unterscheiden?
- Was ich weiß/nicht weiß.
  Auf welchen Gebieten haben Sie überdurchschnittliche Kenntnisse? Wie sprechen Sie darüber, damit auch die anderen etwas lernen können? Trauen Sie sich, Fragen zu Gebieten zu stellen, auf denen Sie nicht bewandert sind?
- Meine Mißerfolge/meine Erfolge.
  Sind Sie imstande, von Ihren Niederlagen zu sprechen, ohne sich dabei herabzusetzen? Und von Ihren Erfolgen, ohne dabei den Eindruck zu haben, sich selbst über den grünen Klee zu loben?

– Meine Schwächen/meine Stärken.
  Können Sie Ihre Mängel und Ihre guten Eigenschaften benennen? Und können Sie sie, wenn es die Situation erfordert, vor Ihren Mitmenschen kommentieren, ohne dabei in Prahlerei oder Klagegesänge zu verfallen?

Schlüssel Nr. 2: Sich akzeptieren

Sich selbst zu erkennen ist nur der erste Schritt. Was tut man aber hinterher mit den Mängeln und den Grenzen, die man ausfindig gemacht hat? Anders als man manchmal annimmt, muß man nicht ohne Fehl und Tadel sein, um eine gute Selbstachtung zu haben. Man muß allerdings imstande sein, seine Schwächen zu akzeptieren oder aber etwas dagegen zu tun. Wie kann man es erklären, daß der eine seine Fehler hinnimmt, während dem anderen aus ihnen ein so starkes Schamgefühl erwächst, daß es »seine Selbstliebe und Selbstachtung buchstäblich aushöhlt«[218]? Psychiater und Psychologen haben sich auf die Erforschung der Schuldgefühle verlegt, die man wegen jener Dinge verspürt, die man *getan* hat. Das Schamgefühl, also das Unbehagen angesichts dessen, was man *ist*, auszudrücken – das haben sie den Philosophen überlassen. Dennoch hängt es eng mit Selbstachtungsproblemen zusammen.

Gerade das Schamgefühl verwandelt unser Bewußtsein, einen Fehler zu haben, in einen Komplex. Wenn Sie nicht tanzen können und jemand Sie zum Tanz auffordert, haben Sie die Wahl. Sie können sich schämen und es nicht eingestehen, sondern irgendeine Ausrede finden. Das hat aber drei Nachteile im Gefolge: Sie werden sich unbehaglich fühlen, Ihr potentieller Tanzpartner wird es womöglich merken, und Sie werden auf diese Weise nie tanzen lernen … Sie können aber auch zugeben, daß Sie nicht tanzen können, und dann liegen die Dinge schon ganz anders: Sie werden ruhiger sein, Ihr Gegenüber wird Sie verstehen und vielleicht sogar vorschlagen, daß er Ihnen das Tanzen beibringt.

Als Therapeuten sind wir häufig mit dem Problem Scham konfrontiert, zum Beispiel bei schüchternen Personen, die sich vor dem Erröten fürchten.[219] Solange das Rotwerden bei Ihnen mit einem Schamgefühl verknüpft ist (»Es ist einfach lächerlich, so zu sein!«), sind Fortschritte unmöglich: die Patienten gehorchen der Obsession des »Ich-muß-es-verstecken« und igeln sich in ihrer Störung ein. Ein Ziel der Therapie wird darin bestehen, sie zu bewegen, nicht mehr ihre ganze Aufmerksamkeit ums Erröten kreisen zu lassen und dieses Thema auch offen anzusprechen (spontan oder als Antwort auf eine Bemerkung).

Die beiden besten Verbündeten des Schamgefühls sind Schweigen und Einsamkeit. Sobald Sie sich entscheiden, mit einer Person Ihrer Wahl über das zu sprechen, was bei Ihnen Scham auslöst, haben Sie das schlimmste Stück Weges schon bewältigt. Ganz wie es der Schriftsteller V. S. Naipaul in einem Interview ausdrückte: »Ich weiß selbst, daß das Schamgefühl in derselben Minute verschwindet, in der man es eingesteht.«

Schlüssel Nr. 3: Ehrlich zu sich selbst sein

Als wir im vorigen Kapitel Verteidigungsmechanismen beschrieben haben, konnten wir sehen, daß es manchmal verlockend ist, zu kleinen Trickserеien zu greifen oder sich selbst etwas vorzumachen, um die Selbstachtung wenigstens kurzfristig zu schützen. Einer der häufigsten Mechanismen war dabei das Leugnen.

Sie sitzen als Beifahrer in einem Auto, und das Tempo ist für Ihren Geschmack viel zu hoch. Sie haben Angst, wagen es aber nicht zu sagen. Der Fahrer spürt Ihre Furcht und fragt: »Ich hoffe doch, Sie haben keine Angst?« Was werden Sie wohl antworten?

Sie warten auf die Resultate der Auswahlprüfung für einen neuen Job. Dann erfahren Sie, daß Sie den Posten, auf den Sie so scharf waren, nicht bekommen werden. Einer Ihrer Kollegen kommt zu Ihnen herüber und fragt: »Na, sehr enttäuscht?« Was werden Sie ihm entgegnen?

Sie sind gerade laut geworden, weil einer Ihrer Angehörigen etwas getan hat, was Ihnen gar nicht gefiel. Er fragt Sie: »Bist du nicht ein bißchen gereizt?« Was antworten Sie darauf?

Wenn Sie Ihre Selbstachtung an der falschen Stelle investiert haben, werden Sie in diesen drei Fällen vielleicht versucht sein, Ihre Emotionen zu leugnen. Gewiß gehört es zu den sozialen Konventionen, daß man nicht zugibt, Angst zu haben, traurig oder enttäuscht zu sein. Aber hinter diesen Konventionen kann man oftmals Probleme mit der Selbstachtung entdecken: vor allem will man nicht das Gesicht verlieren, indem man seine Emotionen eingesteht.

Im Angesicht von Ereignissen, die unsere Selbstachtung bedrohen, können wir zwei verschiedene Reaktionen des Abstreitens beobachten: die Selbstverteidigung (»Nein, überhaupt nicht!«) und das Sich-Dreinschicken (»Das ist eben so ...«). Im ersten Fall neigt die Person dazu, ihre Gefühlszustände systematisch zu leugnen; sie wird nicht zugeben, daß sie emotional beteiligt ist, wenn es um das Erreichen bestimmter Ziele geht (»Mir liegt sehr daran, diese Prüfung zu bestehen!«), um bestimmte Anforderungen (»Ich will nicht, daß man Dinge tut, die mir mißfallen!«) oder persönliche Grenzen (»Ich habe Angst, im Auto mitzufahren!«). Im anderen Fall, beim Sich-Dreinschicken, handelt es sich um eine Art umgekehrte Selbsttäuschung: man bestreitet nicht, von der Sache innerlich berührt zu sein, sondern man meint, es sei nicht der Mühe wert, sich für eine Veränderung zu engagieren. Unsere Äußerungen sind in diesem Fall von Resignation getragen (»Daran kann man ja eh nichts ändern!«), oder wir spielen die Angelegenheit herunter (»Ich schaffe nicht, was ich mir vorgenommen habe – nun ja, halb so schlimm ...«).

Manche Patienten gehen in den Sprechstunden permanent so vor. Das läßt beim Therapeuten ein Gefühl von Unwohlsein zurück, bis er schließlich das Problem erkannt hat. Eine junge Frau spickte zum Beispiel alle ihre Klagen mit der Formel »So ist es nun mal«. Damit ließ sie jedes Eingreifen des Therapeuten ins Leere laufen, denn sie machte ihm deutlich, daß sie sich mit ihren Problemen abgefunden hatte. Außerdem wollte sie ihn auf diese Weise dazu bringen, ihre schicksalsergebene und resignierte Weltsicht zu teilen. Ein älterer Mann (der von seiner Frau in die Therapie geschickt worden war, weil sie seiner Angstvorstellungen überdrüssig war) hatte die umgekehrte Haltung angenommen: sobald er ein Problem angesprochen hatte und der Therapeut daran anzuknüpfen versuchte, beeilte er sich, die Sache zu bagatellisieren (»Na ja, eigentlich ist es kein Drama, ich will nicht, daß Sie denken, ich übertreibe ...«). Die Sitzungen zogen sich fast über drei Monate hin, bis er endlich direkt und ehrlich über seine Leiden sprechen konnte.

Negative Emotionen nicht eingestehen	*Den Wunsch nach Veränderung nicht eingestehen*
»Ich bin gar nicht wütend.«	»Ja, so ist halt das Leben ...«
»Ich bin nicht enttäuscht.«	»Damit muß man sich abfinden.«
»Ich bin nicht unruhig.«	»Es ist eben so.«

Zwei Möglichkeiten, sich selbst zu belügen

Das Verhältnis zum Handeln ändern

Schlüssel Nr. 4: Handeln

Unsere Handlungen sind eine Art Gymnastik, mit der wir die Selbstachtung fit halten. Nach großartigen Erfolgen wächst sie natürlich, aber solche Triumphe in Beruf, Liebe oder Sport werden uns ja nicht tagtäglich zuteil. Hingegen gibt es im Alltag jede Menge Gelegenheit, Ziele abzustecken, welche, mögen sie auch bescheiden sein, unsere Selbstachtung verbessern, wenn wir sie erst einmal erreicht haben.

Vergleicht man zum Beispiel betagte Menschen, die aus eigenem Entschluß oder aufgrund gesundheitlicher Probleme das Autofahren aufgegeben haben, mit solchen, die sich noch selbst ans Lenkrad setzen, so stellt man fest, daß erstere bei gleichem Alter und Gesundheitszustand häufiger kleine Anzeichen für Depressionen und Störungen der Selbstachtung zeigen.[220]

Sie sollten also bestimmte alltägliche Verrichtungen nicht mehr bloß als undankbare Last betrachten. Genausogut vermitteln sie Ihnen das Gefühl, daß Sie sich selbst im Griff haben, und helfen Ihnen auch, sich Ihrem Idealbild anzunähern. Das spüren manche Leute ganz deutlich, denn sie erzählen uns zum Beispiel: »Wenn ich erst mal ein bißchen aufgeräumt habe, fühle ich mich gleich besser in Form, um andere Aufgaben in Angriff zu nehmen« oder »Wenn ich schlechtgelaunt bin, gehe ich irgendwas basteln«.

Bescheidener Einsatz, bescheidener Gewinn, werden Sie vielleicht entgegnen. Aber soll man sich nicht lieber an den Abwasch machen und sich danach ein bißchen besser fühlen, als daß man die ganze Zeit über trübsinnigen Gedanken grübelt und sich zu keiner wichtigen Arbeit aufrafft? Ganz davon abgesehen, daß der Übergang zum Handeln auf einem zweitrangigen Gebiet wie eine Erwärmungsübung funktioniert, die Ihnen helfen wird, sich hinterher einer anspruchsvolleren Aufgabe zu widmen.

Eine unserer Patientinnen, die über geringe Selbstachtung, aber viel Humor verfügte, erzählte uns einmal von ihren Mühen beim Handeln: »Ich bin eine große Expertin in der Frage ›Wie man niemals zur Tat schreitet‹. Ich könnte zu diesem Thema ein ganzes Buch schreiben und meinen Lesern die tollsten Rezepte empfehlen: rumgrübeln, alles hundertmal wiederkäuen, nörgeln und am besten überhaupt nichts tun …«

Sie sollten trotzdem aufpassen, daß diese kleineren Aktivitäten Ihnen nicht zum Vorwand dienen, wichtige oder dringende Aufgaben zu umschiffen. Machen Sie es also nicht wie der Student, der seine Zeit damit verbringt, die Schnellhefter zu ordnen, statt ihren Inhalt zu lernen, oder der Angestellte, welcher seinen Arbeitstag damit beginnt, minutiös den Postberg durchzusehen, statt ein paar dringende Telefonate zu erledigen.

Ein anderer Tip, um das Handeln zu erlernen: Werden Sie auf einem bestimmten Gebiet zum Spezialisten! Diesen Ratschlag findet man in vielen Abhandlungen zu Selbstachtung und persönlichem Wohlbefinden. Geht man regelmäßig einem Steckenpferd oder einer wahren Leidenschaft nach, scheint das der Selbstachtung gutzutun, denn es erhöht das Gefühl persönlicher Kompetenz und begünstigt soziale Anerkennung (besonders, wenn Sie z.B. die Kochkunst zu Ihrer Paradedisziplin machen!). So hat man nachweisen können, daß es die Entwicklung der Selbstachtung begünstigt, wenn man japanische Kampfsportarten trainiert.[221]

Handeln ist also unverzichtbar, wenn man einen Wandel erreichen will. Alles beginnt mit einer konkreten Modifikation des Verhaltens. Es hilft gar nichts, wenn man nur im Kopf etwas ändert; damit wird die Selbstachtung nicht dauerhaft verbessert. Ein Projekt, das mit einer konkreten Aktion verknüpft ist (möge sie auch noch so unbedeutend sein), hat bessere Erfolgsaussichten als ein Plan, der über die gute Absicht nicht hinauskommt. Im Idealfall sollte jeder Entscheidung, etwas zu ändern, gleich in der nächsten Minute eine bestimmte Handlung folgen: man greift zum Telefonhörer, schreibt einen Brief, verläßt die Wohnung etc.

Schlüssel Nr. 5:
Den »inneren Kritiker« zum Schweigen bringen

Élodie (36), Kinderärztin, berichtet: »Für meine Dissertation habe ich sechs Jahre gebraucht. Niemals fühlte ich mich richtig bereit, niemals so richtig der Aufgabe gewachsen. Deshalb änderte ich übrigens auch dreimal das Thema. Mein Problem bestand ganz einfach darin, daß ich unzufrieden war, sobald ich mich an die Arbeit gesetzt und ein paar Zeilen geschrieben hatte. Meine Betreuer konnten mir, sooft sie wollten, erklären, daß sie meinen Text gut fanden oder daß sich etwas Ordentliches daraus machen ließe – für mich war es aufreibend, wie eine innere Stimme mir pausenlos wiederholte, so ginge es nicht, meine Arbeit würde nichts taugen. Ich malte mir aus, wie die Gutachter naserümpfend meine Dissertation durchblättern würden … Mein letzter Betreuer hat sich dann zum Glück aufgeregt und mir die passenden Worte gesagt: ›Jedem sein Job! *Du* schreibst die Arbeit, und *ich* beurteile sie!‹ Das half mir, nicht mehr beides zu vermischen; vorher hatte ich dazu geneigt, im selben Moment zu handeln und mein Handeln zu bewerten. Wer so vorgeht, bringt aber nichts zustande …«

Als »inneren Kritiker«[222] kann man alle *a priori* negativen Gedanken bezeichnen, die wir auf uns selbst richten. Oftmals handelt es sich um einen verinnerlichten elterlichen Diskurs, eine Sequenz von dem, was wir in unserer Kindheit zu hören bekamen. Es gibt hierbei verschiedene Varianten, je nachdem, ob wir vor dem Handeln stehen (»Ach, was nützt es schon?«, »Klappt sowieso nicht!«) oder die Aktion schon hinter uns haben (»Das war nichts!«, »Gebracht hat das gar nix!«, »Das reicht nicht!«).

Was der »innere Kritiker« sagt	*Folgen für die Selbstachtung*
»Das nützt gar nichts; was hat man davon?«	Schreckt uns davor ab, einen Versuch zu wagen
»Das wird sowieso nicht klappen.«	Beunruhigung oder unnötiger Perfektionsdrang
»Ich war mal wieder echt mies.«	Selbstherabsetzung
»Das hat gar nichts gebracht.«	Hält uns von einem neuerlichen Anlauf ab
»Das reicht nicht hin und nicht her.«	Unzufriedenheit

»Kritik von innen« und ihre Auswirkungen auf die Selbstachtung

Wie soll man dem »inneren Kritiker« gegenübertreten? Zunächst muß man sich überhaupt erst einmal seiner Existenz bewußt werden. Dazu müssen Sie begreifen, daß Ihre Schwierigkeiten nicht nur aus der zu bewältigenden Aufgabe herrühren, sondern auch aus Ihren Selbstachtungsproblemen (»Ich fühle mich nur durch eine perfekte Leistung abgesichert!«). Des weiteren sollten Sie sich angewöhnen, Ihre Gedanken in solchen Momenten richtig zu befragen: Stimmt dieser Gedanke mit der Wirklichkeit überein? Hilft er mir, mich besser zu fühlen und die Situation besser zu verarbeiten? Wird er mir helfen, beim nächsten Mal besser klarzukommen?

»Gestern abend war ich nicht auf der Höhe.«	*Antwort*	*Strategie*
1) Entspricht dieser Gedanke der Wirklichkeit?	»Ich weiß nicht, ich kenne ja nur mein eigenes Urteil.«	»Ich werde andere Leute fragen, wie sie darüber denken.«
2) Hilft mir dieser Gedanke, mich besser zu fühlen?	»Nein, er betrübt und ängstigt mich.«	»Ich höre mit der Grübelei auf und handle: Was mache ich als Nächstes?«
3) Hilft mir dieser Gedanke, die betreffende Situation besser zu bewältigen?	»Nein, ich kapsele mich nur ab.«	»Ich will versuchen, gleich einen Freund anzurufen.«
4) Wird mir dieser Gedanke helfen, mit einer solchen Situation beim nächsten Mal besser klarzukommen?	»Nein, im Gegenteil, er wird meine Schwierigkeiten vergrößern: beim nächsten Mal werde ich mich noch unbehaglicher fühlen.«	»Bei der nächsten Einladung zum Abendessen werde ich überlegen: Wie kann ich es anfangen, daß ich nicht wieder so ein Gefühl von Unzufriedenheit verspüre?«

Vier Fragen, die man sich stellen muß, um gegen den »inneren Kritiker« anzukämpfen (in unserem Beispiel geht es um einen 35jährigen Mann, der damit unzufrieden ist, wie er sich am Vortag auf einer Abendgesellschaft verhalten hat)

Schlüssel Nr. 6:
Die Möglichkeit eines Mißerfolgs einkalkulieren und akzeptieren

»Die Niederlage ist ein Stück vom Sieg.« Diese Maxime stammt von Éric Escoffier, dem im Juli 1998 bei der Besteigung des Broad Peak (8407 m) ums Leben gekommenen Alpinisten. Obwohl er »ein Kerl wie ein Baum gewesen war, dessen Kraft den anderen Bergsteigern angst machte«, erlitt Escoffier im Jahre 1987 einen schweren Autounfall, durch den er halbseitig gelähmt wurde. In einer Art Trotzhaltung, die von hoher Selbstachtung zeugt, nahm er trotz seiner Behinderung den Klettersport wieder auf.[223]

Kein Mensch steckt gern Mißerfolge ein. Wer sich verändern will, muß aber handeln und sich damit auch der Gefahr des Scheiterns aussetzen. So sagte einer unserer Patienten: »Man soll nicht den Mißerfolg selbst akzeptieren, sondern die Möglichkeit, daß er eintritt.« Manchmal kann ein Therapeut seinem Patienten einen Mißerfolg auch »verordnen«. Er meint dann, der Patient solle lieber eine solche Erfahrung machen, als sie um jeden Preis zu vermeiden. So werde er lernen, Mißerfolge nicht zu dramatisieren.

Genau auf diese Weise sind wir bei Sébastien vorgegangen. Er kam in unsere Sprechstunde, nachdem er eine ziemlich schwere Depression durchgemacht hatte, von der er mit Antidepressiva geheilt worden war. Geheilt, aber nicht beruhigt, denn er befürchtete einen Rückfall. Durch das, was ihm geschehen war, fühlte er sich sehr destabilisiert. Seinen eigenen Worten nach war es ein Mangel an Selbstvertrauen, der die Depression ausgelöst hatte, und dieser Mangel an Selbstvertrauen hatte sich infolge der Depression noch verschlimmert ...

Sébastien hatte eine panische Angst vor Mißerfolgen. Nachdem wir lange mit ihm darüber gesprochen hatten, konnten wir aufdecken, wo diese Angst herrührte: sein Vater war ein ängstlicher und autoritärer Perfektionist gewesen, der seine Kinder sehr kritisch beurteilt hatte. Beim Abendessen wurde laut vorgelesen, was in den Hausaufgabenheften stand, und wehe, wenn jemandem etwas danebengegangen war! Niemals gab es Ermutigungen, denn »es war normal, gut zu arbeiten«. So hatte Sébastien eine Denkweise angenommen, die von sehr anspruchsvollen inneren Befehlen geprägt war: »Du mußt es auf Anhieb begreifen!«, »Du darfst niemals bei einem Schnitzer ertappt werden!«, »Du mußt alles im Griff haben ...« Sébastiens Selbstachtung war außerordentlich gering und bei der kleinsten schlechten Leistung in Frage gestellt.

An einem bestimmten Punkt der Therapie war deutlich geworden, daß er zwar gut verstanden hatte, woher sein

Problem kam, daß er seine Sicht auf die Dinge aber nicht ändern konnte. Wir schlugen ihm also eine Vorgehensweise vor, welche die kognitiven Therapeuten als »Realitätsprobe« bezeichnen: er sollte *in der Wirklichkeit* überprüfen, ob seine Voraussagen begründet waren. Mit anderen Worten: er sollte einen Mißerfolg einstecken, um endlich einmal zu sehen, ob das in seinem Erwachsenenleben wirklich so schreckliche Konsequenzen hatte wie in den Kinderjahren.

Nachdem wir Sébastien überzeugt und sein Einverständnis errreicht hatten, wählten wir schließlich drei »Tests« aus, bei denen er sich einen Mißerfolg einhandeln sollte:

1) Er sollte in einem Computerladen dem Verkäufer sagen, er habe seine Erklärungen nicht begriffen.
2) Er sollte in seinem Stadtviertel zu einem ihm bekannten Händler gehen, irgend etwas kaufen und dann »plötzlich entdecken«, daß er sein Geld zu Hause gelassen hatte!
3) Er sollte einen Teil des Berichts, den er jede Woche vor seinen Kollegen abgeben mußte, einfach nicht vorbereiten.

Wir hatten uns vergewissert, daß keine dieser Situationen wachsenden Schwierigkeitsgrades besonders schwer herbeizuführen war (nicht einmal die, welche seine Arbeit betraf).

Sébastien absolvierte die Übungen und konnte dabei feststellen, daß sein Handeln keinerlei Katastrophen im Gefolge hatte und daß seine Selbstachtung aus diesen Aktionen eher gestärkt hervorging. Der Verkäufer hatte zugegeben, sich nicht besonders verständlich ausgedrückt zu haben; der Händler hatte gelacht und gesagt, Sébastien könne das Eingekaufte mitnehmen und das Geld ein andermal vorbeibringen; die Kollegen schließlich hatten auf seine Entschuldigungen entgegnet, es sei doch überhaupt nicht schlimm …

Allmählich gelang es Sébastien, sich von seiner überzogenen Furcht vor Mißerfolgen zu befreien.

Verschlimmernde Sichtweise auf den Mißerfolg: Katastrophengedanken	*Hilfreiche Sichtweise auf den Mißerfolg: realistische Gedanken*
Ein Mißerfolg ist immer umfassend: »Die reinste Katastrophe!«	Ein Mißerfolg ist eine Unannehmlichkeit: »So ein lästiger Zwischenfall!«
Ein Mißerfolg ist immer endgültig: »Ich werde es nie und nimmer schaffen, solch eine Lage zu bewältigen!«	Der Mißerfolg ist eine Etappe auf dem Wege: »Ich muß Fortschritte machen, damit ich in so einer Situation besser klarkomme.«
Ein Mißerfolg ist immer unwiderruflich: »Die Folgen sind nie wieder auszubügeln!«	Die meisten Mißerfolge sind wieder wettzumachen: »Wird es ernste Folgen haben?«
Mißerfolge sind immer etwas Riskantes: »Ich trete lieber ein paar Schritte zurück und begnüge mich mit dem Mittelmaß.«	Von Mißerfolgen wird man nicht süchtig: »Kein Mensch scheitert gerne, also werde ich mich bestimmt nie daran gewöhnen.«
Mit einem Mißerfolg macht man sich immer lächerlich: »Das hat meinem Image den Todesstoß versetzt!«	Man macht sich nicht lächerlich, wenn man einen Fehlschlag einsteckt: »Die anderen haben vielleicht gemerkt, daß ich noch Fortschritte machen muß.«
Ein Mißerfolg führt bei den anderen immer zu Vertrauensverlust: »Nach diesem Fehlschlag wird niemand mehr auf mich bauen.«	Ein Mißerfolg wird immer durch den nächsten Erfolg ausgebügelt: »Die Leute werden sehen, daß ich andere Fähigkeiten habe, mit denen ich es das nächste Mal schaffe!«

Die richtige Sicht auf einen Mißerfolg

Hier einige Ratschläge zur besseren Bewältigung von Mißerfolgen:

- Lösen Sie sich von einer Schwarz-Weiß-Sicht auf die Dinge, von einem dichotomischen Denken! Hier liegt eines der häufigsten Probleme von Menschen, welche Schwierigkeiten mit dem Handeln haben. Sie schaffen es nicht, sich ein Resultat vorzustellen, das irgendwo auf halbem Wege zwischen einem Triumph und einer Katastrophe liegt. Weil sie hellsichtig genug sind, um zu erkennen, daß sie nicht auf einen rauschenden Triumph zusteuern, malen sie sich gleich die Katastrophe aus. In den meisten Fällen muß hier nur die Vorstellung, die man von einem Mißerfolg hat, nuanciert werden.

- Denken Sie daran, daß jeder Fehlschläge einstecken mußte und einstecken wird ... Unsere Gesellschaft geht mit Niederlagen oft heuchlerisch um. Wenn sie Erfolge feiert, vergißt sie häufig, über Flops zu sprechen, die ihnen vorausgegangen sind. So glauben viele Menschen, andere würden niemals scheitern. Aber im allgemeinen haben auch die Erfolgreichen anfangs Fehlschläge erlebt. Wir nehmen häufig an Psychiatriekongressen teil und bemerken dort, daß man sehr selten Vorträge über den Mißerfolg der einen oder anderen Methode zu hören bekommt. Dabei wären solche Beiträge ebenso interessant wie die zu den Erfolgen. Junge Therapeuten gestehen uns oft, sie hätten versucht, die von ihren erfahreneren Kollegen vorgestellten Methoden anzuwenden, es sei ihnen jedoch nicht geglückt, dieselben Ergebnisse zu erzielen. Daraus ziehen sie den Schluß, sie wären mittelmäßige Praktiker (Beeinträchtigung der Selbstachtung), während die versierten Therapeuten ihre ersten tastenden Versuche vielleicht ganz einfach verschwiegen und nur die vorteilhaften Resultate präsentiert hatten (Steigerung der Selbstachtung).
- Ziehen Sie aus Mißerfolgen Ihre Lehren! Betrachten Sie Ihre Niederlagen als Informationsquellen über die eigene Persönlichkeit und nicht als Unfähigkeitsbeweise! Wenn Sie zu einer solchen Sicht der Dinge gelangen, werden Sie durch jeden Fehlschlag dem Erfolg ein Stück näherkommen.

Schlüssel Nr. 7: Sich selbst behaupten

Selbstbehauptung ist die Fähigkeit, das auszudrücken, was man denkt, fühlt und wünscht, und dabei zu respektieren, was der andere denkt, fühlt und wünscht. Man behauptet sich selbst, indem man ohne Aggressivität nein sagen kann, indem man um etwas bittet, ohne sich jedesmal dafür zu entschuldigen, indem man eine Kritik ruhig beantwortet etc.

Ende der sechziger Jahre wiesen die ersten Arbeiten zu diesem Gegenstand eindeutig nach, daß Selbstbehauptung nicht bloß dazu dient, daß man seine Wünsche durchsetzt und sich Respekt verschafft, sondern daß sich die Selbstachtung des einzelnen dadurch wiederum entwickelt.[224] Will man sich behaupten, setzt das voraus, daß man sich selbst genügend respektiert, um sich anderen Personen gegenüber Rechte herauszunehmen (das Recht, seine Meinung zu äußern, zu widersprechen, zu antworten, etwas zu verlangen etc.). Wer sich solche Rechte einräumt, riskiert damit automatisch, seinen Gesprächspartner zu stören oder ihm zu mißfallen.

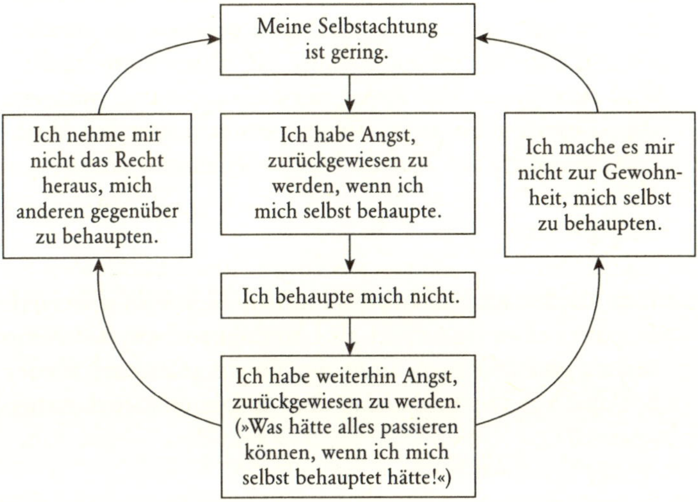

Geringe Selbstachtung und Schwächen bei der Selbstbehauptung

Das ist auch der Grund, weshalb Personen mit geringer Selbstachtung, die für das Risiko sozialer Zurückweisung besonders sensibel sind, meistens Schwierigkeiten mit der Selbstbehauptung haben: »Wenn ich nein sage, wird mein Gegenüber wütend werden ...« oder »Wenn ich ausspreche, was ich wirklich denke, werden wir uns streiten«.

Wer sich nicht selbst behaupten kann, greift auf ein anderes Beziehungsverhalten zurück:

- Das gehemmte Verhalten (»Fußmatte«): Es besteht darin, daß man in den Beziehungen zu anderen immer passiv bleibt und nicht auszudrücken wagt, was man denkt oder wünscht. Dagegen akzeptiert man alle Ideen und Forderungen anderer (nicht nein sagen zu können, ist hier das wichtigste Symptom). Dieses Verhalten geht immer mit geringer Selbstachtung einher.
- Das aggressive Verhalten (»Igel«): Es ist dadurch gekennzeichnet, daß man seine eigenen Bedürfnisse und Standpunkte privilegiert und die anderer vernachlässigt. Widersetzen sich die anderen, zögert man nicht, einen Konflikt heraufzubeschwören oder Drohungen auszustoßen. Solch ein Verhalten ist meist mit hoher Selbstachtung verbunden (»Meine Bedürfnisse müssen respektiert werden!«), die jedoch im allgemeinen instabil ist (»Ich vertrage keinen Widerspruch!«). Man begegnet ihm manchmal auch bei Menschen mit geringer Selbstachtung, wenn sie vor Wut außer sich geraten.

Wenn Sie lernen, sich zu behaupten, wird das ganz sicher Ihre Selbstachtung verbessern. Sobald Sie dazu fähig sind, steht Ihnen die Wahl frei – und manchmal werden Sie sich dafür entscheiden, sich nicht zu behaupten! »Statt daß sie versuchen, glücklich zu sein, wollen die Leute oft lieber recht haben«[225]: wenn man für den Augenblick zurückstekken kann, um einen unnötigen Konflikt zu vermeiden, zeugt auch das von guter Selbstachtung!

Empathie ist die Fähigkeit, dem anderen zuzuhören und seine Sichtweise nachzuvollziehen, das Bemühen, ihn zu verstehen und zu respektieren, selbst wenn man nicht völlig einverstanden mit ihm ist. So wird man zum Beispiel sagen: »Ich verstehe gut, was du sagen willst, aber ich denke in dieser Sache anders als du.«

Wirkliche Empathie ist ein Motor für die Entwicklung der Selbstachtung. Mit ihrer Hilfe bleiben wir anderen nahe und finden ihre Wertschätzung. Sie macht es uns auch leichter, uns selbst zu behaupten: man wird sich unsere Standpunkte eher anhören, wenn wir vorher gezeigt haben, daß wir anderen zuhören können.

Wenn man an geringer Selbstachtung leidet, kann man trotzdem ein offenes Ohr für die Probleme der Mitmenschen haben, manchmal sogar in einer Weise, daß man sich selbst vergißt und die eigenen Interessen aus den Augen verliert. Die bescheidene Zurückhaltung und der Unterordnungsdrang von Personen mit geringer Selbstachtung sind also Zeichen für ihren Wunsch, sich durch Zuhören die Anerkennung anderer zu »erkaufen«. Man nennt so etwas »Hyper-Empathie«: nur zuhören, ohne sich selbst zu behaupten. Was Franck (30) zu berichten weiß, wirft ein erhellendes Licht auf das Phänomen:

»Ich bin immer nur auf Empfang eingestellt. Sobald mich jemand um etwas bittet, reiße ich mich in Stücke, um ihm die Bitte zu erfüllen. Und das geschieht nicht widerwillig, nein, ich möchte es wirklich für ihn tun. Wenn ich aber mein Leben bilanziere, merke ich, daß ich zwar viel zuhöre, mir selbst jedoch nicht genug Gehör verschaffe. Als ich kürzlich auf dem Heimweg von einem Abendessen war, sprach ich mit einer Freundin, die mich den ganzen Abend beobachtet hatte, über dieses Problem. Sie sagte mir: ›Das wundert mich gar nicht; hast du dir mal zugehört, wenn du mit Leuten redest? Immerzu sagst du: ich verstehe, ganz richtig, ja natürlich, ganz meine Meinung ... Du stimmst dem, was die andern sagen, ständig zu.‹ Sie hatte recht; ich merke jetzt auch, daß ich mehr darauf achte, mit anderen einverstanden zu sein, als meinen eigenen Standpunkt vorzubringen. Als würde ich denken, daß beides nicht zusammenginge ...«

Schlüssel Nr. 9: Den sozialen Rückhalt nutzen

Der soziale Rückhalt – essentieller Bestandteil unserer Selbstachtung – setzt sich aus den Beziehungen zusammen, die wir mit Personen aus unserer Umgebung unterhalten, sowie aus der Hilfe, die uns aus diesen Beziehungen erwächst. Theoretiker sprechen häufig von vier Bestandteilen des sozialen Rückhalts: Rückhalt durch Wertschätzung (»Wir wissen, daß du in Ordnung bist!«), Rückhalt durch Zuneigung (»Wir sind ganz nahe bei dir, wir haben dich gern!«), materieller Rückhalt (»Wir helfen dir!«) und Unterstützung durch Informationen (»Hier ist eine Nachricht, die dir nutzen wird!«). Sozialer Rückhalt bringt zwei für die Selbstachtung kostbare Dinge mit sich: das Gefühl, *geliebt* zu werden, und das Gefühl, *Hilfe* gewährt zu bekommen.

Wie baut man seinen sozialen Rückhalt aus? Hier einige Tips:

- *Zögern Sie nicht, um Unterstützung zu bitten!* Akzeptieren Sie aber auch, daß man sie Ihnen nicht im Handumdrehen gewähren kann. Sozialer Rückhalt kann keine Krücke auf Dauer sein.
- *Aktivieren Sie regelmäßig Ihr soziales Beziehungsnetz!* Benutzen Sie Ihren sozialen Rückhalt nicht bloß zum Jammern oder in Härtefällen.
- *Diversifizieren Sie Ihren sozialen Rückhalt!* Ihre Angehörigen sind nicht die einzigen Menschen, die Ihnen sozialen Rückhalt bieten können. Man geht davon aus, daß es drei konzentrische Kreise gibt: die nächsten Angehörigen, Freunde und Kollegen sowie Bekannte. Diese drei Kategorien sind in verschiedenem Maße wichtig. Wie Studien ergeben haben, findet zum Beispiel ein Arbeitsloser vor allem dank seiner Bekannten (äußerer Kreis des sozialen Rückhalts) leichter wieder Arbeit.

Sind Sie jetzt startklar? Sehr gut! Hier noch eine Reihe von Tips, die Ihnen bei Ihrem Bemühen um Veränderung hilfreich sein werden.

Verwandeln Sie Ihre Klagen in Ziele!

Dieses Rezept ist zwar so alt wie die Welt, aber es funktioniert noch immer. Es geht ganz einfach darum, Dinge anders auszudrücken und eher zu sagen »Ich würde gern ...« als »Ich habe die Nase voll von ...«. Dazu müssen Sie sich fragen, welches Bedürfnis sich hinter Ihren Klagen versteckt, und eine Abhilfe für die Klagen suchen.

Diese Strategie wird vor allem in den kognitiven Therapien der Depressionszustände angewendet. Jedesmal, wenn der Patient eine Klage äußert, die aus seiner Depression zu erklären ist, versucht der Therapeut, ihn dazu zu bringen, die Klage in Gestalt eines Ziels präziser zu fassen:

»Herr Doktor, ich kann an gar nichts mehr Gefallen finden!« – »Was meinen Sie damit genau?« – »Na ja, die Dinge, die ich früher gemacht habe, bedeuten überhaupt keinen Antrieb mehr für mich!« – »Sie möchten wieder Lust auf bestimmte Aktivitäten bekommen, nicht wahr?« – »Ja.« – »Können Sie mir sagen, auf welche zum Beispiel?« – »Auf ganz simple Dinge: mit meinem Hund spazierengehen, Zeitung lesen, ein schönes Essen zubereiten, meine Freunde anrufen ...« – »Ich verstehe. Können wir das als ein erstes Ziel unserer Therapie festhalten: wir wollen erreichen, daß Sie solche Dinge wieder mit einem gewissen Vergnügen tun können?«

Wählen Sie angemessene Ziele!

Sucht man sich unangemessene Ziele aus, ist das oft schon der erste Grund für einen Mißerfolg. Wir haben Sie zwar dazu ermuntert, Niederlagen besser wegzustecken, aber man muß sie ja nicht ausdrücklich provozieren, indem man sein Ziel schlecht anpeilt.

Wie ein angemessenes Ziel aussieht	*Wie ein unangemessenes Ziel aussieht*
Seine Verwirklichung hängt von Ihnen selbst ab (»Ich will meine Freunde öfter einladen!«).	Seine Verwirklichung hängt von anderen ab (»Ich will, daß man mich häufiger einlädt!«).
Es kann regelmäßig wiederholt werden (»Ich will zweimal pro Woche einen Spaziergang machen!«).	Kann nur selten verwirklicht werden (»Ich möchte eine Thalassotherapie mitmachen!«).
Es ist realistisch (»Ich nehme wieder Schauspielunterricht!«).	Es ist unrealistisch (»Ich will ein Filmstar werden!«).
Es ist präzise (»Wenn ich auf Arbeit etwas nicht verstehe, werde ich systematisch um Hilfe bitten!«).	Es ist allgemein (»Ich möchte mehr Selbstvertrauen haben!«).
Es ist für Sie wirklich von Interesse (»Ich möchte mit meinen Freunden in Urlaub fahren!«).	Es ist für Sie nicht von großem Interesse (»Ich werde meine Kellertür neu streichen!«).

Die Kunst, seine Ziele abzustecken

Gehen Sie etappenweise vor!

Wie wir gesehen haben, ist Träumerei kein wirkungsvolles Mittel, mit dem man seine Ziele verwirklicht. Trotzdem ist sie nicht ohne Belang: sie führt uns ein Ideal vor Augen, das wir gern erreichen möchten. Weil zwischen diesem Ziel und unserer aktuellen Lebenswirklichkeit im allgemeinen jedoch eine beträchtliche Lücke klafft, werden wir schnell entmutigt, die nötigen Anstrengungen für eine Veränderung zu unternehmen. Eine nützliche Regel wäre also das Einfügen von Zwischenetappen, die Ihren Ausgangspunkt und Ihr Ziel miteinander verbinden.

Stellen Sie sich zum Beispiel eine Person vor, die in einer Tabelle mit zwei Spalten ihre reale Situation und ihre Wunschträume einträgt.

Die Realität	*Mein Traum*
»Ich habe kein befriedigendes Liebesleben.«	Der großen Liebe begegnen
»Meine Arbeit langweilt mich.«	Eine fesselnde Arbeit haben
»Immer treffe ich die gleichen Leute.«	Einen großen Bekanntenkreis haben
»Ich fühle mich immerzu gestreßt.«	Immer locker und entspannt sein

Eine entmutigende Kluft

Wird eine solche Tabelle dieser Person helfen, oder wird sie sie im Gegenteil noch ein bißchen mehr deprimieren? Und vor allem: ist die Tabelle so aufgebaut, daß man ihr präzise Hinweise zum weiteren Vorgehen entnehmen kann? Selbstverständlich nicht! Es fehlt nämlich eine mittlere Spalte, welcher wir den Titel »Zwischenstufen« geben könnten.

Die Realität	*Beispiele für Zwischenstufen*	*Mein Traum*
»Ich habe kein befriedigendes Liebesleben.«	»Ich spreche mehr als früher mit meinen weiblichen/männlichen Kollegen.«	Der großen Liebe begegnen
»Meine Arbeit langweilt mich.«	»Ich beantrage eine Weiterbildung und bewerbe mich, wenn ich in der Zeitung Stellenangebote finde.«	Eine fesselnde Arbeit haben
»Immer treffe ich die gleichen Leute.«	»Ich schreibe mich in einen Sportverein oder einen Tanzklub ein.«	Einen großen Bekanntenkreis haben
»Ich fühle mich immerzu gestreßt.«	»Ich lerne Yoga und treibe einmal die Woche Sport.«	Immer locker und entspannt sein

Die persönlichen Ziele schrittweise erreichen

»Ich bin nicht zufrieden mit dem, was ich entdeckt habe, aber ich weiß auch nicht, wie ich es anstellen soll, mein Leben zu ändern. Vor allem, weil ich schwer auseinander halten kann, was objektiv schwer erträglich ist und was nur durch meine unangebrachten Reaktionen schiefgeht ...

Ich kann das auch nicht klar durchschauen, weil meine seelische Verfassung im Laufe des Tages schwankt; ich würde sogar sagen, daß meine Stimmung vom Vormittag meistens nicht viel gemeinsam hat mit der am Abend ...

Ich brauche Hilfe, damit ich mich entwickeln kann, denn ich fühle, daß ich ganz allein wenig zustande bringe; ich weiß nicht, wie ich es anfangen soll; ich finde mich am Ende immer in den altbekannten schmerzlichen Situationen wieder und werde von den üblichen Gefühlen überwältigt, die mich durcheinanderbringen und vielleicht sogar zerstören; ich begreife einfach nicht, weshalb sie auf mich einstürmen, und bekomme sie nicht unter Kontrolle ...«

Wann soll man eine Therapie in Angriff nehmen?

Wie man in den obenstehenden Auszügen aus dem Brief einer Patientin sehen kann, fällt es einem manchmal schwer, allein an seiner Selbstachtung zu arbeiten.

Sie sollten vielleicht die Sprechstunde eines Psychiaters oder Psychologen aufsuchen, wenn Sie regelmäßig bestimmte Emotionen verspüren (Unzufriedenheit, Frustration, Traurigkeit, ein Gefühl von Ohnmacht) oder wenn Sie den Eindruck haben, daß sich in Ihrem Leben immer die gleichen Probleme einstellen (Fehlschläge im Partnerleben oder im Beruf, Hemmungen angesichts von Zielen, die Sie gern erreichen würden, ...). Auch wenn bestimmte Störungen auftreten (Depression, Angst, Alkoholabhängigkeit etc.), könnte es von Interesse für Sie sein, einen Spezialisten zu konsultieren.

Manchmal werden Äußerungen aus Ihrer Umgebung Sie dazu veranlassen, sich in Behandlung zu begeben: die Klagen oder Drohungen des Ehepartners, die Bemerkungen

Ihrer Vorgesetzten oder Arbeitskollegen, die Ratschläge von Freunden, mit denen Sie über Ihre Probleme gesprochen haben …

Was kann man von einer Therapie erwarten?

Arbeit an der Selbstachtung ist im Grunde das direkte oder indirekte Ziel einer jeden Psychotherapie. Aber Therapie heißt nicht Magie. Wir sollten vorher wissen, was sie uns zu bringen vermag: wir können uns mit ihrer Hilfe besser kennenlernen und besser ausdrücken, und wir können allmählich kleine alltägliche Verhaltensweisen ändern. Nicht garantieren kann uns eine Therapie hingegen eine komplette, rasche und mühelose Metamorphose und unverzügliche Erfolge …

Die Rechte des Patienten

Wenn Sie sich zu einer Therapie entschlossen haben, haben Sie als Patient unumstößliche Rechte:

- *Das Recht, angehört zu werden.* Wenn Ihnen Ihr Therapeut ganz offensichtlich nicht zuhört und sich so etwas regelmäßig wiederholt (jeder kann mal einen Tag erwischen, an dem er müde ist!), wenn er häufig in Eile zu sein scheint oder so wirkt, als würden Ihre Worte ihn nerven, sollten Sie sich fragen, ob er Ihnen wirklich helfen kann.
- *Das Recht, Antworten auf Ihre Fragen zu bekommen.* Welcher Schule gehört der Therapeut an? Welche Ausbildung hat er absolviert? Welche Methoden wendet er an? Warum nutzt er die eine oder die andere Technik?
- *Das Recht, die nach dem aktuellen Wissensstand bestmögliche Behandlung zu bekommen.* Wie der Mediziner ist auch der Psychotherapeut verpflichtet, die bestmöglichen Mittel einzusetzen, aber nicht verpflichtet, ein Resultat zu erzielen. Der Therapeut kann Ihnen die Heilung also nicht garantieren. Wenn er eingewilligt hat, Sie zu behandeln, ist er hingegen gehalten, sein Bestes zu tun, damit sich Ihr Zustand bessert.

Die Pflichten des Therapeuten

Jeden guten Therapeuten zeichnet unserer Ansicht nach folgendes aus:

- Er stülpt Ihnen nicht sofort eine Therapie über.
- Er erklärt Ihnen seine Sicht auf Ihr Problem.
- Er erläutert Ihnen den Ablauf der Therapie.
- Er steckt mit Ihnen gemeinsam realistische Ziele ab.
- Er ist offen für Ihre Fragen und Bemerkungen.
- Er trachtet nicht danach, Ihr Freund oder Guru zu werden.
- Er fühlt sich nicht bemüßigt, andere therapeutische Ansätze schlechtzumachen.
- Er akzeptiert Ihren Wunsch, die Therapie abzubrechen. Er wird seine Meinung zu diesem Thema äußern, aber nicht versuchen, Ihnen Schuldgefühle einzuflößen oder Ihnen angst zu machen.

Was ist eine Psychotherapie?

»Eine Psychotherapie darf kein nicht definiertes Verfahren sein, das sich auf nicht näher bestimmte Probleme richtet und nicht meßbare Resultate hervorbringt.«[226]

Die verschiedenen Therapietypen

Medikamente

Bevor wir auf die Psychotherapien eingehen, wollen wir die Frage der Medikamente ansprechen. Vermögen sie auf die Selbstachtung zu wirken? *A priori* sieht es nicht so aus. Selbstachtung resultiert aus einer großen Zahl psychischer Phänomene, und deshalb kann bis zum heutigen Tag kein Wirkstoff sie verbessern. Eine Selbstachtungspille gibt es ebensowenig, wie es eine Glückspille gibt.

Dennoch können bestimmte Medikamente (vor allem Antidepressiva) indirekt auf die Selbstachtung einwirken, indem sie zum Beispiel die Stimmung eines depressiven Patienten verbessern oder die Ängste eines Phobikers dämpfen. Man hat sogar die Hypothese vorgebracht, eine bestimmte

Gruppe von Antidepressiva – nämlich die serotoninergen, die im Gehirn den Gehalt an Serotonin (einem wichtigen Neurotransmitter) erhöhen – könne direkten Einfluß auf die Selbstachtung nehmen.[227] Das muß aber noch wissenschaftlich bestätigt werden.

Psychoanalytische Therapien	*Kognitive Verhaltenstherapien*
Kreisen oftmals um die Vergangenheit oder die Schnittstelle Vergangenheit/Gegenwart	Kreisen vor allem um das Hier und Heute
Sind darauf gerichtet, wichtige Punkte der persönlichen Biographie wieder aufleben zu lassen und zu begreifen	Zielen auf den Erwerb von Kompetenzen zur Meisterung der gegenwärtigen Schwierigkeiten
Neutraler Therapeut	Interaktiver Therapeut
Therapeut gibt kaum spezifische Informationen über die Störungen und die Therapie	Therapeut liefert viele spezifische Informationen über die Störungen und die Therapie
Ziele und Dauer nicht abgesteckt	Ziele und Dauer abgesteckt
Wichtigstes Anliegen: Veränderung der dem Problem zugrundeliegenden psychischen Struktur (was seinerseits erlauben wird, die Symptome und das Verhalten zu ändern)	Wichtigstes Anliegen: Veränderung der Symptome und Verhaltensweisen (was seinerseits erlauben wird, die tieferliegenden psychischen Strukturen zu modifizieren)

Die beiden Gruppen von Psychotherapien

Psychotherapien

Das Grundprinzip einer Psychotherapie ist einfach: wir sollen mit Unterstützung eines Experten über die eigene Persönlichkeit nachdenken, um schließlich neue Denk- und Handlungsweisen anzunehmen, die unseren Wünschen und Erwartungen besser entsprechen.

Die Verbesserung von Selbsterkenntnis und Selbstachtung ist ein allen Psychotherapien gemeinsames Ergebnis, zumindest dann, wenn sie gelingen ... Aber die zum Erreichen dieses Ziels eingesetzten Mittel unterscheiden sich. Es gibt im Grunde zwei Gruppen von Psychotherapien: einerseits die psychoanalytisch ausgerichteten, andererseits die kognitiven Verhaltenstherapien.

Die der ersten Gruppe entsprechen der Vorstellung, die man sich gemeinhin von einer Psychotherapie macht: man wird ermuntert, von der eigenen Vergangenheit zu sprechen, während der Therapeut wenig redet und kaum praktische Ratschläge erteilt.

Die Therapien der zweiten Gruppe sind neueren Datums; sie werden von einem eher interaktiven Therapeuten geleitet, der seine Meinung kundtut, Rat spendet und dem Patienten Techniken vorschlägt, mit denen er sein Verhalten ändern kann.

Die kognitiven Verhaltenstherapien. Ein Grundprinzip der kognitiven Verhaltenstherapien besteht darin, daß die Arbeit an der Vergangenheit nicht immer genügt, um die Probleme zu lösen. Wir sind oft Patienten begegnet, die begriffen hatten, woher ihre Schwierigkeiten kamen, sie aber trotzdem nicht überwinden konnten. Die Therapie wird dann also zum Ziel haben, dem Patienten Methoden beizubringen, mit denen er seine Verhaltensweisen und seine Gedanken (die »Kognitionen«) modifizieren und eine neue Lebensweise erproben kann, die den persönlichen Erwartungen besser entspricht.

Einem an einer Phobie leidenden Patienten wird der Therapeut zum Beispiel helfen, der gefürchteten Situation allmählich die Stirn zu bieten. Bei Selbstachtungsproblemen wird er je nach dem konkreten Fall seinen Patienten ermuntern, häufiger zur Tat zu schreiten, sich selbst weniger herabzuwürdigen, sich anderen gegenüber stärker zu behaupten etc.[228]

Allgemein bringt sich der kognitive Verhaltenstherapeut mit in die Therapie ein; er ist interaktiv, äußert seine Meinung, erteilt Ratschläge und ermuntert den Patienten in seinem Bemühen. Der Patient hat seinerseits bestimmte Anstrengungen zu unternehmen, was für manche Personen von geringer Selbstachtung nicht so einfach ist. Man hat zum Beispiel zeigen können, daß bulimische Patientinnen, die sich in einer kognitiven Verhaltenstherapie nicht engagieren, oft auch gerade die mit der geringsten Selbstachtung sind.[229]

Hier ein Auszug aus der Geschichte von Catherine, der wir mit einer kognitiven Verhaltenstherapie helfen konnten. Sie war mit 36 in unsere Sprechstunde gekommen, weil sie in den Beziehungen zu ihren Mitmenschen Anzeichen von sozialer Angst und Schüchternheit zeigte.

»Ich komme aus einem sehr ärmlichen Milieu, aus einem Dorf im Westen Frankreichs. Ich bin das dritte von sechs Kindern. Wir wurden sehr streng erzogen; unsere Eltern waren nie zärtlich zu uns und haben uns nie gezeigt, welchen Wert wir hatten. Im Grunde war es eine richtig primitive Umgebung. Bei uns wurde über nichts anderes geredet als über das materielle Fortkommen unseres Pachthofes. Ich wünschte mir immer, diesem Leben entfliehen zu können. Die Vorstellung, ich müßte womöglich mein ganzes Leben dort verbringen, machte mir angst. Das wäre wie ein Todesurteil gewesen.

Zum Glück kam ich mit dem Lernen sehr gut zurecht. Die Schule war der einzige Ort, wo ich angenehme Dinge über mich hörte: ich sei intelligent, fleißig, diszipliniert ... Das ermöglichte mir, ein Jurastudium zu absolvieren und später gute Jobs als Justitiarin in großen Unternehmen zu ergattern.

Aber wenn ich gedacht hatte, alles würde wunderbar laufen, sobald ich erst einmal erwachsen war und fern von meinem Elternhaus, so hatte ich mich gründlich getäuscht. Ich merkte, daß ich in der Kindheit nicht nur gelitten hatte, sondern daß mir auch die Fähigkeit abhanden gekommen war, glücklich zu sein. Ich schaffte es nicht, in einer Partnerbeziehung Erfüllung zu finden. Mit meiner Arbeit war ich immer unzufrieden. Also wechselte ich regelmäßig von einer Stelle zur anderen und von einem Freund zum nächsten. Die Leute hielten mich für hochmütig und anspruchsvoll; sie meinten, ich würde mir einbilden, etwas Besseres zu sein. Aber in Wirklichkeit war es anders: ich hatte Angst, den Anforderungen nicht gewachsen zu sein.

Wenn sich zum Beispiel ein Mann in mich verliebte, verliebte er sich in mein Image, nicht in mich selber. Sobald ich das merkte, verließ ich ihn, denn ich hatte Angst, ihn zu enttäuschen, wenn die Beziehung weiterginge. Auf Arbeit war es genauso: ich fürchtete immer, nach einer Weile würden die anderen hinter meine Fassade blicken ... Obwohl es nach außen ganz anders aussah, habe ich nie an mich selbst geglaubt. Ich mag mich nicht. Die Leute finden mich eher attraktiv, aber ich erinnere mich gut, wie ich Kolleginnen oder Freundinnen beneidete, die weniger hübsch waren als ich, die ich aber charmanter oder fraulicher fand. Ich wäre gern jemand anderes gewesen. Von dem, was ich an anderen Menschen mag, habe ich gar nichts an mir.«

Catherine hatte eine exzessive Angst vor dem Urteil anderer – man spricht dabei von »sozialer Angst« –, aber auch Bulimieprobleme und regelmäßig depressive Phasen. Der Therapeut erkannte schnell, daß beträchtliche Selbstachtungsprobleme die Hauptursache für ihre Schwierigkeiten waren. Er schlug ihr also eine »bifokale«, eine gleichzeitig auf zwei Ziele ausgerichtete Therapie vor.

Der erste Teil der Arbeit bestand in einer Gruppentherapie, bei der die Selbstbehauptung trainiert werden sollte. Eine solche Gruppe umfaßt etwa acht Patienten, die in Rollenspielen alltägliche Situationen nachspielen. Die Teilnehmer werden darin geschult, eine Kommunikationsweise zu entwickeln, die ihren eigenen Bedürfnissen entspricht. Catherine lernte zum Beispiel, überzogene Forderungen abzulehnen, von sich selbst zu sprechen, ohne sich dabei herabzusetzen, und ihre Gefühle und Standpunkte zum Ausdruck zu bringen, selbst wenn sie fürchtete, daß ihre Gesprächspartner eine andere Meinung hatten. Vor der Therapie hatte sie nämlich immer Angst gehabt, bestimmte Fragen nicht beantworten zu können, uninteressante Dinge zu sagen oder von den anderen abgewiesen zu werden, wenn sie sich zu behaupten versuchte.

Daneben arbeitete Catherine während individueller Sitzungen in kognitiver Therapie an ihren »Überzeugungen«: »Wenn ich den anderen zeige, wer ich wirklich bin, werden sie mich von sich stoßen oder sich über mich lustig machen!«, »Ich habe nicht so viele gute Seiten, daß sich jemand dauerhaft an mich binden möchte!«, »Ich werde von den anderen nur akzeptiert, wenn ich mich ihren Ansichten beuge!« ... Mit Hilfe ihres Therapeuten wurde ihr deutlich, wie sehr diese Überzeugungen sie zu Haltungen trieben, die ihre Persönlichkeit kaum aufwerteten und das armselige Bild, das sie von sich selbst hatte, nur noch bestätigten. Nachdem ihr das bewußt geworden war, machte sie sich an die sogenannten »Realitätsproben«, um zu testen, ob sich ihre Voraussagen als wahr erweisen würden. So sprach sie mit ihrem Freund über ihre Schüchternheit und ihren Mangel an Selbstvertrauen, um zu sehen, ob er sie wirklich auf der Stelle verlassen würde. Dem war natürlich nicht so. Bei einem Abendessen mit Freunden erklärte sie, ohne dabei aggressiv zu wirken, daß sie anderer Meinung sei als ihr Gesprächspartner. Nicht nur, daß dieser es nicht übel nahm und sogar eingestand, es gebe gute Gründe für ihre Gegenposition – zu Catherines großer Überraschung schlossen sich mehrere Gäste, die bis dahin geschwiegen hatten, ihrer Meinung an ...

Nach zwei Jahren Therapie ging es Catherine viel besser. Sie hatte mehr Achtung vor sich selbst; sie erkannte, wo ihre Stärken lagen, und nahm ihre Schwächen an. So konnte sie einen verantwortlichen Posten übernehmen, den sie bisher immer abgelehnt hatte. Sie zog mit ihrem Freund zusammen, mit dem sie über ihre Schwierigkeiten und Grenzen gesprochen hatte; sie sah sich nicht genötigt, ihm dabei etwas zu verschleiern oder sich wegen ihrer Probleme minderwertig zu fühlen. Seit die Therapie vor drei Jahren beendet worden ist, haben sich ihre Fortschritte stabilisiert. Sie leidet nicht mehr an Bulimie und hat auch noch keinen depressiven Rückfall erlitten.

»Pluspunkte« der kognitiven Verhaltenstherapien:

- *Sie sind am wirkungsvollsten, wenn man Verhaltens- und Denkweisen modifizieren möchte.*
- *Der Therapeut bietet seine aktive Unterstützung an.*
- *Ihre Wirksamkeit ist von zahlreichen wissenschaftlichen Studien untermauert worden.*

»Minuspunkte« der kognitiven Verhaltenstherapien:

- *Sie verlangen dem Patienten Anstrengungen ab.*
- *Man wird mit den Dingen konfrontiert, die man fürchtet oder die einem schwerfallen. Das ist nicht immer angenehm.*
- *Sie kreisen kaum um die Frage: »Warum bin ich so, wie ich bin?«*

Die psychoanalytischen Therapien. Einer von der Psychoanalyse inspirierten Therapie liegt folgendes Prinzip zugrunde: Wer im Laufe der Behandlung bestimmte Elemente der persönlichen Biographie begreift und wieder aufleben läßt, kann sich von seinen Schwierigkeiten befreien, von einer Art »Sperrung«, die eine bestimmte Lebensphase betrifft. Solche Sperrungen bilden den Ursprung von »Wiederholungszwängen«, also dem unausweichlichen Drang, eine in der Kindheit nicht ausgestandene Schwierigkeit immer wieder durchzuspielen.

Diese Therapien haben vor allem zum Ziel, dem Patienten gewisse verborgene Bedeutungen seiner Schwierigkeiten bewußtzumachen und ihn zu einem Verständnis der eigenen Persönlichkeit zu führen. Gefühle und Gedanken, die der Patient in bezug auf seinen Therapeuten hat (Psychoanalytiker nennen das *Übertragung*), werden zum integralen Bestandteil des therapeutischen Prozesses. Mit ihrer Hilfe kann man bestimmte Beziehungen begreifen und wiederaufleben lassen, die man mit wichtigen Personen in der Kindheit eingegangen war und die nunmehr eine Quelle von Schwierigkeiten für die Beziehungen im Erwachsenenleben darstellen.

Der Therapeut verfolgt einen eher neutralen Stil; man spricht auch von »wohlwollender Neutralität«. In der klassischen Form dieser Therapie greift der Therapeut sehr selten ein und erteilt keine Ratschläge. Statt dessen stellt er Fragen, die es dem Patienten erleichtern sollen, sich der Ursachen für seine Störung bewußt zu werden, und schlägt Deutungen vor. In der Realität halten sich viele psychoanalytisch orientierte Therapeuten nicht streng daran, sondern bringen sich selbst stärker in die Therapie ein. Eine kürzlich erschienene Arbeit hat übrigens nachgewiesen, daß Freud selbst zwar seinen Schülern empfahl, die Ratschläge in Sachen Neutralität zu beherzigen, sich bei den eigenen Patienten jedoch bisweilen gestattete, persönlich sehr engagiert zu sein und sich einzubringen.[230]

Hier der Bericht von Emmanuel (35), dem eine psychoanalytische Therapie geholfen hat. Er war der mittlere von drei Söhnen.

»Ich glaube, mein Vater konnte mich nie richtig ausstehen. Soweit meine Erinnerungen zurückreichen, sehe ich Szenen vor mir, in denen er mich gegenüber meinen Brüdern herabsetzte. Sie entsprachen eher den Erwartungen, die er an seine Kinder stellte. Ich war zum Beispiel in der Schule immer eine Niete, es interessierte mich einfach nicht, und später hatte ich auch Komplexe wegen meiner schlechten Noten. Meine Brüder haben dagegen gut gelernt, ganz wie einst mein Vater, der als hoher Beamter arbeitete.

So kam es, daß mich meine Mutter immer übermäßig beschützt hat, so als wollte sie die Zurückweisung durch meinen Vater wettmachen. Wenn ich es mir recht überlege, hat mir das nicht geholfen, denn so investierte mein Vater nicht mehr in mich; wenn er sich sagte, daß ich das »Muttersöhnchen« sei, nahm ihm das seine Schuldgefühle ab. Manchmal träumte ich davon, meine Mutter würde sterben, und mein Vater müßte sich endlich um mich kümmern ... Meine Mutter war eine einsame und unglückliche Frau; mein Vater vernachlässigte sie. Sie litt auch darunter, daß sie ganz in seinem Schatten stand und auf eine berufliche Karriere verzichtet hatte, um sich um die Kinder und den Haushalt kümmern zu können. Sie tröstete sich, indem sie ein ziemlich mondänes und oberflächliches Leben führte, indem sie sich sehr verführerisch gab, was anderen gefiel ...

All das hat sie mir beigebracht und auch mich in einer Welt des falschen Scheins aufgezogen. Ich habe mich dieser Dinge ausgiebig bedient. Ich lernte, schöne Reden zu schwingen. Die Leute hielten mich immer für viel kompetenter, als ich wirklich war. Nachdem ich mein Studium total verhauen hatte, arbeitete ich in Bereichen, wo man viele Leute wie mich trifft: in der Immobilienbranche, in Boutiquen … Jedesmal lief es nach demselben Drehbuch ab: ich gefiel den Leuten wegen meines Aussehens, meiner Redegewandtheit und meiner guten Umgangsformen. Dann kam der Flop, denn ich arbeitete nicht ordentlich. Lange Zeit habe ich geglaubt (und die anderen glauben gemacht), es würde an meiner Faulheit liegen; in Wirklichkeit war es Inkompetenz. Aber gegen diese Inkompetenz hätte ich leicht etwas tun können; ich hätte einfach nur eingestehen müssen, wo meine Grenzen lagen, ich hätte links und rechts ein paar Ratschläge einholen und kleine Weiterbildungsseminare von ein paar Tagen absolvieren müssen … Doch tat ich nichts von dem, weil ich mir wahrscheinlich einbildete, mein Problem wäre viel schlimmer: ich war überzeugt, ein Hochstapler zu sein und ein hoffnungsloser Fall. Also bemühte ich mich überhaupt nicht, meine Kenntnisse zu verbessern.

Als ich meine Frau, eine Lehrerin, kennenlernte, log ich auch ihr etwas vor. Sie glaubte, ich wäre ein Künstler, den es unter die Händler verschlagen hatte, ein unverstandenes Genie. So tolerierte sie es, daß ich unter dem Vorwand, Romane zu schreiben, zwei Jahre lang nicht arbeitete. Ich brauche wohl nicht extra zu sagen, daß ich überhaupt nichts geschrieben habe. Schreiben ist nicht mein Ding, das steht fest. Ich wußte es auch damals schon, aber es gab mir immer noch einen Aufschub … Das Problem ist bloß, daß wir in dieser Zeit zwei Kinder bekamen – schon wieder mein Wunsch, konform zu sein und so zu tun, als ob alles glatt gehen würde …

Als wir in ernste Geldnöte gerieten, habe ich einen Psychotherapeuten aufgesucht. Das lief sehr schlecht, der Typ machte eine Dreiviertelstunde lang den Mund nicht auf, und erst am Ende sagte er wieder etwas: »Sehr schön, da machen wir nächstes Mal weiter. Soundsoviel Francs kriege ich dann bitte …« Ich wollte nicht wieder hin, und meine Frau hat mir angedroht, mich zu verlassen. Ich habe es ihr damals nicht gesagt, aber es wäre für mich fast eine Erleichterung gewesen, wenn sie mich hätte sitzenlassen. Es ist schrecklich anstrengend, jemandem ständig etwas vorzumachen! Eines Tages sprach dann einer meiner Freunde von einer Therapeutin, bei der er in Behandlung gewesen war. Ich bin hingegangen, und diesmal hat es gut geklappt. Sie hat mir eine Therapie vorgeschlagen, bei der wir uns gegenüber saßen.

Zuerst stellte sie mir Fragen über meine Vergangenheit. Das zwang mich, über Details nachzudenken, die ich nie beachtet hatte. Die Schwachstellen meines Vaters zum Beispiel, seine Verantwortlichkeit mir gegenüber – wo ich doch immer gedacht hatte, ich wäre der einzig Schuldige. Die Therapeutin machte mir auch deutlich, wie ich selbst in der Sprechstunde zu bluffen versuchte, indem ich meine Schwierigkeiten bagatellisierte und mich in ein vorteilhaftes Licht rückte. Eines Tages hat sie mir ins Gesicht gesagt: ›Wissen Sie, Sie sind nicht verpflichtet, mir zu gefallen.‹

Nach einer Weile bekam ich ziemlich schwere Depressionen, denn die Therapie zwang mich, mir selbst ins Gesicht zu sehen, und was ich da sah, war jämmerlich. Die Therapeutin hat mich also stärker unterstützt, aber ohne mich zu bemuttern; sie wies mich immer wieder auf meine Verantwortlichkeiten hin. So war noch niemand mit mir umgegangen: sie respektierte mich ausreichend, um mir eine Menge abzuverlangen.

Nach dieser schwierigen Übergangsphase begann ich mich besser zu fühlen. Ich hatte nicht mehr das Bedürfnis, anderen dauernd etwas vorzumachen, mich zu rechtfertigen und permanent eine fröhliche und zufriedene Miene aufzusetzen … Kein Bedürfnis mehr, verführerisch zu sein oder zu schummeln. Ich hatte ein angemessenes Bild von mir selbst, ein bescheideneres, weniger schmeichelhaftes. Aber so war ich endlich in der Lage, Fortschritte zu machen und etwas zu lernen. Und auch wieder Vertrauen zu mir selbst zu fassen …«

Nach einer dreijährigen Therapie arbeitet Emmanuel heute als Vertreter für eine Pharmafirma. Er fühlt sich weiterhin gut. Seine Beziehungen zu seiner Umgebung haben sich sehr vereinfacht: er sieht sich nicht mehr systematisch genötigt, allen zu gefallen oder verführerisch zu wirken, um seine Selbstzweifel zu maskieren.

»Pluspunkte« der psychoanalytisch inspirierten Therapien:
- *Sie ermöglichen einen hohen Grad an Selbsterkenntnis.*
- *Sie beantworten die Frage »Warum bin ich so, wie ich bin?«*

»Minuspunkte« der psychoanalytisch inspirierten Therapien:
- *Sie sind nicht immer wirksam, wenn man Verhaltensweisen modifizieren will.*
- *Sie dauern oft lange.*
- *Der Therapeut leistet nur wenig direkte Unterstützung.*

Wie trifft man die richtige Wahl zwischen den verschiedenen Psychotherapien?

Es heißt oft, die Eignung des Therapeuten sei ebenso wichtig wie der gewählte Therapietyp. Das trifft nicht bei allen Schwierigkeiten zu: man weiß heute, daß Sie mit einer Phobie lieber einen Verhaltenstherapeuten konsultieren sollten als einen Psychoanalytiker, so kompetent dieser auch sein mag. Im übrigen wird der Psychoanalytiker meist selbst dazu neigen, phobische Patienten zu seinem Kollegen zu schicken. Umgekehrt könnten Ihnen Verhaltenstherapeuten eventuell empfehlen, einen Psychoanalytiker aufzusuchen, wenn Sie begreifen möchten, weshalb Ihre Beziehung zu Ihrem Vater so frustrierend war und weshalb Sie noch immer darunter leiden.

Indessen verwenden heutzutage immer mehr Therapeuten sogenannte »eklektische« Herangehensweisen, die von unterschiedlichen psychotherapeutischen Strömungen entwickelte Hilfsmittel einsetzen.[231] Bei ihnen kommen mehrere Methoden zur Anwendung, zum Beispiel zeitlich gestaffelt: zuerst werden Sie vielleicht an der Selbstbehauptung arbeiten, und dann denken Sie über Ihre Beziehung zu Ihrem Vater nach, um so besser zu verstehen, warum Sie solche Schwierigkeiten haben, sich selbst zu behaupten.

Unsere Empfehlungen auf den vorangegangenen Seiten beruhen auf der persönlichen Erfahrung als Therapeuten. Wir hoffen, daß Sie mit deren Hilfe darüber nachdenken konnten, auf welche Weise Sie auf Ihre Selbstachtung einwirken können. Unsere Ratschläge sind nicht die einzig möglichen; es gibt gewiß noch eine Menge weiterer.

In jedem Fall sollten Sie aber daran denken, daß Ihre Schwierigkeiten nur ein Teil Ihrer Persönlichkeit sind: vergessen Sie nicht, all das zu kultivieren und zu entwickeln, was bei Ihnen gut läuft. Eine Therapie oder eine persönliche Wandlung wird nicht nur darauf abzielen, daß man sich seine Probleme vom Halse schafft, sondern man wird mit ihr auch seine Stärken ausbauen.

Die Wege der Selbstachtung sind von einer Person zur anderen unterschiedlich beschaffen. Für manche Glückspilze ähneln sie einer Autobahn; bei anderen sind sie ein schmaler und holpriger Pfad. Aber ist es nicht vor allem wichtig, daß man gut ankommt?

Fragebogen II: »Wie kann ich mich ändern?«

Der untenstehende Fragebogen möchte Ihnen Hinweise geben, welche Anstrengungen Sie unternehmen müßten, um auf dem Gebiet Ihrer Selbstachtung etwas zu verändern. Lesen Sie jede Formulierung aufmerksam durch und antworten Sie dann, ohne viel Zeit zu verlieren, indem Sie ein Kreuz in der Spalte machen, die Ihrer *gegenwärtigen* Ansicht am nächsten kommt. Unsere Kommentare können Sie im Anhang auf Seite 316 f. finden.

Ihr Verhältnis zur eigenen Person	Eher wahr	Eher falsch
1) Ich mag mich nicht besonders.		
2) Es fällt mir schwer, Entscheidungen zu treffen.		
3) Ich werde von den anderen nicht so geschätzt und anerkannt, wie ich es gern hätte.		
4) Ich weiß eigentlich nicht richtig, was ich wert bin.		
5) Ich habe keine Ausdauer, wenn ich auf Schwierigkeiten stoße.		

Ihr Verhältnis zur eigenen Person	Eher wahr	Eher falsch
6) Mein Liebesleben ist von Mißerfolgen geprägt.		
7) Selbst wenn die Dinge eher ihren Gang gehen, bin ich unruhig.		
8) Ich meide Situationen, in denen ich mich unbehaglich fühle.		
9) Ich bin zu sehr vom Blick abhängig, den die anderen auf mich richten.		
10) Wenn ich Schwierigkeiten habe, schreibe ich mir oft selbst die Schuld dafür zu, und es kann sogar passieren, daß ich mich selbst hasse.		
11) Man hat mir schon oft vorgeworfen, daß ich mich in Aktionismus stürze und es dabei übertreibe.		
12) Ich verspüre oft Eifersucht; ich habe häufig Ressentiments gegen bestimmte Leute.		
13) Ich treffe in meinem Leben nicht die richtigen Entscheidungen.		
14) Ich vertrage nur schlecht Mißerfolge oder Kritik an meinem Handeln.		
15) Ich lasse mir die anderen zu sehr auf die Pelle rücken.		
16) Ich fühle mich unzufrieden.		
17) Ich brocke mir oft Niederlagen ein.		
18) Anderen Menschen gegenüber bin ich oftmals zu aggressiv und zu kritisch.		

Ihr Verhältnis zur eigenen Person	Eher wahr	Eher falsch
19) Es fällt mir schwer, meine persönlichen Stärken zu erkennen.		
20) Wichtige Dinge, die ich eigentlich gleich erledigen sollte, schiebe ich oft hinaus.		
21) Manchmal habe ich den Eindruck, daß ich Trennungen oder Konflikte unbewußt selbst provoziere.		

Statt eines Schlußworts …

Lieber Dr. André,
Sie hatten mich gebeten, daß ich Sie über Neuigkeiten von mir auf dem laufenden halten soll. Das möchte ich hiermit tun, ein bißchen verspätet freilich, denn in den letzten Monaten ist mein Leben viel ereignisreicher geworden als zu der Zeit, da ich bei Ihnen in Behandlung war.

Seit meinem Umzug im vergangenen Jahr läuft alles gut, und ich glaube, daß ich inzwischen weitere Fortschritte gemacht habe. Meine Arbeit füllt mich aus; ich habe mich ohne allzu große Schwierigkeiten an meine neuen Verantwortlichkeiten gewöhnt und auch nicht das berühmt-berüchtigte »Hochstaplersyndrom« verspürt, von dem wir oft gesprochen haben. Ich merke, daß ich meine Gedanken nicht mehr nur im verborgenen hin- und herwälze: es gelingt mir jetzt, von meinen Fragen und Zweifeln zu sprechen, ohne dabei das Gefühl zu haben, den anderen irgendeine Inkompetenz zu enthüllen. Ich sage häufiger meine Meinung und akzeptiere es, wenn sie angefochten wird; in diesem Fall fühle ich mich weder gedemütigt noch bloßgestellt. Am deutlichsten spüre ich meine Fortschritte auf dem Gebiet der Selbstachtung letztendlich daran, daß es mir heute leichter fällt zu sagen: »Ich habe mich geirrt!« oder »Mir ist ein Fehler unterlaufen!« (Ein Paradox mehr oder weniger macht bei mir den Kohl auch nicht mehr fett!) Aber nicht nur in diesem defensiven Bereich habe ich mich geändert. Heute verstehe ich es auch besser, »meine Ideen zu verkaufen«: während der Arbeitsberatungen oder im Gespräch mit meinen Kunden halte ich an meinem Standpunkt fest und geniere mich nicht, ganz offen zu versuchen, ihn auch durchzusetzen. Das beschert mir keinerlei Unannehmlichkeiten; im Gegenteil, ich glaube, daß man mich heute für meine Offenheit mehr schätzt als früher für meinen Konformismus und meine Zurückhaltung.

Das wichtigste ist für mich aber, daß ich mich in besserer Stimmung fühle, stärker, stabiler. Ich mache nicht mehr diese langen Phasen von Mutlosigkeit und Selbstherabsetzung durch. Und wenn ich mich gut fühle, ist es nicht mehr jenes »angstvolle Glück«, von dem wir mehrfach gesprochen haben. Ich weiß nicht genau, woran das liegt. Zum großen Teil wahrscheinlich an meiner aktiveren Haltung. Wenn ich mein Leben mit früheren Zeiten vergleiche, merke ich, wie sehr es damals von Vermeiden und Gehemmtheit im Handeln bestimmt gewesen ist. Seit ich zum erstenmal bei Ihnen war, habe ich Ihre Ratschläge beherzigt: ich habe mich mit meinen Kollegen bekannt gemacht, ich bin auf sie zugegangen, statt passiv abzuwarten, daß man mich akzeptiert, ich habe sie nach Hause eingeladen, statt mich ganz auf das Auspakken der Umzugskartons und das Ausschmücken meiner Wohnung zu konzentrieren. Einige meiner neuen Bekanntschaften sind auf dem besten Wege, sich zu Freundschaften zu entwickeln! Ich habe mich auch sofort in einen Chor eingeschrieben und mir nicht die Ausrede erlaubt, ich brauchte erst einmal eine »Akklimatisierungsphase« oder wäre viel zu erschöpft (was allerdings nicht bloß eine Ausrede gewesen wäre). Ich habe mich in die Aktion gestürzt, um nicht zu riskieren, wieder in Selbstzweifel zu verfallen. Auch hier hat mir die Erinnerung an unsere Gespräche geholfen. Ich merke, daß es mir inzwischen auf Abendgesellschaften oder beim Zusammensein mit Freunden leichter fällt, meine eigenen Ansichten zu äußern. Ich erzähle von mir, ich stelle Fragen, gestehe meine Unwissenheit und meine Neugier ein, widerspreche – kurz, ich fühle mich ganz einfach *normal*. Endlich!

All das hängt allerdings von meiner Tagesform ab. Es gibt noch Momente, in denen ich wieder an mir zweifle. Das ist ziemlich lästig, denn es kann meine Stimmung sehr schnell hinabziehen. Im Handumdrehen sind meine alten Dämonen wieder da, und ich fühle dieselbe Verlorenheit wie früher. In solchen Augenblicken wird mir sehr wohl klar, wie wacklig meine Fortschritte noch sind und daß sich mein Befinden nicht unumkehrbar gebessert hat. Es braucht nicht viel, damit ich wieder in den alten Zustand zurückfalle. Der Unterschied zu früher liegt zum einen darin, daß ich mich jetzt an viel mehr Dingen festhalten kann: ich fühle mich nicht mehr so allein, ich schäme mich nicht mehr, mich anderen anzuvertrauen oder sie um Hilfe zu bitten (das erinnert mich an unsere Übungen und Rollenspiele, bei denen man wagen sollte, in bestimmten Situationen seine Nächsten anzurufen). Zum anderen kann ich dieser schlechten seelischen Verfassung schnell Einhalt gebieten: ich bringe den »inneren Kritiker«, von dem wir so oft gesprochen haben, zum Schweigen. Seit meiner Ankunft habe ich Momente von Traurigkeit oder Entmutigung durchgemacht, ich habe Sonntage erlebt, die ziemlich grau und trübe waren, aber keinen Augenblick habe ich mich im Mißerfolg, in Grübeleien oder Entsagung »eingeigelt«, wie es mir damals manchmal geschehen war. Außerdem erkenne ich jetzt die Ursachen meiner schmerzhaften Stimmungstiefs. Früher hatte ich den Eindruck, ich wäre das *Opfer* eines biologischen oder psychischen Verhängnisses, und die finsteren Augenblicke brächen grundlos über mich herein. Heute gelingt es mir, sie zu begreifen und zu analysieren. Ich sehe deutlicher, welche Rolle Enttäuschungen und Fehlschläge spielen (damals habe ich sie bagatellisiert, weil es zu schmerzhaft für mich war, die eigenen Flops einzugestehen). Es gibt aber auch ein Gegengewicht zu diesen Fortschritten – jede Medaille hat eben ihre Kehrseite … Heute bin ich nämlich stärker von Zeichen der Anerkennung oder Wertschätzung abhängig, für die ich früher taube Ohren hatte. Mehr als damals muß ich von Zeit zu Zeit meine Erfolge haben, und ich bemühe mich darum, dieses »Futter für die Selbstachtung« irgendwo aufzutreiben und einzuheimsen.

Die größte Veränderung liegt aber darin, daß alle meine Plagen nicht mehr wochen- oder monatelang andauern. Im allgemeinen fühle ich mich ein paar Stunden später, beim nächsten angenehmen Erlebnis, schon wieder besser: mein Kummer ist *heilbar*, nicht mehr *von Dauer*. Trotzdem habe ich das Gefühl, daß ich noch immer jemand bin, der leichter als die anderen in Traurigkeit verfällt: vielleicht sind das die Spuren früheren Leids, eine Art psychische Narbe, die schmerzempfindlich bleibt. Glauben Sie, daß mich das eines Tages loslassen könnte? Sicher werden Sie mit Ja antworten, und ich hoffe, Sie haben recht. Um all diese Mollklänge zu resümieren: ich fühle mich also in bestimmten Augenblicken noch immer anfällig, und manchmal passiert es sogar, daß ich an meinen Fortschritten zweifle und den Eindruck habe, auf der Stelle zu treten. Dann lese ich in meinen Tagebüchern nach und in den Notizen, die ich während der Therapie gemacht habe. So sehe ich, welchen Weg ich schon zurückgelegt habe, und ich genehmige mir, einen Augenblick stolz zu sein auf mich.

Sie werden sich auch fragen, wie es mit meinem Privatleben aussieht. Ich bin seit sechs Monaten mit einem neuen Freund zusammen; momentan läuft alles gut. Ich habe keine Angst mehr vor einem Rendezvous, keine Angst, ich würde nicht gut aussehen (obwohl ich mir, objektiv gesehen, immer noch nicht besonders gefalle), keine Angst, er könnte enttäuscht sein von dem, was ich zu erzählen weiß. Es ist nicht so wie früher, wo jedes Rendezvous für mich wie eine Schuljahres-Abschlußprüfung war. Ich schaffe es sogar, mich in seiner Gegenwart *natürlich* zu geben – ein Gefühl, das ich zuvor nie hatte, wenn ich mit einem Mann zusammen war. Diese Fortschritte sind von neuen Sorgen begleitet: manchmal fürchte ich, unsere Beziehung könnte zerbrechen, aber das ist auf alle Fälle anders als früher, wo ich oft selbst den Bruch provozierte.

Nun, ich hoffe, daß meine Neuigkeiten Ihnen gefallen; ich weiß ja, daß Ihre eigene Selbstachtung auch von den Fortschritten der Menschen abhängt, die Sie behandeln! Ich glaube, ich bin auf dem richtigen Weg und komme jeden Tag ein Stückchen voran. Für meinen Geschmack geht es immer noch zu langsam, aber ich habe endlich das Gefühl, mich durch meine täglichen Erfahrungen *aufzubauen*, während ich früher den Eindruck hatte, mich zu *zerstören*.

Ich danke Ihnen dafür, daß Sie mir geholfen haben, diese Anstrengungen zu meistern.

Anhang
Resultate des Fragebogens I: »Ihr Selbstachtungspegel«

Was mißt dieser Fragebogen?

Dieser Fragebogen entspricht der Rosenberg-Skala, einem der von Psychologen und Psychiatern am meisten benutzten Hilfsmittel zur Evaluierung der Selbstachtung.[232]

Wie können Sie Ihr Ergebnis errechnen?

1. Bestimmen Sie Ihre Punktzahl unter Berücksichtigung der folgenden Hinweise:
* Fragen 1, 3, 4, 7 und 10:
- »völlig einverstanden« ergibt vier Punkte,
- »einverstanden« ergibt drei Punkte,
- »nicht einverstanden« ergibt zwei Punkte, und
- »überhaupt nicht einverstanden« ergibt einen Punkt.
* Fragen 2, 5, 6, 8 und 9:
- »völlig einverstanden« ergibt einen Punkt,
- »einverstanden« ergibt zwei Punkte,
- »nicht einverstanden« ergibt drei Punkte, und
- »überhaupt nicht einverstanden« ergibt vier Punkte.
2. Zählen Sie alle Ihre Punkte zusammen.

Wie ist das Ergebnis zu interpretieren?

Mit diesem Fragebogen kann man Ergebnisse erreichen, die zwischen 10 Punkten (niedrigster Selbstachtungswert) und 40 Punkten (größtmöglicher Selbstachtungswert) liegen.

* Eine Punktzahl *zwischen 10 und 16* verweist auf eine eher geringe Selbstachtung. Stimmt das mit Ihrem persönlichen Eindruck überein?
* Liegt Ihre Punktzahl *zwischen 34 und 40*, gehören Sie wahrscheinlich zur Gruppe der Personen mit hoher Selbstachtung.
* Mit einem Ergebnis *zwischen 17 und 33* zählen Sie zur Gruppe der Personen mit mittlerer Selbstachtung. Der Fragebogen erlaubt hier keine genauere Zuordnung, aber vielleicht können Sie es ja selbst entscheiden: haben Sie das subjektive Gefühl, eher zu den Menschen mit hoher oder zu denen mit geringer Selbstachtung zu gehören?

Anmerkung

Diese Zahlen sind nur theoretisch gültig, denn im Idealfall müßte man die mit diesem Fragebogen erzielten Ergebnisse mit denen von mehreren Dutzend anderen Personen vergleichen (zum Beispiel mit den Resultaten aller Lehrkräfte oder aller Schüler einer Schule). Verfügte man über all diese Punktzahlen, würde man die Testpersonen in drei Kategorien einteilen: hohe Selbstachtung (die 25 Prozent mit den höchsten Punktzahlen), geringe Selbstachtung (die 25 Prozent mit den niedrigsten Punktzahlen) und mittlere Selbstachtung (die übrigen 50 Prozent).

Resultate des Fragebogens II: »Wie kann ich mich ändern?«

Was mißt dieser Fragebogen?

Der Fragebogen schätzt ab, wie groß Ihr persönlicher Veränderungsbedarf ist, und weist Sie darauf hin, in welchen Bereichen Sie aktiv werden müssen.

Wie können Sie Ihr Ergebnis errechnen?

Mit diesem Fragebogen können Sie vier Noten erhalten: eine für den »allgemeinen Veränderungsbedarf« und drei für die Bereiche, in denen sich etwas ändern kann.

* Allgemeiner Veränderungsbedarf: Jede mit »eher richtig« beantwortete Frage bringt Ihnen einen Punkt. Zählen Sie am Ende alle Punkte zusammen.

* Die einzelnen Bereiche für Veränderungen:
- Veränderungsbedarf in Ihrem *Verhältnis zum eigenen Ich*: zählen Sie die Punkte aus den Fragen 1, 4, 7, 10, 13, 16 und 19 zusammen.
- Veränderungsbedarf in Ihrem *Verhältnis zum Handeln*: zählen Sie die Punkte aus den Fragen 2, 5, 8, 11, 14, 17 und 20 zusammen.
- Veränderungsbedarf in Ihrem *Verhältnis zu den anderen*: zählen Sie die Punkte aus den Fragen 3, 6, 9, 12, 15, 18 und 21 zusammen.

1. Ihre Punktzahl für den »allgemeinen Veränderungsbedarf« kann zwischen 0 und 21 liegen.

* *Zwischen 0 und 7:* Ihr Veränderungsbedarf hält sich in Grenzen. Sie können sich damit begnügen, Ihr Kapital an Selbstachtung Früchte tragen zu lassen.
* *Zwischen 8 und 15:* Sie haben einen durchschnittlichen Veränderungsbedarf. Sie müssen gewiß ein paar persönliche Anstrengungen in Sachen Selbstachtung unternehmen.
* *Zwischen 16 und 21:* Es sieht ganz danach aus, als müßten Sie sich um Veränderungen bemühen. Sprechen Sie mit Personen Ihres Vertrauens, um Ratschläge einzuholen.

2. In jedem der drei Teilbereiche für Veränderungen können Sie eine Punktzahl zwischen 0 und 7 erzielen. Je höher diese Punktzahl ausfällt, desto mehr werden Sie Ihre Anstrengungen gerade auf diesen Bereich konzentrieren müssen.

Auch bei diesem Fragebogen empfehlen wir Ihnen, die erzielten Resultate systematisch mit Ihrer persönlichen Ansicht zu vergleichen und auch mit der Meinung Ihnen nahestehender Personen, mit denen Sie über dieses Thema gesprochen haben.

Anmerkungen und Quellen

1 Cyrulnik, B., *Les Nourritures affectives*. Paris (Odile Jacob) 1993. Dt. Ausgabe: *Das Drehbuch menschlichen Verhaltens*. München (dtv) 1996

2 Cyrulnik, B., *Sous le signe du lien*. Paris (Hachette) 1989

3 Fante, J., *Es war ein merkwürdiges Jahr*. München (Goldmann) 1988

4 Campbell, J. D., »Self-esteem and the clarity of the self-concept«. In: *Journal of Personality and Social Psychology*, 1990, 58. S. 538–549

5 Campbell, J. D./Fehr, B., »To know oneself is to like oneself: self-certainty and self-affect«. In: *Journal of Personality and Social Psychology*, 1990, 58. S. 122–133

6 Boorstin, D., *The creators*. New York (Random House) 1992

7 Baumgardner, A. H., »Self-esteem and the clarity of the self-concept«. In: *Journal of Personality and Social Psychology*, 1990, 58. S. 1062–1072

8 Hyman, R., »Cold reading: how to convince strangers that you know all about them«. In: K. Frazier (Hrsg.), *Paranormal Borderland of Science*. New York (Prometheus Books) 1981

9 Gauquelin, M.; zitiert in: Sadoul, J., *L'Énigme du Zodiaque*. Paris (J'ai lu) 1973

10 Heatherton, T. F./Polivy, J., »Chronic dieting and eating disorders: a spiral model«. In: Crowther, J. H., u. a. (Hrsg.), *The Etiology of Bulimia*. Washington DC (Hemisphere) 1992

11 Metalsky, G. I., u. Mitarb., »Depressive reactions to failure in an naturalistic setting: a test of the hopelessness and self-esteem theories of depression«. In: *Journal of Abnormal Psychology*, 1993, 102. S. 101–109

12 American Psychiatric Association, *DSM IV: Diagnostisches und statistisches Manual psychischer Störungen*. Göttingen (Hogrefe) 1996

13 Giesler, R. B., und Mitarb., »Self-verification in clinical depression: the desire for negative evaluation«. In: *Journal of Abnormal Psychology*, 1996, 105. S. 358–368

14 Spencer, S. J./Josephs, R. A./Steele, C. M., »Low self-esteem: the uphill struggle for the self-integrity«. In: R. F. Baumeister (Hrsg.), *Self-Esteem*. New York (Plenum Press) 1993

15 Shrauger, J. S., »Response to evaluation as a function of initial self-perceptions«. In: *Journal of Personality*, 1975, 43. S. 94–108

16 Shrauger, J. S./Rosenberg, S. E., »Self-esteem and the effects of success

and failure feedback on performance«. In: *Journal of Personality*, 1970, 38. S. 404–417
17 Blaine, B./Crocker, J., »Self-esteem and self-serving biases in reactions to positive and negative events«. In: R. F. Baumeister (Hrsg.), *op. cit.*
18 Josephs, R. A., u.a., »Protecting the self from the negative consequence of risky decisions«. In: *Journal of Personality and Social Psychology*, 1992, 62. S. 26–37
19 Holmes, T. H./Rahe, R. H., »The social readjustment rating scale«. In: *Journal of Psychosomatic Research*, 1967, 11. S. 213–218
20 André, C./Lelord, F./Légeron, P., *Le Stress*. Toulouse (Privat) 1998
21 Burger, J. M., »Need for control and self-esteem«. In: M. H. Kernis (Hrsg.), *Efficacy, Agency and Self-Esteem*. New York (Plenum Press) 1995
22 Branden, N., *Die sechs Säulen des Selbstwertgefühls*. Landsberg (mvg-Verlag) 1997
23 André, C./Légeron, P., *Bammel, Panik, Gänsehaut. Die Angst vor den anderen*. Leipzig (G. Kiepenheuer) 1999
24 Brown, J. D., »Motivational conflict and the self«. In: R. F. Baumeister (Hrsg.), *op. cit.*
25 Brockner, J., »Low self-esteem and behavioral plasticity«. In: *Review of Personality and Social Psychology*, 1983, 4. S. 237–271
26 Vgl. *Die Regel des Heiligen Benedikt*. Hrsg. und übers. von Basilius Steidle. Beuron (Beuroner Kunstverlag) [14]1988
27 Baumeister, R. F./Tice, D. M./Hutton, D. G., »Self-presentational motivations and personality differences in self-esteem«. In: *Journal of Personality*, 1989, 57. S. 547–579
28 Mayr, E., *... und Darwin hat doch recht. Charles Darwin, seine Lehre und die moderne Evolutionstheorie*. München, Zürich (Piper) 1994. S. 23
29 Juvénal des Ursins, zitiert von G. Duby in *Histoire de la France*. Paris (Larousse) 1971
30 *L'Équipe* vom 12. Juli 1998
31 *Le Monde* vom 20. Mai 1998
32 McFarlin, D. B./Baumeister, R. F./Blascovich, J., »On knowing when to quit: task failure, self-esteem, advice and non-productive persistence«. In: *Journal of Personality*, 1984, 52. S. 138–155
33 Sandelands, L. E./Brockner, J./Glynn, M. A., »If at first you don't succeed, try, try again: effects of persistence-performance contingencies, ego-involvement, and self-esteem on task persistence«. In: *Journal of Applied Psychology*, 1988, 73. S. 208–216
34 Laneyrie-Dagen, N., *Les grandes batailles*. Paris (Larousse) 1997
35 Pelham, B. W., »On the highly positive thoughts of the highly depressed«. In: R. F. Baumeister (Hrsg.), *op. cit.*
36 Kernis, M. H./Grannemann, B. D./Barclay, L. C., »Stability and level of self-esteem as predictors of anger arousal and hostility«. In: *Journal of Personality and Social Psychology*, 1989, 56. S. 1013–1023
37 Rémond, A., »La leçon du pianiste«. In: *Télérama*, 23. September 1998
38 Lloyd, C., u. Mitarb., »The relationship of parental style to depression and self-esteem inadulthood«. In: *Journal of Nervous and Mental Disease*, 1997, vol. 185. S. 655–663

39 Cioran, E. M., *Vom Nachteil, geboren zu sein*. Frankfurt a. M. (Suhrkamp) 1979; *Syllogismen der Bitterkeit*. Frankfurt a. M. (Suhrkamp) 1995
40 Harter, S., »Comprendre l'estime de soi de l'enfant et de l'adolescent«. In: Bolognini, M./Prêteur, Y. (Hrsg.), *Estime de soi: perspectives développementales*. Lausanne (Delachaux et Niestlé) 1998
41 Fante, J., *Wine of Youth. Selected Stories*. Santa Rosa/CA (Black Sparrow Press) 1984
42 Siehe z.B. den Film *Récréations* (1998) von Claire Simon.
43 Ruble, D., »The development of social comparison processes and their role in achievement-related self-socialization«. In: Higgins, T., und Mitarb. (Hrsg.), *Social Cognitive Development*. Cambridge/Ma. (Cambridge University Press) 1983
44 Montagner, H., *Kind und Kommunikation*. Olten, Freiburg (Walter) 1981
45 Harter, S., »Causes and consequences of low self-esteem in children and adolescents«. In: R. F. Baumeister (Hrsg.), *op. cit.*
46 Hartup, W. W., »Social relationships and their developmental significance«. In: *American Psychologist*, 1989, 44. S. 120–126
47 Nach Erhebungen des Französischen Komitees für Gesundheitserziehung (1997/98)
48 Braconnier, A./Marcelli, D., *L'Adolescence aux mille visages*. Paris (Odile Jacob) 1998
49 Harter, S./Marold, D./Whitesell, N. R., »A model of psychological risk factors leading to suicidal ideation in young adolescents«. In: *Development and Psychopathology*, 1992, 4. S. 167–188
50 Kjelsberg, E./Neegaard, E./Dahl, A. A., »Suicide in adolescents inpatients: incidence and predictive factors«. In: *Acta Psychiatrica Scandinavica*, 1994, 89. S. 235–241. Vgl. dazu auch: Lewinsohn, P. M./Rohde, P./Seeley, J. R., »Psychological risk factors for future adolescents suicide attempts«. In: *Journal of Consulting and Clinical Psychology*, 1994, 62. S. 297–305
51 Braconnier, A./Marcelli, D., *op. cit.*
52 Phillips, D. P./Carstensen, L. L./Paight, D. J., »Effects of mass media news stories on suicide«. In: Pfeffer, D. R. (Hrsg.), *Suicide among Youth: Perspectives on Risk and Prevention*. Washington DC (American Psychiatric Press) 1989
53 Field, T., u. Mitarb., »Adolescent's intimacy with parents and friends«. In: *Adolescence*, 1995, 30. S. 133–140
54 Falbo, T./Pollit, D. E., »Quantitative review of the only child literature: research evidence and theory development«. In: *Psychological Bulletin*, 1986, 100. S. 176–189
55 Miller, N./Naruyama, G., »Ordinal position and peer popularity«. In: *Journal of Personality and Social Psychology*, 1976, 33. S. 123–131
56 Sulloway, F. J., *Der Rebell der Familie: Geschwisterrivalität, kreatives Denken und Geschichte*. Berlin (Siedler) 1997
57 De Léonardis, M./Lescarret, O., »Estime de soi, practiques éducatives familiales et investissement de la scolarité à l'adolescence«. In: Bolognini, M./Prêteur, Y. (Hrsg.), *op. cit.*
58 Bariaud, F./Bourcet, C., »L'estime de soi à l'adolescence«. In: Bolognini, M./Prêteur, Y. (Hrsg.), *op. cit.*

59 Pierrehumbert, B./Tamagni-Bernasconi, K./Geldof, S., »Estime de soi et alternatives pédagogiques«. In: Bolognini, M./Prêteur, Y. (Hrsg.), *op. cit.*

60 Meyer, R., »Image de soi et statut scolaire. Influence des déterminants familiaux et scolaires chez les élèves de cours moyen«. In: *Bulletin de Psychologie*, 1987, 40. S. 933–942

61 Pierrehumbert, B., u. Mitarb., »Image de soi et échec scolaire«. In: *Bulletin de Psychologie*, 1988, 41. S. 333–345

62 Perron, R., *Les Représentations de soi.* Toulouse (Privat) 1991

63 Neill, A. S., *Theorie und Praxis der antiautoritären Erziehung. Das Beispiel Summerhill.* Reinbek (Rowohlt) 1969

64 Kellerhals, J./Montandon, C., *Les Stratégies éducatives des familles.* Lausanne (Delachaux et Niestlé) 1991

65 De Léonardis, M./Lescarret, O., *art. cit.*

66 Achache, G., »Sondage: enfants, parents, éducateurs devant l'avenir du travail«. In: Montelh, B. (Hrsg.), *C'est quoi le travail?* Paris (Autrement) 1997

67 Vgl. Freud, S., »On narcissism«. In: *Encyclopedia Britannica*, 54. London 1952

68 Escande, M., *L'Hystérie aujourd'hui.* Paris (Masson) 1996

69 Apt, C./Hurlbert, D. F., »The sexual attitudes, behavior and intimate relationships of women with histrionic personality disorders«. In: *Journal of Sex and Marital Therapy*, 1994, 20. S. 125–133

70 Couvelaire, A.-L., »Comment s'offrir un fiancé virtuel?«. In: *Le Nouvel Observateur* vom 1. Oktober 1998

71 Kiesler, S./Baral, R., »The search for a romantic partner: the effects of self-esteem and physical attractiveness on romantic behavior«. In: Gergen, K. J./Marlowe, D. (Hrsg.), *Personality and Social Behavior.* Reading (Addison-Wesley) 1970

72 Walster, E., »The effect of self-esteem on romantic linking«. In: *Journal of Experimental Social Psychology*, 1965, 1. S. 184–197

73 Swann, W. B., »To be admired or to be known? The interplay of self-enhancement and self-verification«. In: Higgins, E. T./Sorrentino, R. M. (Hrsg.), *Handbook of Motivation and Cognition.* Bd. 2. New York (Guilford Press) 1990

74 Swann, W. B./Hixon, J. G./De La Ronde, C., »Embracing the bitter truth: negative self-concept and marital commitment«. In: *Psychological Science*, 1994, 3. S. 118–121

75 Der Aphorismus ist von Ambrose Bierce. Eine Auswahl seiner boshaften Definitionen findet man in: Bierce, A., *Des Teufels kleines Wörterbuch.* Hanau (Dausien) ^{4}1989

76 Swann, W. B., u. Mitarb., »The fleeting gleam of praise: behavioral reactions to self-relevant feed-back«. In: *Journal of Personality and Social Psychology*, 1993, 12. S. 471–494

77 Beach, S. R. H./Tesser, A., »The self and the extended self-evaluation maintenance model«. In: Kernis, M. H., *op. cit.*

78 Beach, S. R. H./Tesser, A., »Decision making power and marital satisfaction«. In: *Journal of Social and Clinical Psychology*, 1990, 59. S. 17–26

79 Corentin, P., *Papa n'a pas le temps.* Paris (Rivages) 1986

80 *The Collected Papers of Albert Einstein.* Band 8. Princeton/NJ (Princeton University Press) 1997. S. 44

81 IFOP-Umfrage für *L'Express*, 24. Dezember 1998

82 Oates, G. L., »Self-esteem enhancement through fertility?« In: *American Sociological Review*, 1997, 62

83 Baverel, P., »Pourquoi les jeunes mères sont de plus en plus écartées du marché du travail«. In: *Le Monde* vom 21. Oktober 1998

84 Chandernagor, F., *La Première Épouse.* Paris (Bernard de Fallois) 1998

85 Albee, E., *Wer hat Angst vor Virginia Woolf?* Frankfurt a. M. (Fischer) 1963. S. 12

86 Moss, E., »Treating the love-sick patients«. In: *Israël Journal of Psychiatry and Related Sciences*, 1995, 32. S. 167–173

87 Robinson, M. D., »On the advantage of modesty: the benefits of a balanced self-presentation«. In: *Communication Research*, 1995, 22

88 Carnegie, D., *Wie man Freunde gewinnt.* Bern, München, Wien (Scherz) 1971

89 Gormly, J., »A comparison of predictions from consistency and affect theories for arousal during interpersonal agreement«. In: *Journal of Personality and Social Psychology*, 1974, 30. S. 658–663

90 Griffit, W./Veitch, R., »Preacquaintance attitude similarity and attraction revisited: ten days in a fallout shelter«. In: *Sociometry*, 1974, 37. S. 163–173

91 Simard, L., »Cross-cultural interaction: potential invisible barriers«. In: *Journal of Social Psychology*, 1981, 113. S. 171–192

92 Crocker, J./Major, B., »Social stigma and self-esteem: the self-protective properties of stigma«. In: *Psychological Review*, 1989, 96. S. 608–630

93 Harlow, R. E./Cantor, N., »The social pursuit of academics: side-effects and spillover of strategic reassurance seeking«. In: *Journal of Personality and Social Psychology*, 1994, 66. S. 386–397

94 *Ebd.*

95 Conrad, J., *Heart of Darkness.* London (Penguin Books) 1985. S. 59f.

96 Gaulejac, V. de/Auber, N., *Le Coût de l'excellence.* Paris (Seuil) 1991

97 Hirigoyen, M.-F., *Die Masken der Niedertracht.* München (Beck) 1999

98 Adams, S., *Les Misères de la vie de bureau.* Paris (Albin Michel) 1997

99 Bourdieu, P. (Hrsg.), *Das Elend der Welt. Zeugnisse und Diagnosen alltäglichen Leidens an der Gesellschaft.* Konstanz (Universitätsverlag) 1997. S. 507

100 Cazals, M.-P./Cascino, N., »L'estime de soi comme indicateur de la variabilité des réactions psychologiques à la privation d'emploi«. In: Bolognini, M./Prêteur, Y. (Hrsg.), *op. cit.*

101 Valéry, P., *Schlimme Gedanken und andere.* In: Werke. Band 5. Frankfurt a. M. (Insel) 1991. S. 477

102 California Task Force to Promote Self-Esteem and Personal and Social Responsability, *Toward a State of Self-Esteem.* Sacramento (California State Department of Education) 1990

103 Winegar, K., »Self-esteem is healthy for society«. In: *Minnesota Star Tribune* vom 27. November 1990. Zitiert nach Baumeister, R. F., *op. cit.*

104 Bricard, J., *Dictionnaire de la mort des grands hommes.* Paris (Le Cherche Midi) 1995

105 Zitiert von Michel Foucault in *Le Souci de soi*. Paris (Gallimard) 1984
106 Lamia, A., »L'estime de soi chez les enfants français de 6 à 10 ans. Différences d'appréciation selon le sexe et l'âge«. In: Bolognini, M./Prêteur, Y. (Hrsg.), *op. cit.*
107 Loranger, M., »Les garçons et les filles en situation d'apprentissage«. In: Druning, P./Tremblay, R. E., *Relations entre enfants: recherches et interventions éducatives*. Paris (Fleurus) 1988
108 André, C./Légeron, P., *Bammel, Panik, Gänsehaut. Die Angst vor den anderen*. Leipzig (G. Kiepenheuer) 1999
109 Médioni, G., »Le miroir des hommes fragiles«. In: *L'Express* vom 19. November 1998
110 Boris, J.-M., »Ce qu'il faut savoir sur les effets pervers des diètes chez les adolescentes«. In: *Quotidien du médecin*, 1998, Nr. 6362. S. 20–22
111 Block, J./Robins, R. W., »A longitudinal study of consistency and change in self-esteem from early adolescence to early adulthood«. In: *Child Development*, 1993, 64. S. 909–923
112 Harter, S., *art. cit.*
113 Fallon, A. E./Rozin, P., »Sex differences in perceptions of desirable body shape«. In: *Journal of Abnormal Psychology*, 1985, 94. S. 102–105
114 Takaoka, K., »Psychiatric comorbidity in eating disorders: psychopathological considerations«. In: *Psychiatry and Clinical Neurosciences*, 1995, 49. S. 25–34
115 Heatherton, T. F./Herman, C. P./Polivy, J., »Effects on physical threats and ego threats on eating behavior«. In: *Journal of Personality and Social Psychology*, 1991, 60. S. 138–143
116 Heatherton, T. F./Baumeister, R. F., »Binge eating as escape from self-awareness«. In: *Psychological Bulletin*, 1991, 110. S. 86–108
117 Fielding, H., *Bridget Jones's Diary*. Picador, London. Dt. Ausgabe: *Schokolade zum Frühstück*. München (Goldmann) 1997
118 Ickes, W. J./Wicklund, R. A./Ferris, C. B., »Objective self-awareness and self-esteem«. In: *Journal of Experimental Social Psychology*, 1973, 9. S. 202–219
119 Gergen, K. J./Gergen, M. M., *Socialpsychology*. New York, Berlin, Heidelberg (Springer) [2]1986
120 Brunel, P., *Dictionnaire des mythes littéraires*. Paris (Éditions du Rocher) 1988
121 Laplanche, J./Pontalis, J.-B., *Das Vokabular der Psychoanalyse*. Frankfurt a. M. (Suhrkamp) [13]1996
122 Shelley, M., *Frankenstein oder Der neue Prometheus*. Berlin (Verlag Das Neue Berlin) 1978. S. 211
123 Loutaty, S./Delaleu, I., »La taille du sexe a-t-elle une importance?«. In: *M Magazine*, Dezember 1998
124 Ellenberger, H. F., »Psychiatrie transculturelle«. In: Duguay, R./Ellenberger, H. F. (Hrsg.), *Précis pratique de psychiatrie*. Paris (Maloine) 1984
125 Keyes, R., *The Height of Your Life*. Boston (Little, Brown and Company) 1980
126 Sartre, J.-P., *Die Wörter*. In: *Gesammelte Werke*. Reinbek (Rowohlt) 1988. S. 60ff.

127 Wilde, O., *Der Geburtstag der Infantin*. In: *Das Gespenst von Canterville. Erzählungen und Märchen*. Leipzig (Reclam) 51984. S. 177
128 Dion, K. K., »Young children's stereotyping of facial attractiveness«. In: *Developmental Psychology*, 1973, 9. S. 183–188
129 Renard, J., *Muttersohn*. Bremen (Manholt) 1987
130 Dion, K. K./Berscheid, E., »Physical attractiveness and peer perception among children«. In: *Sociometry*, 1974, 37. S. 1–12
131 Ungerer, T., *Zeraldas Riese*. Zürich (Diogenes) 1974
132 Landy, D./Sigall, H., »Beauty is talent: task evaluation as a function of the performer's physical attractiveness«. In: *Journal of Personality and Social Psychology*, 1974, 29. S. 299–304
133 Hamermesh, D. S./Bidle, J. E., »Beauty and the labor market«. In: *The American Economic Review*, 1994, 84
134 Dermer, M./Thiel, D. J., »When beauty may fail«. In: *Journal of Personality and Social Psychology*, 1975, 31. S. 1168–1176
135 Sigall, H./Ostrove, N., »Beautiful but dangerous: effects of offenders attractiveness and nature of the crime on juridic judgment«. In: *Journal of Personality and Social Psychology*, 1975, 31. S. 410–414
136 Krebs, D./Adinolfi, A., »Physical attractiveness, social relations and personality style«. In: *Journal of Personality and Social Psychology*, 1975, 31. S. 245–253
137 Reis, H. T./Nezlek, J./Wheeler, L., »Physical attractiveness in social interaction«. In: *Journal of Personality and Social Psychology*, 1980, 38. S. 604–617
138 Dion, K. K./Stein, S., »Physical attractiveness and interpersonal influence«. In: *Journal of Experimental Social Psychology*, 1978, 14. S. 97–108
139 Gergen, K. J./Gergen, M. M., *op. cit.*
140 Dupuis, N./Jorif, S., »L'épreuve de la cabine d'essayage«. In: *Elle*, 1998
141 »Le miroir«, émission Zinzin, France Inter vom 12. Januar 1999
142 Paquet, D., *Une histoire de la beauté*. Paris (Gallimard) 1997
143 Melchior-Bonnet, S., *Histoire du miroir*. Paris (Hachette) 1994
144 Hanquez-Maincent, M.-F., *Barbie, poupée-totem*. Paris (Autrement) 1998
145 *Votre corps, l'estime de vous-même*. Französischer Katalog der Marke *The Body Shop*, 1998
146 James, W., *Psychology: Briefer Course*. In: *The Works of William James*. Band 14, Cambridge/Mass., London (Harvard University Press) 1984. S. 164–168
147 Brockne, J./Hulton, A. J. B., »How to reverse the vicious cycle of low self-esteem«. In: *Journal of Experimental Social Psychology*, 1981, 14. S. 564–578
148 Tice, D. M., »The social motivations of people with low self-esteem«. In: Baumeister, R. F., *op. cit.*
149 Cooley, C. H., *Human Nature and the Social Order*. New York (Scribner and Sons) 1902
150 Leary, M. R./Downs, D. L., »Interpersonal functions of the selfesteem motive«. In: Kernis, M. H. (Hrsg.), *op. cit.*
151 Gergen, K. J., »The effects of interaction goals and personalistic feedback on presentation of self«. In: *Journal of Personality and Social Psychology*, 1965, 1. S. 413–425.
152 Leary, M. R./Downs, D. L., *art. cit.*

153 Terda, S./Leary, M. R., »Self-esteem and perceived social exclusion«. Vortrag auf dem Kongreß der Southeastern Psychological Association. Atlanta 1990
154 Asch, S. E., »Opinions and social pressure«. In: *Scientific American*, 1955, 193. S. 31–35
155 Myers, D. G., *Psychologie*. Paris (Flammarion) 1998
156 Greenberg, J., und Mitarb., »Terror management and tolerance: does mortality salience always intensify negative reactions to others who threaten one's worldview?«. In: *Journal of Personality and Social Psychology*, 1992, 63. S. 212–220
157 Morse, S. J./Gergen, K. J., »Social comparison, self-consistency and the concept of self«. In: *Journal of Personality and Social Psychology*, 1970, 16. S. 149–156
158 Bandura, A., *Sozial-kognitive Lerntheorie*. Stuttgart (Klett-Cotta) 1979
159 Laplanche, J./Pontalis, J. B., *op. cit.*
160 Wilson, A. R./Krane, R. V., »Change in self-esteem and its effects on symptoms of depression«. In: *Cognitive Therapy and Research*, 1980, 4. S. 419–421
161 Styron, W., *Sturz in die Nacht. Die Geschichte einer Depression*. Köln (Kiepenheuer und Witsch) 1991. S. 12
162 Kandel, D. B./Davies, M., »Epidemiology of depressive mood in adolescents«. In: *Archives of General Psychiatry*, 1982, 39. S. 1205–1212
163 Terry, D. J., und Mitarb., »Depressive symptomatology in new mothers: a stress and coping perspective«. In: *Journal of Abnormal Psychology*, 1996, 105. S. 220–231
164 Hall, L. A., und Mitarb., »Self-esteem as mediator of the effects of stressors and social ressources on depressive symptoms in postpartum mothers«. In: *Nursing Research*, 1996, 45. S. 231–238
165 S. H. Goodman und Mitarb. haben zum Beispiel gezeigt, daß Kinder von nicht depressiven Müttern eine bessere Selbstachtung haben als Kinder depressiver Mütter. Vgl. »Mother's expressed attitudes: associations with maternal depression and children's self-esteem and psychopathology«. In: *Journal of the American Academy of Child and Adolescent Psychiatry*, 1994, 33. S. 1265–1274
166 Palosaari, U./Laippala, P., »Parental divorce and depression in young adulthood: adolescents closeness to parents and self-esteem as mediating factor«. In: *Acta Psychiatrica Scandinavica*, 1966, 93. S. 20–26
167 Needles, D. J./Abramson, L. Y., »Positive life-events, attributional style and hopelessness: testing a model for recovery of depression«. In: *Journal of Abnormal Psychology*, 1990, 99. S. 156–165
168 Pardoen, D., und Mitarb., »Self-esteem in recovered bipolar and unipolar outpatients«. In: *British Journal of Psychiatry*, 1993, 163. S. 755–762
169 Beck, A. T., *Cognitive Therapy and the Emotional Disorders*. New York (International Universities Press) 1976. Siehe dazu auch: Bouvard, M./Mollard, E., »Version française de l'échelle de sociotropie-autonomie de Beck«. In: *Journal de thérapie comportementale et cognitive*, 1991, 1. S. 25–29
170 Olié, J.-P./Poirier, M.-F./Lôo, H., *Les maladies dépressives*. Paris (Flammarion) 1995

171 Fava, G. A., und Mitarb., »Prevention of recurrent depression with cognitive behavioral therapy«. In: *Archives of General Psychiatry*, 1998, 55. S. 816–820
172 Mirabel-Sarron, C., und Mitarb., »Estime de soi et dépression«. Vortrag auf den 25. Wissenschaftlichen Tagen der Association française de thérapie comportementale et cognitive, Paris 1997
173 Hardy-Baylé, M. C./Hardy, P., *Maniaco-dépressif.* Paris (Odile Jacob) 1996
174 Jamison, K. R., *De l'exaltation à la dépression.* Paris (Laffont) 1997
175 Frances, A./Ross, R., *DSM-IV. Cas cliniques.* Paris (Masson) 1997
176 Schmidt, N. B./Harrington, P., »Cognitive-behavioral treatment of body-dismorphic disorder: a case report«. In: *Journal of Behavior Therapy and Experimental Psychiatry*, 1995, 26. S. 161–167
177 Saint-Éxupéry, A. de, *Der kleine Prinz.* In: *Prosa.* Berlin (Volk und Welt) 1985. S. 478f.
178 Hull, J. G./Bond, C. F., »Social and behavioral consequences of alcoholism consumption and expectancy«. In: *Psychological Bulletin*, 1986, 99. S. 347–360
179 Lifton, R. J., *Ärzte im Dritten Reich.* Stuttgart (Klett-Cotta) 1993
180 Newcomb, M. D./Harlow, L. L., »Life events and substance use among adolescents: mediating effects of perceived loss of control and meaninglessness in life«. In: *Journal of Personality and Social Psychology*, 1986, 51. S. 564–577
181 Steele, C. M./Josephs, R. A., »Alcohol myopia: its prized and dangerous effects«. In: *American Psychologist*, 1990, 45. S. 921–933
182 Myers, D. G., *Traité de psychologie.* Paris (Flammarion) 1998
183 Prentice, D. A./Miller, D. T., »Pluralistic ignorance and alcohol use on campus: some consequences of misperceiving the social norm«. In: *Journal of Personality and Social Psychology*, 1993, 64. S. 243–256
184 Miller, N. S., *Addiction Psychiatry.* New York (John Wiley) 1995
185 Adès, J./Lejoyeux, M., *Alcoolisme et psychiatrie.* Paris (Masson) 1997
186 Vrasti, R., und Mitarb., »Interpersonal dependency, self-esteem and depression in primary alcoholism«. In: *Acta Psychiatrica Scandinavica*, 1988, 78. S. 448–450
187 Sawrie, S. M., und Mitarb., »Internal structure of the MMPI-2 Addiction Potential Scale in alcoholic and psychiatric inpatients«. In: *Journal of Personality Assessment*, 1996, 66. S. 177–193
188 Myers, D. G., *art. cit.*
189 Benichou, L./Orcel, C., »Groupes d'entraide et de soutien chez les alcooliques et les usagers d'autres drogues«. Bericht über den Psychiatrie- und Neurologie-Kongreß der französischsprachigen Länder. Paris (Masson) 1973
190 Bunce, S. C./Larsen, R. J./Peterson, C., »Life after trauma: personality daily life experiences of traumatized people«. In: *Journal of Personality*, 1995, 63. S. 165–188
191 André, C., und Mitarb., »Étude contrôlée sur l'efficacité d'une prise en charge précoce de 132 conducteurs de bus victimes d'agression«. In: *L'Encéphale*, 1997, 23. S. 65–71

192 Dasselbe gilt für Gewalt in der Familie: Frauen, die von ihren Männern geschlagen werden, haben stets niedrigere Selbstachtungswerte als Frauen mit denselben sozialen Charakteristika, die nicht geschlagen werden. Vgl. dazu: McCauley, J., und Mitarb., »The ›battering syndrome‹«. In: *Annals of Internal Medicine*, 1995, 123. S. 737–746
193 Abgrall, J.-M., *Les Charlatans de la santé*. Paris (Payot) 1998
194 Darcondo, J., *La Pieuvre scientologique*. Paris (Fayard) 1998
195 Forward, S., *Vergiftete Kindheit*. München (Goldmann) 1993
196 Burger, J. M., »Need for control and self-esteem«. In: Kernis, M. H., *op. cit.*
197 Forward, S., *op. cit.*
198 Jumper, S. A., »A meta-analysis of the relationship of child sexual abuse to adult psychological adjustment«. In: *Child Abuse and Neglect*, 1995, 19. S. 715–728
199 Wagner, A. W./Linehan, M. M., »Relationship between childhood sexual abuse and topography of parasuicide among women with borderline personality disorder«. In: *Journal of Personality Disorder*, 1994, 8. S. 1–9
200 André, C., »Anxieux mais groupés«. In: *Journal de thérapie comportementale et cognitive*, 1998, 8. S. 41 f.
201 Marie-Cardine, M./Chambon, O., *Les Bases de la psychothérapie*. Paris (Dunod) 1999
202 Miller, D. T./Ross, M., »Self-serving biases in attribution of causality: fact or fiction?« In: *Psychological Bulletin*, 1975, 82. S. 213–225
203 Tennen, H./Affleck, G., »The puzzles of self-esteem: a clinical perspective«. In: Baumeister, R. F. (Hrsg.), *op. cit.*
204 Martinot, D., *Le Soi: approches psychosociales*. Grenoble (Presses universitaires) 1995
205 *Ebd.*
206 Markus, H. R./Kitiyama, S., »Culture and the self: implications for cognition, emotion and motivation«. *Psychological Review*, 1991, 98. S. 224–253
207 Jones, E., *Das Leben und Werk von Sigmund Freud*. Band II: Jahre der Reife. Bern, Stuttgart (Hans Huber) 1962. S. 168
208 Blaine, B. B./Crocker, J. K., »Self-esteem and self-serving biases in reactions to positive and negative events«. In: Baumeister, R. F., *op. cit.*
209 Shrauger, J. S./Lund, A. K., »Self-evaluation and reactions to evaluations from others«. In: *Journal of Personality*, 1975, 43. S. 94–108
210 Laforgue, R., *Psychopathologie de l'échec*. Paris (Trédaniel) 1993
211 Tice, D. M., »Esteem protection or enhancement? Self-handicaping motives and attributions differ by trait self-esteem«. In: *Journal of Personality and Social Psychology*, 1991, 60. S. 711–725
212 Grassin, S., »Ava Gardner: la femme qui aimait les hommes«. In: *L'Express* vom 6. August 1998
213 Burger, J. M., *Desire for control: personality, social and clinical perspectives*. New York (Plenum Press) 1992
214 Pelham, B. W., »On the highly positive thoughts of the highly depressed«. In: Baumeister, R. F., *op. cit.*

215 Schopenhauer, A., *Eristische Dialektik.* In: *Der handschriftliche Nachlaß. Band 3: Berliner Manuskripte (1818–1830).* Frankfurt a. M. (Kramer) 1970. S. 691 ff.
216 Andrews, B./Brown, G. W., »Stability and change in low self-esteem: the role of psychosocial factors«. In: *Psychological Medicine*, 1995, 25. S. 23–31
217 Marie-Cardine, M./Chambon, O., *op. cit.*
218 Gaulejac, V. de, *Les Sources de la honte.* Paris (Desclée de Brouwer) 1996
219 André, C./Légeron, P., *Bammel, Panik, Gänsehaut. Die Angst vor den anderen.* Leipzig (G. Kiepenheuer) 1999
220 Marotolli, R. A., und Mitarb., »Driving cessation and increased depressive symptoms«. In: *Journal of American Geriatric Society*, 1997, 45. S. 202–206
221 Weiser, M., und Mitarb., »Psychotherapeutic aspects of the martial art«. In: *American Journal of Psychotherapy*, 1995, 49. S. 118–127
222 Marie-Cardine, M./Chambon, O., *op. cit.*
223 Bourget, J.-M., »On a perdu la trace d'Éric Escoffier«. In: *Paris Match* vom 20. August 1998
224 Alberti, A. E./Emmons, M. L., *Ich behaupte mich selbst: Ein Übungsprogramm.* (Buchhandlung für Psychologie) 1977
225 Branden, N., *op. cit.*
226 Raimy, V. C., *Training in Clinical Psychology.* New York (Prentice-Hall) 1950
227 Kramer, P., *Glück auf Rezept: der unheimliche Erfolg der Glückspille Fluctin.* München (Koesel) 1995
228 McKay, M./Fannig, P., *Self-Esteem: a Proven Program of Cognitive Techniques for Assessing, Improving and Maintaining Your Self-Esteem.* Oakland (New Harbinger) 1992. Siehe dazu auch Lindenfeld, G., *Self-Esteem: Developing Self-Worth, Healing Emotional Wounds.* London (Thorsons) 1995
229 Coker, S., und Mitarb., »Patients with bulimia nervosa who fail to engage in cognitive behavior therapy«. In: *International Journal of Eating Disorders*, 1993, 13. S. 35–40
230 Lyn, D. J./Vaillant, G. E., »Anonymity, neutrality and confidentiality in the actual methods of Sigmund Freud: a review of 43 cases, 1907–1939«. In: *American Journal of Psychiatry*, 1998, 155. S. 163–171
231 Norcross, J./Goldfried, M., *Handbook of Psychotherapy Integration.* New York (Basic Books) 1992
232 Rosenberg, M., *Conceiving the Self.* New York (Basic Books) 1979

Inhalt